¡Sigue! 2

curso avanzado
segunda parte

SEGUNDA EDICIÓN

John Connor
Helena Jiménez
David Mort

Authors' acknowledgements

The authors and publishers would like to thank the following people for their contributions to *¡Sigue! 2 segunda edición*:

Maribel Gerpe Piosa of Grupo Inditex–Zara, Blanco Alonso Fischer, Virginia Catmur, Rafael Alarcón Gaeta, Nuria García, Stella Garzón, Alexis Jofré, Andrés Felipe Melo, Antonio Morales, Begonya Morando, José Núñez Terreros, Olga Núñez Piñeiro, Llorenç del Río

First published 1995
by John Murray (Publishers) Ltd, a member of the Hodder Headline Group
338 Euston Road
London NW1 3BH

Second edition 2001
Reprinted 2001, 2003

Layouts by Black Dog Design
Illustrations by Art Construction, Mike Flanagan
Cover design by John Townson/Creation

Audio material recorded at Gun Turret Studio, Bromsgrove and Motivation Sound Studios, London, and engineered at ?

Typeset in 10½/12 pt Berthold Walbaum by Wearset, Boldon, Tyne and Wear
Printed in Spain by Bookprint S.L., Barcelona

A CIP catalogue record for this book is available from the British Library

ISBN 0 7195 8525 2
Teachers Resource Book 0 7195 8526 0
Audio on cassette 0 7195 8527 9
Audio on CD 0 7195 8159 1

Contents

Acknowledgements

The authors and publishers would like to thank the following sources for permission to reproduce text extracts:

p.4 Clara Obligado; **p.10** Comunidad Autónoma de la Región de Murcia; **pp. 16, 19, 69, 106, 126, 127** Centro de Investigaciones Sociológicas; **pp. 20, 55** El Mundo, 26.12.1999; **pp.22, 48 (main article), 71, 88, 96, 112, 122** La Voz de Galicia; **pp.23, 80** Aceprensa; **pp.26, 30, 31, 40, 47 (top)** http://comunidad-escolar.pntic.mec.es; **p.42** Revista Clara; **pp.44, 57–59, 82–83, 124–25** Mía; **p.47 (bottom)** United Media; **p.48 (left)** www.terra.es; **pp.51–53** Grupo Inditex; **p.62** Cosmopolitan España; **p.86** Actualidad del Portal Terra España; Olga Cubides y Ámbito María Corral; **p.94** El Mundo en Internet, 8.8.1999; **p.98** El Mundo Crónica, 5.3.2000; **pp.100–101** Noticias Latin America; **p.102 (centre)** National Crime Prevention Council; **p.117** G.Brad Lewis/Science Photo Library; **pp.156, 158, 160–61** Revista Encuentro and Bolivianet.com; **pp.163–64** Síntesis de Lucy Lara Rocha; **p.169** © Mario Benedetti; **p.170 (top)** www.zoomarte.com/sonyarte; **p.174** Carlos Gardel and Warner/Chappell Music Argentina; **p.177** El País; **p.178** Pablo Neruda: 'Oda a las Américas' (vol. 'Odas Elementales'), © 1954

Please note that in material supplied by the *Centro de Investigaciones Sociológicas*, percentages do not always add up to 100. This is due to rounding up or down to the nearest whole number.

All website addresses given should be prefixed http://www. unless indicated otherwise.

Picture acknowledgements
cover: Moorish Fantasy, 1994 (oil on board) by Mark Baring (contemporary artist), Private Collection/Bridgeman Art Library; **p.1** *tr* Topham Picturepoint, *bl* Hulton Getty, *bc* Spectrum, *br* Popperfoto; **pp.2 & 3** Popperfoto; **p.4** Corbis UK Ltd; **p.5** Topham Picturepoint; **p.6** Images Colour Library/AGE; **p.7** *l* Hulton Getty; *c* Barnaby's Picture Library, *r* Images Colour Library/AGE; **p.8** Hulton Getty; **p.10** Getty Stone; **p.13** Images Colour Library/AGE; **p.15** Magnum/Bruno Barbery; **p.17** Frank Spooner Pictures; **p.18** Getty Stone; **p.20** *l* Hulton Getty, *r* Getty Stone; **p.24** Robert Harding Picture Library; **p.26** Images Colour Library/AGE; **p.32** Topham Picturepoint; **pp.36 & 37** Images Colour Library/AGE; **p.38** Corbis UK Ltd; **p.39** Art Directors and Trip Photo Library; **p.40** Pauline Wardrop; **p.43** Images Colour Library/AGE; **p.51** Inditex; **p.52** Image Bank; **p.53** Inditex; **p.54** Adams Picture Library; **p.56** Images Colour Library/AGE; **p.60** Images Colour Library/AGE; **p.62** Images Colour Library/AGE; **p.63** Impact/Steve Parry; **p.64** Argus Fotoarchiv GmbH/Hermine Oberück, Hamburg; **pp.66, 70 & 72** Corbis UK Ltd; **pp.74 & 76** Images Colour Library/AGE; **p.78** Popperfoto; **p.82** Impact/Michael George; **p.84** *t* Art Directors & Trip Photo Library, *b* Panos; **p.86** Adams Picture Library; **p.88** Panos; **p.90** Panos/Mark Hakansson; **pp.91 & 94** Art Directors & Trip Photo Library; **p.96** Popperfoto; **p.97** Robert Harding Picture Library; **p.98** Popperfoto; **p.102** Getty Stone; **p.104** *tl* Images Colour Library/AGE, *bl* Corbis UK Ltd, *c & r* Images Colour Library/AGE; **pp.108 & 110** Images Colour Library/AGE; **p.112** Corbis UK Ltd; **p.113** Images Colour Library/AGE; **p.117** Popperfoto; **p.118** Images Colour Library/AGE; **p.120** Adams Picture Library; **p.122** Panos; **p.125** Pictor International; **p.128** Images Colour Library/AGE; **p.130** Barnaby's Picture Library/Jane Skinner; **p.131** Images Colour Library/AGE; **p.132** *l* Adams Picture Library, *r* Images Colour Library/AGE; **p.134** Mecky Fögeling; **p.136** Images Colour Library/AGE; **p.137** *tl* Creation/John Townson, *tr* Impact/Mark Henley, *bl* Mecky Fögeling, *br* Popperfoto; **p.138** Creation/John Townson; **p.139** Images Colour Library/AGE; **p.140** *t* Images Colour Library/AGE, *b* Adams Picture Library; **p.142** *t* Adams Picture Library, *b* Topham Picturepoint; **p.144** Art Directors and Trip Photo Library; **p.146** James Davis Worldwide; **p.147** *tl* Topham Picturepoint, *tr* Jeff Moore; **p.149** *t & b* Topham Picturepoint; **p.151** Topham Picturepoint; **p.152** *l* Images Colour Library/AGE, *r* Eye Ubiquitous; **p.153** *l & r* Images Colour Library/AGE; **p.154** Popperfoto; **p.155** *l* Topham Picturepoint, *r* Images Colour Library/AGE; **p.156** Images Colour Library/AGE; **p.158** Barnaby's Picture Library; **p.160** Bruce Coleman Collection; **p.162** Images Colour Library/AGE; **p.163** Carolyn Burch; **p.164** *tl* Jeff Moore, *tr* Corbis UK Ltd, *b* Art Directors and Trip Photo Library; **p.165** Images Colour Library/AGE; **p.166** *t & b* Images Colour Library/AGE; **p.170 & 172** Popperfoto; **p.173** Images Colour Library/AGE; **p.175** Panos/Paul Smith; **p.177** Topham Picturepoint; **p.179** Images Colour Library/AGE.

(*t* = top, *b* = below, *l* = left, *r* = right, *c* = centre)

Introduction

How does ¡Sigue! 2 *work?*

You may have already successfully achieved your Spanish AS using a coursebook such as *¡Sigue! 1*, or you may be working towards completion of both AS and A2 Spanish at the end of your course. Whichever your situation, you will find that there are some noticeable differences in the kind of work you are expected to produce for AS, and the work you have to do for A2. *¡Sigue! 2* will enable you to develop the mature language skills and knowledge that you need for A2 Spanish. It offers you a wide range of interesting information about Spain and the Spanish-speaking world, and uses this material to improve your understanding of the Spanish language and the culture of these countries in a way which will equip you to succeed in A2 Spanish.

What does ¡Sigue! 2 *include?*

The eight units

Each of the eight units looks at aspects of life in Spain and the Spanish-speaking world (see Contents list). The texts on the pages and on the recording are the basis of a range of tasks, some of which will be familiar from your work for AS Spanish, but some of which will be new as they involve skills required for A2, such as:

- transfer of meaning between Spanish and English – sometimes direct translation but often giving the key points of a text in the other language
- writing an extended piece of work on a particular issue: *Trabajo escrito*
- giving a spoken presentation in which you put forward and defend your views on a particular issue: *Presentación oral*
- discussion of an issue, informed by reading: *Diálogo dirigido*.

The symbols on the right are used at the beginning of each section to tell you which language skills are used and developed in that section.

Building your language skills

Apart from the tasks, you will also find throughout the units the following features designed to develop various language skills:

   ¡Exprésate! presents key vocabulary which you can re-use in a range of contexts, often to express an opinion or carry forward an argument. It also helps you to **structure** and **vary** your written work, which will gain you higher marks.

   Consolidación practises specific grammar points arising from the text.

= Listening

= Speaking

= Reading

= Writing = *Trabajo escrito*

= *Diálogo dirigido*

= *Presentación oral*

¡EXPRÉSATE!

Utiliza expresiones como:

Comparado con...
Por una parte ..., por otra...

CONSOLIDACIÓN

Estudia: Impersonal expressions

Forma diez frases utilizando expresiones impersonales tales como "Hay que...". "Es

¡Infórmate! presents background information about Spanish and Latin American life and culture.

 ¿Cómo se dice? provides tips to improve your Spanish accent, using a recording and practical guidance.

¡ I n f ó r m a t e !

Veinte años de mejoría

Veinte años de mejoría

La posición de Galicia ha mejorado en los últimos veinte años. En 1980, la pobreza

¿ C ó m o   s e   d i c e
. . . "g" y "j"?

Observa la pronunciación de las letras "g" y "j" en diferentes contextos y practica la pronunciación de las diferentes palabras:

geo**g**ráfico   le**g**ítima
pro**g**reso   **g**rupo

The Study Skills unit

The Study Skills unit on pages 180–187 gives practical guidance on how to raise the level of your skills as you work through the course.

- We strongly recommend that you read it through before you start.
- Refer to it (you will be given reminders) as you work through the units.

Grammar Reference and Vocabulary

After the Study Skills unit comes the **Grammar Reference**, with clear explanations in English of all the grammar points required for A2 Spanish. Use it:

- to look up points of grammar when you are doing your work or checking it
- to help you do the *Consolidaciones*
- for revision.

Finally, at the back of the book, is the **Vocabulary**: the Spanish–English vocabulary list. This is for quick reference, but you will develop your language skills much better if you build the habit of using a dictionary effectively. A section on dictionary skills can be found in the Study Skills unit.

Plus...

Coursework themes and an Assessment unit are supplied in the Teacher's Resource Book that goes with this course. Your teacher or supervisor will guide you on when and how to use these.

¡Buena suerte!

Mapa de España

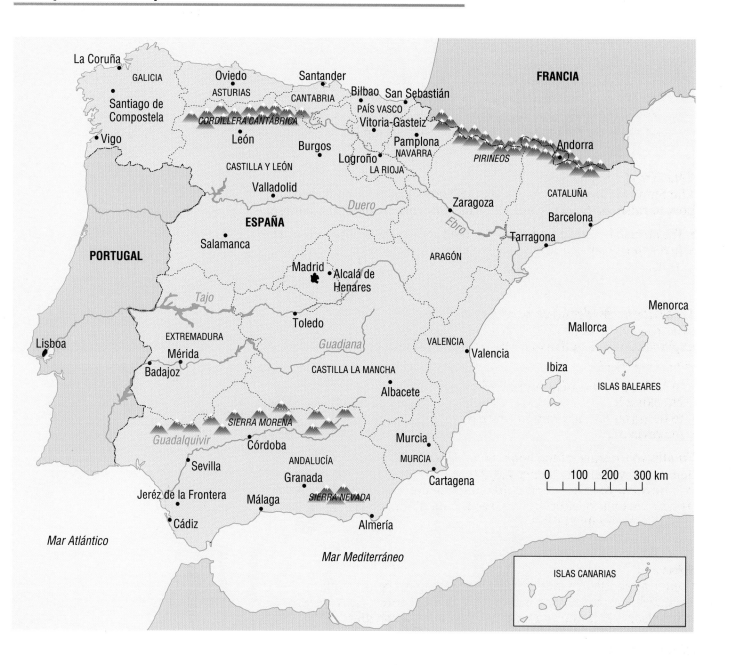

La Coruña
GALICIA
Oviedo
Santander
FRANCIA
ASTURIAS
CANTABRIA
Bilbao
San Sebastián
Santiago de
Compostela
PAÍS VASCO
Vitoria-Gasteiz
CORDILLERA CANTÁBRICA
Pamplona
Andorra
Vigo
León
Burgos
NAVARRA
Logroño
PIRINEOS
LA RIOJA
CASTILLA Y LEÓN
CATALUÑA
Valladolid
Duero
Zaragoza
Barcelona
Ebro
ESPAÑA
Tarragona
Salamanca
ARAGÓN
PORTUGAL
Madrid
Alcalá de
Henares
Tajo
Toledo
EXTREMADURA
Guadiana
Menorca
Lisboa
Mérida
Mallorca
VALENCIA
Badajoz
CASTILLA LA MANCHA
Valencia
Ibiza
Albacete
ISLAS BALEARES
SIERRA MORENA
Guadalquivir
Murcia
Córdoba
MURCIA
ANDALUCÍA
0   100   200   300 km
Sevilla
Granada
Cartagena
Jeréz de la Frontera
Málaga
SIERRA NEVADA
Cádiz
Almería
Mar Atlántico
Mar Mediterráneo
ISLAS CANARIAS

Mapa del mundo hispanohablante

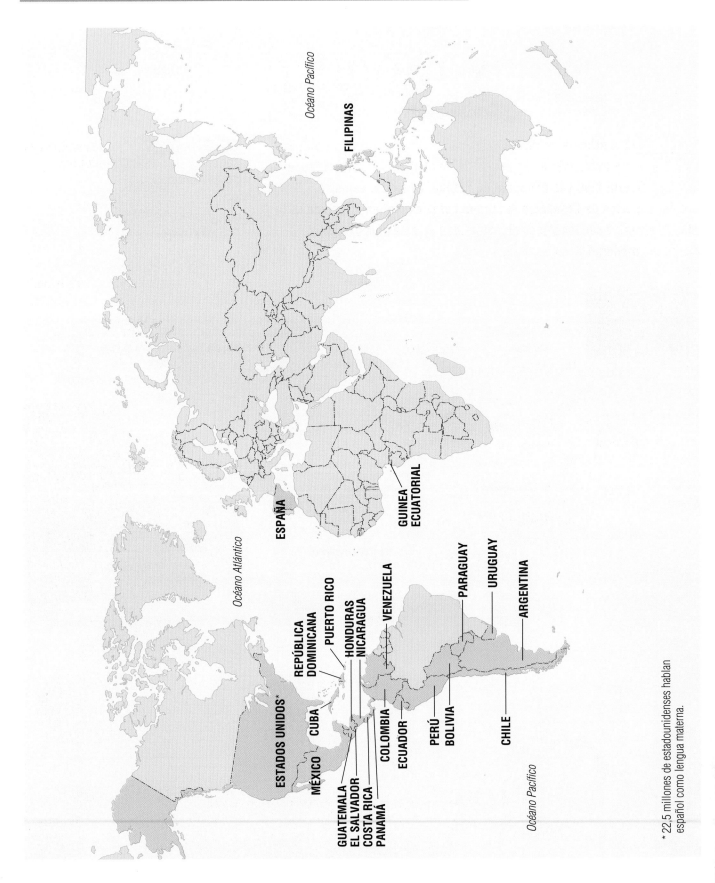

Océano Pacífico

FILIPINAS

ESPAÑA

GUINEA ECUATORIAL

Océano Atlántico

ESTADOS UNIDOS*

MÉXICO

CUBA

REPÚBLICA DOMINICANA

PUERTO RICO

HONDURAS

NICARAGUA

VENEZUELA

PARAGUAY

URUGUAY

ARGENTINA

GUATEMALA
EL SALVADOR
COSTA RICA
PANAMÁ

COLOMBIA

ECUADOR

PERÚ

BOLIVIA

CHILE

Océano Pacífico

* 22,5 millones de estadounidenses hablan español como lengua materna.

unidad 1
España, país europeo y moderno

En esta primera unidad vamos a comenzar por descubrir un poco sobre la historia de España durante el siglo XX, incluyendo la Guerra Civil y la dictadura de Franco. Después, vamos a estudiar aspectos de España en la Europa del nuevo milenio: ¿Cómo es la vida allí y cuáles son los temas de actualidad en este país al mismo tiempo tan moderno y con tanta historia?

En esta unidad vamos a consolidar tu conocimiento de los siguientes puntos gramaticales:

- pretérito indefinido *(preterite)*
- presente histórico *(historic use of present)*
- expresiones impersonales *(impersonal expressions)*
- pretérito pluscuamperfecto *(pluperfect)*
- voz pasiva *(passive)*
- pasiva impersonal *(impersonal passive)*
- participios *(participles)*
- "ser" y "estar"

Primera parte:
España durante los años 1900 y 1960

1.1 *Los años 30*

La Guerra Civil Española fue un conflicto que tuvo lugar entre 1936 y 1939. La causa principal fue el enfrentamiento entre dos sectores de la sociedad y sus ideas radicalmente opuestas: los de derecha (conservadores) y los de izquierda o los "rojos" (progresistas). La izquierda estaba también dividida en comunistas, socialistas y anarquistas. El conflicto armado fue muy cruel, causó muchísimas muertes y dejó el país en un estado de ruina y desolación económica, social y cultural. Vamos a leer un poco sobre los años que precedieron a la guerra.

El general Miguel Primo de Rivera

1930
«Dictablanda»

LA caída de la dictadura del general Miguel Primo de Rivera, en el poder desde el 13 de septiembre de 1923, fue el resultado de su aislamiento político y la falta de apoyo popular al régimen.

Primo de Rivera, reticente a la convocatoria de elecciones libres, traza en diciembre de 1929 un plan para su salida airosa del Gobierno de España. Sin embargo, su proyecto – la formación de un Gobierno civil de transición de corte «derechista» – no es aceptado por S. M. Alfonso XIII y el 28 de enero de 1930 presenta su dimisión. El Rey encarga formar Gobierno al general Berenguer, abriéndose así un nuevo periodo llamado la «dictablanda».

Apenas abierto el camino de la normalización institucional, la oposición de izquierdas firma el llamado «Pacto de San Sebastián», germen del Gobierno provisional de la República y elemento de desestabilización de la institución monárquica. Mientras, el general Primo de Rivera fallece el 10 de marzo en París.

1931
La Segunda República

DESPUÉS de cuarenta y cinco años de fecundo reinado, Don Alfonso XIII abandona su Patria, en la noche del 14 de abril de 1931, para evitar que por su causa se derrame una sola gota de sangre. En las elecciones municipales celebradas un par de días antes había triunfado la coalición republicano-socialista, que proclamó la Segunda República. En un manifiesto dirigido al país y publicado en ABC señalaba Su Majestad: «Soy el Rey de todos los españoles y también un español. Hallaría medios sobrados para mantener mis regias prerrogativas, en eficaz forcejeo con quienes las combaten. Pero, resueltamente, quiero apartarme de cuanto sea lanzar a un compatriota contra otro en fratricida guerra civil.»

Alcalá Zamora forma un Gobierno provisional y, el 28 de junio, se celebran elecciones legislativas. Tras la nueva victoria de la izquierda se instaura la ley de Defensa de la República, instrumento del Ministerio de la Gobernación para mantener el orden.

1934
Revolución en Asturias

EL año 1934, que había comenzado con la esperanza de pactos entre la derecha y la izquierda, termina con una revolución sangrienta. Tras los excesos del «bienio Azaña», la derecha triunfa en las elecciones y Alejandro Lerroux cuenta en su nuevo Gabinete con tres miembros de la CEDA. Es la chispa que prende en la extrema izquierda la llama de la intransigencia. El 5 de octubre una consigna revolucionaria recorre el país: huelga general.

En Barcelona el presidente de la Generalidad, Lluís Companys, proclama «el Estado Catalán dentro de la República Federal Española». Pero la vida del nuevo «Estado Catalán» es breve y en pocas horas las fuerzas gubernamentales sofocan los focos rebeldes.

Asturias es el escenario de los episodios más violentos. La revuelta estalla el 6 de octubre cuando socialistas, comunistas y cenetistas toman la cuenca minera y nombran un comité revolucionario en Mieres. El general López Ochoa, bajo las órdenes del general Francisco Franco, reprime una semana después la insurrección.

1935
Boda real

ROMA, la Ciudad Eterna, es el escenario del enlace matrimonial del Príncipe Don Juan Borbón, heredero de S. M. Alfonso XIII, con Su Alteza Real la Princesa Doña María de las Mercedes de Borbón-Dos Sicilias.

El rey Alfonso XIII

A Lee el texto sobre los años 1930–35 y contesta a las siguientes preguntas.

1930
1 ¿Cuánto tiempo duró la dictadura del general Miguel Primo de Rivera?
2 Explica por qué presentó su dimisión en enero de 1930.
3 ¿Cuál fue la significación del "Pacto de San Sebastián"?

1931
4 ¿Por qué abandonó su patria Don Alfonso XIII?
5 ¿Quién ganó las elecciones municipales?
6 ¿Qué significó la ley de Defensa de la República?

1934
7 ¿Qué pasó el 5 de octubre?
8 ¿Qué hizo Lluís Companys?
9 ¿Qué pasó el 6 de octubre?

1935
10 ¿Dónde tuvo lugar la boda entre Don Juan Borbón y la princesa Doña María?

B Escucha el informe y toma notas en español sobre las personas y los acontecimientos mencionados abajo.

1936
1 Azaña
2 José Antonio Primo de Rivera
3 Martínez Barrio
4 el teniente Castillo
5 José Calvo Sotelo
6 la guarnición de Melilla

1938
7 la batalla del Ebro

1939
8 los acontecimientos de febrero y marzo

C Utiliza tus respuestas del Ejercicio A y tus notas del Ejercicio B para escribir un resumen en inglés sobre los años 30 en España. Escribe 100–150 palabras.

1.2 *Una mujer que hizo historia*

Federica Montseny fue la primera mujer que ocupó un ministerio en Europa. Militante anarquista a la vez que madre de familia, la narración de su vida es una apasionante aventura que refleja su época. Vivió 80 años, y el adjetivo "infatigable" resulta escaso para poder describirla con total exactitud.

Federica Montseny,
LA PRIMERA MUJER EUROPEA QUE FUE MINISTRA

1. Federica nace en el seno de una familia de anarquistas en Madrid en 1905. Sus padres, que se habían casado civilmente, eran los directores de una escuela laica mixta en Reus.

2. Se dedican a la enseñanza, las tareas del campo y la publicación de libros. Educada en casa por su madre, Federica alterna las labores en casa y en el campo con sus estudios.

3. Todavía es una niña cuando los problemas de su padre con la Guardia Civil hacen que se vean obligados a trasladarse a Cataluña. Allí, subida en una tarima, la niña juega a pronunciar discursos ante su madre y su abuela. A los doce años, es una muchacha decidida que acompaña a su padre a mítines y manifestaciones.

4. Federica va a estudiar a la universidad, donde conoce a Germinal Egleas, que será su compañero de toda la vida. Comienza a escribir novelas para difundir las ideas libertarias mientras su padre se encarga de la edición de "La Revista Blanca". Se va a vivir con Egleas y de luna de miel lo lleva a conocer las diferentes casas en las que ha vivido.

5. En 1932 ya ha realizado varias giras de propaganda y es una consumada oradora. Recibe el apodo de "la mujer que habla", ya que en esa época es raro que una mujer tome la palabra en público.

6. Entre militancia y escritura nacen sus dos hijos mayores. Su casa es una imprenta y un hervidero de actividad. Durante la República, Federica es nombrada ministra y será la primera mujer europea que ocupe ese puesto. Finalmente, a causa de la Guerra Civil, debe huir a Francia. Allí sigue ayudando a los exiliados y militando en la Confederación Nacional del Trabajo (CNT).

7. Las condiciones de vida de los exiliados son muy duras en Francia. Su condición de ex ministra se vuelve especialmente peligrosa cuando estalla la guerra en Francia. Comienza un largo éxodo en el que deberá esconder su origen mientras avanza, cruzando las filas enemigas, con su hija de cuatro años, un bebé recién nacido, su suegra y su padre enfermo. No sabe nada de su esposo, huyen de pueblo en pueblo, hambrientos. Sólo reciben ayuda de algunos campesinos de la zona. Pronto el pueblecillo en el que se han escondido será ocupado por los nazis y deberán compartir con ellos la casa que habitan. Aterrorizados, escaparán hacia París.

8. Con el pelo teñido de rubio y papeles falsos, llega a París. Consiguen, por fin, establecerse en una casa pero en ella descubren parte del archivo de la CNT. Ante el peligro, deciden quemarlo en la chimenea. La casa se incendia y la policía llega. Federica se escapa por los pelos y consigue llegar a la zona libre y reunirse con su marido. Poco después los dos serán detenidos. Cuando Federica ingresa en prisión, está embarazada de cinco meses. Allí conocerá el horror nazi. Cuando la ponen en libertad llora pensando en sus compañeras presas. Días después del nacimiento de su hija morirá el padre de Federica. Finalmente su esposo se escapa de un campo de concentración y logra reunirse con la familia. Sus hijos crecerán en Francia donde ella continuará con su labor política hasta que pueda regresar a España con la democracia. Poco a poco se va quedando ciega, pero con 80 años todavía se puede escuchar su voz en los mítines de la CNT con la fuerza de siempre. Muere en Toulouse, en 1994, después de escribir un libro apasionante de memorias titulado "Mis primeros 40 años".

A Une las siguientes palabras (1–10) con sus equivalentes (a–j).

1	laica	**a**	sobrenombre
2	enseñanza	**b**	vacaciones de recién casados
3	tarima	**c**	no religiosa
4	apodo	**d**	instrucción
5	luna de miel	**e**	prisioneras
6	consumada	**f**	centro donde se concibe un gran número de ideas
7	hervidero	**g**	sin vista
8	teñido	**h**	pintado
9	ciega	**i**	excelente
10	presas	**j**	plataforma

CONSOLIDACIÓN

Estudia: Preterite, p. 200; Historic present, p. 200

1 Completa las siguientes oraciones con verbos en el pasado (pretérito).
  a Federica (nacer) ....
  b (Ser) educada por ....
  c (Conocer) a .... en la universidad.
  d (Comenzar) a escribir novelas ....
  e Durante la República (ser) nombrada ....
  f A causa de la Guerra Civil (huir) ....
  g (Ser) finalmente detenida ....
  h Con la democracia (volver) ....

2 Como has visto se puede utilizar el presente para dar mas expresividad a hechos acontecidos en el pasado. Cambia estas oraciones escritas en el pasado al presente histórico.
  a Vino Juan y me contó que se había divorciado de su mujer.
  b Federica Montseny colaboró activamente en la difusión de ideas libertarias.
  c Franco murió en 1975 después de gobernar España durante 40 años como dictador.
  d En la Guerra Civil murieron miles de personas y miles de mujeres se quedaron sin sus maridos.
  e Pepe me miró y me dijo: "Qué guapa estás!"
  f Después de la guerra comenzó un largo éxodo para muchos exiliados.
  g María apareció y me preguntó qué quería hacer.
  h Hitler colaboró con Franco en la guerra con sus bombarderos.

B Los siguientes acontecimientos suceden en algún momento de la vida de Federica Montseny. Di en qué momento y en qué párrafo del texto se encuentran.

1 Federica es educada por su madre.
2 Federica llega a París.
3 Nacen sus dos hijos mayores.
4 Comienza un largo éxodo en Francia.
5 Federica se une a su compañero.
6 Escribe un libro de memorias.
7 Federica vuelve a España.
8 Muere el padre de Federica.

C Traduce los párrafos 5 y 6 al inglés.

D *Debate dirigido*
Discute con un compañero de clase distintos estilos de vida. Compara el estilo de vida de Federica con el tuyo y con el de tu abuela.

¡EXPRÉSATE!

Utiliza expresiones como:

Comparado con...
Por una parte..., por otra...
Del mismo modo,
De igual manera,
Hay una diferencia fundamental entre...

1.3 *Entrevista con "Juanillo"*

Dionisio Jiménez Álvarez, alias "Juanillo", fue un anarquista que luchó por la libertad y los ideales del anarco-sindicalismo toda su vida. Amigo personal de Federica Montseny, su vida más bien parece una novela de aventuras que una realidad. Fue activista antes de la guerra, estuvo escondido durante el conflicto, luego huyó a Francia y participó allí en la lucha contra los nazis. A sus 94 años, vive en Pau y todavía sigue creyendo en el anarquismo.

A Escucha la entrevista y explica en español las siguientes palabras y expresiones, buscándolas en el diccionario si es necesario.

1	alpargata	**7**	zarzas
2	adoctrinado	**8**	quemar vivo a alguien
3	terratenientes	**9**	partirse el alma
4	calar	**10**	tramo
5	reprimir	**11**	penurias
6	estar dispuesto a	**12**	salvar el pellejo

B Escucha otra vez la primera parte de la entrevista y contesta a las siguientes preguntas.

1 ¿Cuándo nació Dionisio?
2 ¿Cuántas personas había en su familia?
3 ¿De qué trabajaban sus padres?
4 ¿De dónde recibió Dionisio sus ideas anarquistas?
5 Describe las condiciones de los obreros a principios del siglo.
6 ¿Qué querían los anarquistas?
7 ¿Por qué caló con más fuerza la ideología anarquista en España?
8 Describe la actitud de los anarquistas antes de la Guerra Civil.
   Y ahora, la segunda parte:
9 ¿Cuáles fueron las razones por las que el bando republicano perdió la guerra?
10 ¿Por qué apoyaron a Franco las democracias occidentales?
11 ¿Qué pasó con los anarquistas?
12 Describe lo que pasó a Dionisio en España y después en Francia, y cómo se ganaba la vida en Francia.

¡Infórmate!

La dictadura franquista

1939–45 España permanece al margen de la Segunda Guerra Mundial.
1947 Franco anuncia la restauración de la monarquía cuando él se muera o se retire (Ley de Sucesión).
1953 España y los Estados Unidos firman un acuerdo de cooperación que incluye el establecimiento de bases de uso conjunto.
1955 Un acuerdo entre los Estados Unidos y la Unión Soviética permite a España entrar en las Naciones Unidas con otras quince naciones.
1956 Sidi Mohamed ben Yusef, el sultán marroquí, alcanza un acuerdo con Franco para terminar con el protectorado español sobre Marruecos.
1963 El acuerdo de cooperación con los Estados Unidos se prorroga otros cinco años.
1968 España otorga a Guinea Ecuatorial su independencia (12 de octubre).
1969 El territorio de Ifni es entregado a Marruecos. Se cierra la frontera con Gibraltar. Juan Carlos de Borbón y Borbón es formalmente investido como heredero de la corona, un día después de que Franco lo nombre sucesor con el título de Rey.
1970 El Acuerdo de Cooperación y Amistad con Estados Unidos se renueva por cinco años.
1973 El presidente del gobierno, Luis Carrero Blanco, es asesinado en un atentado terrorista con bomba a manos de ETA, la organización separatista vasca (20 de diciembre). Los Estados Unidos y España anuncian un acuerdo sobre bases militares, por lo que Estados Unidos se compromete a ayudar militarmente a España (4 de octubre). Se declaran como lenguas oficiales el catalán, el vasco y el gallego.
1975 Fallece Franco (20 de noviembre). El rey Juan Carlos toma juramento como Rey de España y nombra a Adolfo Suárez como Presidente del gobierno.
1976 El Parlamento aprueba la Ley de Reforma Política.
1978 Se convocan elecciones democráticas. Un capítulo negro de la historia de España se cierra para siempre y se abren las puertas de la libertad y la esperanza para los españoles.

CONSOLIDACIÓN

Estudia: Impersonal expressions

Forma diez frases utilizando expresiones impersonales tales como "Hay que...", "Es necesario...", "Es importante...", "Es imprescindible ...", "Es lógico que...", "Es verdad que...", "Es justo que...". refiriéndote al contenido de la entrevista.

Por ejemplo: Hay que señalar que en aquella época España era muy pobre.

C *Trabajo escrito*

Haz una comparación entre las vidas de Federica Montseny y de su amigo Dionisio Jiménez ("Juanillo"), señalando sus semejanzas y diferencias. Escribe 250 palabras.

Por ejemplo: Federica Montseny nació en Madrid, Juanillo nació en Cervera del Río Alhama (La Rioja). Los dos eran anarquistas.

Puntos clave:

• origen
• infancia
• participación activa en actividades de su sindicato
• relación entre ellos
• vida sentimental y familiar
• situación durante la guerra
• exilio
• situación después de la llegada de la democracia

¿Cómo se dice...
"v" y "b"?

Recuerda que la "v" y la "b" se pronuncian igual en español. Escucha otra vez la entrevista y haz una lista de las palabras que tienen "v" o "b". Practica la pronunciación, que está en un punto intermedio entre la "b" y la "v" inglesas.

1.4 ¿De dónde venimos?

Salvador Estébanez es consejero de Educación. En la siguiente entrevista habla del conflicto generacional en España y de los problemas que las diferentes generaciones han tenido y tienen hoy en día.

A Mira las fotografías de tres mujeres de generaciones distintas. Comenta con tu compañero/a los siguientes aspectos:

- ¿Quiénes crees que son las mujeres?
- ¿Cómo son sus vidas?
- ¿Cuáles son las diferencias entre sus vidas?

¿Cómo se dice ... "r"?

Fíjate en la pronunciación de la "r"

- al principio de la palabra
- en el interior de la palabra

y las diferencias de pronunciación.

religión   desarrollo
rito   padres
brotes   esfuerzo
recurriendo   urbana
concordato   perplejos

B Escucha lo que cuenta Sr Estébanez. Expresa con tus propias palabras las siguientes expresiones de la entrevista:

1 Seguían el ritmo natural de la tierra.
2 La religión católica tenía sus ritos bien adaptados a los ritmos naturales.
3 a menudo recurriendo a las armas
4 Los "Planes de Desarrollo" y el turismo van a marcar las pautas de la vida de mis padres.
5 Se había producido la primera ruptura generacional.
6 Su generoso sacrificio me permitió ir a la universidad.
7 Mientras tanto yo estudiaba y trataba de tutear a la ciudad con mi pandilla urbana.
8 Nuestros padres nos miraban perplejos.
9 Una España en crecimiento desordenado nos acogió sin grandes sueldos.

C Completa cada una de las siguientes frases con un verbo, según la información del texto.

1 Mis abuelos .... una vida en la que las estaciones marcaban su actividad laboral.
2 .... los domingos a la misa.
3 La Guerra Civil en que .... fue el resultado de una herencia política desastrosa.
4 Cuando no resolvían los problemas por discusión, ... a las armas.
5 Durante veinte años España .... económicamente sin depender del exterior.
6 En los años cincuenta Estados Unidos y el Vaticano .... acuerdos con España.
7 A finales de los años cincuenta, España .... sus puertas.
8 En los años sesenta muchos españoles .... los pueblos.
9 Otros .... del país en busca de trabajo.
10 Mientras los padres ...., sus hijos estudiaban.

CONSOLIDACIÓN

Estudia: Pluperfect, p. 202

Rellena los espacios con verbos en el pluscuamperfecto.

Por ejemplo: Se **había producido** la primera ruptura generacional.

1 La Iglesia Católica ya (organizar) .... la vida de sus feligreses para cuando mis abuelos nacieron.
2 Cuando mi abuelo se fue al frente, ya (estallar) .... la Guerra Civil.
3 Cuando se pusieron en marcha "Los Planes de Desarrollo" ya (comenzar) .... el proceso de apertura.
4 Mis abuelos (quedarse) .... en el pueblo.
5 Fui al cine y me di cuenta de que ya (ver) .... la película.
6 Cuando llegué a la ciudad, mi hermana ya (alquilar) .... un apartamento para los dos.
7 Ya (salir) .... el sol cuando mi hermano pequeño llegó a casa.

1.5 *La "transición" – el fin de la dictadura*

La "transición" fue el proceso por el cual España pasó de ser una dictadura a ser una democracia, con una nueva constitución y un nuevo parlamento. Lo milagroso de la transición española es que se hizo muy deprisa, sin incidentes, gracias a la intervención del Rey Don Juan Carlos, del Presidente del gobierno, Adolfo Suárez, y del pueblo español al completo, que ya estaba preparado para el cambio.

La transición democrática

El nuevo monarca fue tan decidido como prudente en sus esfuerzos por asegurar un rápido proceso democrático, transformando la institución que él encarnaba en una "monarquía para todos los españoles". Sin embargo, no fue una tarea fácil. Fue preciso "respetar" las condiciones legales heredadas del franquismo, junto con la mayoría de sus partidos políticos.

1976: Arias Navarro, que continuó como Presidente del gobierno, demostró pronto su incapacidad para garantizar una transición tranquila, mientras una serie de graves incidentes, como los de Vitoria, Montejurra y manifestaciones pro-amnistía, tenían lugar por todo el país. Finalmente, Arias Navarro dimite de su cargo y es sustituido por Adolfo Suárez (julio).

El nuevo gobierno propone unas Cortes con dos cámaras y solicita que se permita a los trabajadores organizar sus propios sindicatos aparte de los "sindicatos verticales". Las Cortes aprueban la Ley de Reforma Política, que es también ratificada por un referéndum.

1977: El gobierno revoca los artículos de la Ley de Asociaciones que le daban el poder para denegar la legalización de cualquier partido político. España y la Unión Soviética anuncian el establecimiento de unas relaciones diplomáticas plenas. Diez partidos son legalmente reconocidos, incluyendo el Partido Socialista Obrero Español (PSOE), el Partido Popular Socialista y el Partido Cristiano Demócrata. Un real decreto disuelve prácticamente el Movimiento Nacional. El gobierno reconoce el Partido Comunista (PCE). La Unión de Centro Democrático (UCD) obtiene la mayoría en las elecciones generales (junio). El Rey firma tres decretos que devuelven hasta un cierto punto el autogobierno a Cataluña. El gobierno aprueba la preautonomía provisional del País Vasco.

1978: La población española aprueba por una mayoría del 88% la nueva constitución, que define a España como una monarquía parlamentaria.

1980: El País Vasco y Cataluña se convierten legalmente en regiones autónomas.

1981: Suárez dimite como Presidente del gobierno y es reemplazado por Leopoldo Calvo Sotelo. La caída de UCD y el cambio del Presidente del gobierno coincide con el intento por parte de los restos del régimen autoritario de acabar con la democracia. Un grupo de guardias civiles irrumpe en el Congreso y retiene a los diputados como rehenes mientras el general al mando de una de las regiones militares del Estado declara su apoyo al golpe y ordena a sus tropas que ocupen Valencia (a ver: foto). La intervención decisiva del Rey aborta el intento de golpe de estado y los españoles defienden su democracia. Este hecho debilita más tarde al gobierno y al partido en el poder.

1982: El 28 de octubre se celebran nuevas elecciones generales. El PSOE obtiene una mayoría absoluta. Se nombra a Felipe González Presidente del gobierno. Este acontecimiento se puede considerar como la culminación del período de transición y representa la consolidación definitiva del proceso democrático.

www.SiSpain.org/spanish/history/democrat.html

A Responde a las siguientes preguntas de acuerdo con la información del texto.

1 ¿Quién fue la persona que tuvo mayor influencia en el proceso de la transición democrática?

2 ¿Fue positiva la contribución de Arias Navarro?

3 ¿En qué consistía la propuesta del nuevo gobierno?

4 ¿Qué ley fundamental se aprobó, y qué ley fue revocada, en el proceso de la transición?

5 ¿Cuáles fueron los principales partidos políticos que se presentaron a las elecciones generales de 1977?

6 ¿Cuál fue el hecho más significativo ocurrido en 1981?

7 ¿Qué partido salió perjudicado como consecuencia de este acontecimiento?

8 ¿Qué partido político ganó las elecciones de 1982 y cuál fue el significado de ese momento para España?

B Identifica el año en que tuvo lugar cada acontecimiento descrito abajo.

1 El golpe de estado fracasa debido a la intervención del Rey.

2 La población española ratifica la nueva constitución.

3 Felipe González representa una nueva imagen de España.

4 El Presidente del gobierno no demuestra la gran habilidad política que necesita el difícil proceso de transición.

5 Se promulgan decretos que devuelven el autogobierno a varias regiones españolas.

6 La legalización del Partido Comunista es un logro que confirma la profundidad del proceso de cambio en España.

C *Debate dirigido*

Con la información que tienes en el texto sobre cómo se llevó a cabo la transición democrática y los problemas que hubo en España con la dictadura, fórmate una opinión sobre los diferentes aspectos de una democracia y de una dictadura para luego discutir el tema. Con un(a) compañero/a adoptad diferentes posiciones. Presta atención a los siguientes aspectos:

- ¿Se puede justificar una dictadura?
- El sistema democrático, ¿es el mejor sistema del mundo?
- ¿Cómo se puede mejorar la participación ciudadana en las democracias actuales?
- ¿Están los ciudadanos suficientemente representados?
- ¿Qué hay que hacer con los dictadores que han torturado y asesinado a ciudadanos?

¡EXPRÉSATE!

Trata de usar algunas de estas expresiones para introducir el tema:

Se suele afirmar que...

Es un tópico decir que...

Es innegable que...

Es un hecho de sobra conocido que...

A veces se olvida que...

Será ingenuo suponer que...

Suele suceder que...

Se puede decir sin temer a exagerar que...

CONSOLIDACIÓN

Estudia: Passive, p. 206

Siguiendo este modelo, cambia las frases a la voz pasiva.

Por ejemplo: Las leyes reconocen a diez partidos políticos.

Diez partidos políticos son reconocidos por las leyes.

1 Los ciudadanos aprueban por mayoría la Constitución española.

2 El Rey transformó la institución de la monarquía.

3 Las Cortes ratifican la Ley de Reforma Política.

4 Un grupo de expertos redactó la nueva constitución española.

5 El partido en el poder convoca nuevas elecciones generales.

6 La intervención del Rey abortó el intento de golpe de estado.

7 El rey nombra a Felipe González Presidente del gobierno.

8 La constitución define a España como un Estado Social de Derecho.

Segunda parte:
España y la Unión Europea

1.6 *Introducción a la Unión Europea*

La Unión Europea es una entidad supranacional compuesta por quince naciones de este continente. En un proceso que hace años habría parecido un sueño, estos quince estados han convergido en políticas comunes en algunas áreas como la economía y el trabajo. Con la creación de una moneda única, ¿es este el principio de un nuevo imperio?

Origen y evolución de la Unión Europea
Medio siglo de construcción europea

1 La Unión Europea, tal como la conocemos hoy, es el resultado de un largo proceso iniciado en 1950 por los promotores de la Europa comunitaria. Es en esa fecha cuando nacen las dos corrientes de pensamiento que han dado cuerpo al proceso de integración comunitaria: federalista y funcionalista. Ambos confluyen hoy en el convencimiento de que debe existir un poder europeo que se asiente en unas instituciones democráticas e independientes, con capacidad para regir aquellos sectores en los que la acción común resulta más eficaz que la de los estados individualmente: mercado interior, moneda, cohesión económica y social, política exterior y seguridad.

2 Tras la Segunda Guerra Mundial, es Robert Schuman, Ministro de Asuntos Exteriores francés, quien, inspirado por Jean Monnet, lanza el 9 de mayo de 1950 la revolucionaria propuesta de poner en común la producción franco-alemana de carbón y acero, creando una organización a la que pudieran sumarse otros países. Además del evidente interés económico, la puesta en común de los recursos franceses y alemanes complementarios suponía acabar con el antagonismo franco-alemán: Alemania era considerada por Francia como socio en igualdad de derechos y esto hacía inviable una nueva guerra entre ambos, al tiempo que creaba un embrión de comunidad política europea.

3 Nace así la Comunidad Europea del Carbón y del Acero (CECA), constituida por medio del Tratado de París el 18 de abril de 1951, sobre la base del principio de que, en palabras de Jean Monnet, "Europea no se construirá de golpe, sino a través de realizaciones concretas, creando una solidaridad de hecho." En la CECA se integran Francia, Italia, Alemania, Bélgica, Holanda y Luxemburgo.

4 Paralelamente a la creación de la CECA surge la idea de crear un ejército europeo. Así pues, basándose en el modelo de la CECA, se negoció y firmó por los seis en 1952 el Tratado Constitutivo de la Comunidad Europea de Defensa (CED). Esta integración pretendía utilizar los recursos humanos e industriales de Alemania para la defensa común, obviando los inconvenientes de un ejército nacional alemán. Y como se entendió que no era posible un ejército europeo sin una política exterior común, se elaboró un proyecto de Comunidad Política Europea. Finalmente, ambos proyectos fueron abandonados al negarse la Asamblea Nacional Francesa a ratificar el Tratado CED en 1954.

5 A pesar de este fracaso, los estados seguían manteniendo su voluntad de seguir adelante con la construcción europea. Esto les llevó a constituir una Comunidad Económica Europea (CEE) y una Comunidad Europea de la Energía Atómica (EURATOM), instituidas por los Tratados de Roma el 27 de marzo de 1957.

6 Los objetivos que la CEE perseguía eran la creación de una Unión Aduanera que garantizase la libre circulación de mercancías, servicios, personas y capitales. Además preveía la creación de cierto número de políticas comunes como la agrícola, de transporte y comercial.

7 Llegó luego el momento de unificar las instituciones que aseguraban el cumplimiento de las tareas encomendadas a cada una de las tres comunidades, gracias al Acuerdo de Fusión de los Ejecutivos, firmado en Bruselas en 1965, que constituyó un único Consejo de Ministros y una única Comisión para las tres. (Ya existían un Parlamento y Tribunal de Justicia únicos.)

El Marco institucional quedó entonces dibujado de la siguiente forma:

- La Comisión, cuyo objetivo era velar por la aplicación de las disposiciones de los tratados y aquellas adoptadas en aplicación de los mismos, para lo que formulaba proposiciones al Consejo de Ministros y las aplicaba.
- El Consejo de Ministros, que decidía a partir de las proposiciones de la Comisión.
- El Parlamento, encargado de asegurar el control democrático de la Comisión.
- El Tribunal de Justicia que asegura el control jurisdiccional.

www.carm.es/europa/doc.3htm

A Busca las palabras del texto que corresponden a los siguientes significados (el número entre paréntesis indica el párrafo donde se encuentra la palabra).

1 defensores de la idea (1)
2 convergen (1)
3 gobernar (1)
4 unirse (2)
5 imposible que se produjera (2)
6 evitando (4)
7 se elaboró (4)
8 establecidas (5)
9 cumplimiento (6)
10 encargadas (7)

B Elige la opción correcta: **a**, **b** o **c**.

1 La Unión Europea resulta:
   a de un largo proceso iniciado en 1950
   b por una idea del EURATOM
   c por las necesidades defensivas exclusivamente.
2 El proceso de convergencia es iniciado:
   a en Francia, inspirado por la propuesta de Robert Schuman
   b por Bélgica para acabar con el antagonismo franco-alemán
   c por varios países europeos que se pusieron de acuerdo.
3 Surgen la CECA y la CED cuyos objetivos eran:
   a agrícolas
   b la libre circulación de mercancías
   c económicos y defensivos.
4 La CEE se constituye:
   a como si fuera un ejército nacional
   b como la culminación en una primera etapa de una serie de objetivos comunes en la construcción europea
   c como la Asamblea Nacional Francesa.
5 Se unificaron las instituciones garantes de que se cumplieran las tareas encomendadas a las tres comunidades:
   a por medio del Acuerdo de Fusión de Ejecutivos
   b por un acuerdo firmado en Bruselas en 1975
   c mediante un acuerdo democrático firmado por los tres.
6 La Comisión está encargada de:
   a decidir proposiciones del Consejo de Ministros
   b vigilar el cumplimiento de los Tratados
   c formular las proposiciones de los Tratados.

C *Debate dirigido*

En España está cada vez más vigente el debate sobre los nacionalismos, precisamente en un momento en el que los estados van perdiendo importancia en favor de una Europa cada vez más fuerte. Lee las opiniones de estas dos personas, piensa cuál es aquélla con la que más te identificas y organiza un debate con tus compañeros.

Opinión A: Europa es sólamente una entidad política. A pesar de que cada vez sea más fuerte y tenga más atribuciones, esto no afecta a los ciudadanos ni a los múltiples pueblos que la habitan. Cada hombre o mujer se define por el grupo en el que nace y a cada uno de ellos corresponde mantener y preservar las señas de identidad del mismo.

Europa no puede sustituir este sentimiento que es innato en el hombre y, es más, debe respetar y proteger sus instituciones y sus manifestaciones de cualquier tipo.

Opinión B: Europa es el futuro. La identidad de los pueblos pequeños ha de ceder en favor de una entidad más poderosa y completa que va a satisfacer mejor nuestros deseos y que se opone al imperio de EEUU con más energía. Los grupos sociales y culturales más pequeños se deben sacrificar para poder conseguir este ideal común. Además hay que tener en cuenta que éstos suelen ser parte del ámbito rural en vías de extinción. Se pueden mantener las manifestaciones culturales externas como enriquecimiento de la cultura europea pero a nivel político y social, es decir, en todos los demás órdenes se debe dar prioridad a Europa.

CONSOLIDACIÓN

Estudia: Impersonal passive, p. 207

Traduce las siguientes frases a la pasiva impersonal.

Por ejemplo: Los seis firmaron y negociaron la CED.
Se firmó y se negoció la CED.

1 Europa entendió que no era posible crear un ejército europeo.
2 Los estados seguían manteniendo su voluntad de seguir adelante con la construcción europea.
3 La realidad pone de relieve la falta de unidad en lo que se refiere a la unión política.
4 La Comunidad establecía como meta la realización del mercado interior.

¡EXPRÉSATE!

Estas expresiones podrían ser útiles:

En primer lugar consideremos…
Antes de nada debemos dejar claro que…
Lo primero que hay que decir es…
Veremos cómo…
Pasemos a examinar…
Me limitaré a…
Un punto básico en cuestión es éste:
Cabe mencionar aquí que…

1.7 *La Unión Europea hoy en día*

Para descubrir más aspectos de la UE, escucha la entrevista con un comisario de la Unión.

A Completa la siguiente tabla.

sustantivo	adjetivo	verbo
1	reconocido	2
3	duradero	4
5	6	revisar
ampliación	7	8
9	10	sustraerse
11	previsto	12
prohibición	13	14
15	16	conferir
17	basada	18
19	20	asumir
fortaleza	21	22

B Agrupa las ideas más importantes del texto con relación a los siguientes puntos:

- Constitución actual de la UE
- Tratados más importantes
- Objetivos en el presente
- Perspectivas del futuro
- Derechos de los ciudadanos

¿Cómo se dice ... "g" y "j"?

Observa la pronunciación de las letras "g" y "j" en diferentes contextos y practica la pronunciación de las diferentes palabras:

geo**g**ráfico	le**g**ítima
pro**g**reso	**g**rupo
ob**j**etivo	inte**g**ración
justicia	exi**g**e
generales	me**j**or
traba**j**adores	Conse**j**o

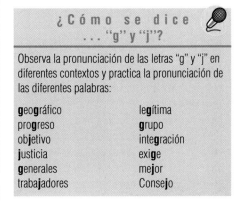

¡Infórmate!

La Unión Europea

Miembros
Solicitantes de vía rápida
Solicitantes
1973 Año de solicitud o incorporación

SUECIA 1995
FINLANDIA 1995
ESTONIA 1995
LETONIA 1995
REINO UNIDO 1973
DINAMARCA 1973
LITUANIA 1995
IRLANDA 1973
HOLANDA 1951
ALEMANIA 1951
POLONIA 1995
BÉLGICA 1951
REPÚBLICA CHECA 1995
ESLOVAQUIA 1995
LUXEMBURGO 1951
AUSTRIA 1995
HUNGRÍA 1995
RUMANIA 1995
FRANCIA 1951
ITALIA 1951
PORTUGAL 1986
ESPAÑA 1986
BULGARIA 1995
ESLOVENIA 1995
GRECIA 1981
TURQUÍA
MALTA 1990
CHIPRE 1990

1.8 ¿Qué es el Parlamento Europeo?

¿Cómo funciona el Parlamento Europeo y cuáles son las actitudes de los españoles con respecto a la integración europea?

El Parlamento Europeo en pocas palabras

CÓMO

El Parlamento está compuesto por 626 diputados elegidos por sufragio universal directo desde 1979. En el hemiciclo, los diputados no están agrupados por delegaciones nacionales, sino en función del grupo político al que pertenecen. En la actualidad el Parlamento Europeo cuenta con nueve grupos, así como con diputados no inscritos. El abanico del hemiciclo cubre todos los matices políticos de los estados miembros. Con el fin de preparar las sesiones plenarias del Parlamento Europeo, los diputados se dividen en 20 comisiones permanentes, cada una de ellas especializada en un ámbito particular.

DÓNDE

La sede del Parlamento se encuentra en Estrasburgo, donde tienen lugar las sesiones plenarias una semana al mes. El Parlamento realiza también sesiones adicionales en Bruselas, al igual que las reuniones de las comisiones parlamentarias. La secretaría general del Parlamento se encuentra en Luxemburgo.

QUÉ

EL PODER LEGISLATIVO

En un principio, el Tratado de Roma (1957) sólo otorgaba al Parlamento Europeo un papel consultivo, siendo la Comisión Europea quien proponía y el Consejo de Ministros quien legislaba. Tratados posteriores han reforzado la influencia del Parlamento, concediéndole la habilidad de modificar, es decir, de adoptar los textos legislativos junto con el Consejo. Del mismo modo, comparte el poder legislativo, en diferentes grados dependiendo del asunto que se trate. En la actualidad existen cuatro procedimientos legislativos principales: la consulta que permite al Parlamento dar su opinión antes de la adopción por parte del Consejo de una propuesta de ley; la cooperación que autoriza al Parlamento la mejora de un proyecto de ley por medio de las enmiendas; la toma de decisión compartida que prevé verdaderamente el reparto del poder de decisión entre el Parlamento y el Consejo y la opinión conforme que autoriza al Parlamento a dar o rechazar su aprobación al texto legislativo que le es presentado, pero al que no tiene derecho de añadir enmiendas.

EL PODER PRESUPUESTARIO

Cada año, generalmente en noviembre, el Parlamento Europeo aprueba al presupuesto de la Unión, el cual no entra en vigor hasta que es firmado por el presidente del Parlamento Europeo.

EL PODER DE CONTROL DEMOCRÁTICO

El Parlamento ejerce un control democrático sobre el conjunto de la actividad comunitaria. Este poder, que en un origen sólo controlaba la acción de la Comisión, se vio extendido al Consejo de Ministros, el Consejo Europeo y los órganos de cooperación política.

A Expresa con tus propias palabras el significado de las siguientes palabras.

1 diputado
2 sufragio universal directo
3 hemiciclo
4 parlamento
5 Consejo de Ministros
6 poder legislativo
7 propuesta de ley
8 presupuesto
9 órganos de cooperación política
10 enmiendas

B ¿Verdadero o falso? Corrige las frases falsas.

1 El Parlamento no se elige directamente, lo eligen los diputados de cada estado miembro.
2 Los diputados europeos funcionan independientemente.
3 La sede de las reuniones del Parlamento es en Estrasburgo.
4 El Consejo de Ministros es el organismo que dicta las leyes.
5 Los diferentes procedimientos legislativos permiten la participación de los diferentes organismos en la toma de decisiones.
6 El presupuesto de la Unión se aprueba cada dos años.
7 El Parlamento controla la acción de la Comisión. Antes también controlaba el Consejo de Ministros, el Consejo Europeo y los órganos de cooperación política.

C Describe los diferentes organismos que componen o colaboran con el Parlamento Europeo y sus funciones (150 palabras).

D Mira la información de la casilla ¡Infórmate! y escribe un resumen (100–150 palabras) de las opiniones que se encuentran.

¡Infórmate!

Relaciones Europa–España

◆ En estos momentos, y en términos generales, ¿cuál es su actitud hacia la Unión Europea?

	%
Muy a favor	7
Bastante a favor	31
Algo a favor	26
Ni a favor ni en contra	19
Algo en contra	8
Bastante en contra	3
Muy en contra	1
NS/NC	5

◆ ¿Le gustaría vivir en alguno de los países miembros de la Unión Europea?

	%
Sí, le gustaría	20
Le es indiferente, no lo ha pensado nunca	14
No, no le gustaría	66

◆ En relación a la posibilidad de trabajar en cualquiera de los países miembros de la Unión Europea, ¿en qué medida está Vd. de acuerdo con cada una de las siguientes frases?

	% muy + bastante de acuerdo
Queramos o no, y por mucho que diga el Tratado de la Unión, siempre habrá una tendencia a preferir y contratar a los trabajadores y profesionales del propio país	75
Para los trabajadores y profesionales españoles, ésa es una buena medida, pues entrarían en un mercado de trabajo mucho más amplio y tendrían más posibilidades de encontrar empleo	61
Para los trabajadores y profesionales españoles ésa es una mala medida, pues si viniesen a España trabajadores y profesionales de otros países de la Unión Europea, lo que harían sería quitar puestos de trabajo a los españoles	52

cis.sociol.es

Tercera parte:
España, país moderno

1.9 *La vida española de hoy en día*

Un grupo de jóvenes españoles habla sobre la vida española: ¿cómo se ha cambiado y cómo puede compararse con la vida en otros países europeos?

A Escucha la primera parte de la conversación y decide si las siguientes frases son verdaderas (V), falsas (F) o no se sabe (N). Corrige las frases falsas.

1 El español de hace 40 años era muy abierto hacia las parejas de mismo sexo.
2 El español moderno parece mucho a los otros europeos.
3 La gente empezó a trasladarse del campo a las ciudades porque había una sequía muy severa.
4 La gente ha llegado al arreglo de vivir en urbanizaciones, es decir seguir viviendo en ciudades, pero no en el centro.
5 Vivir en el campo en España tiene una connotación positiva – es lo que hace la gente rica.

B Ahora escucha la segunda parte y contesta a las preguntas.

1 ¿Dónde se concentraba la mayoría de los recursos y actividades culturales en el pasado?
2 ¿Dónde se encuentra el museo Guggenheim?
3 ¿Qué se debe hacer para activizar una ciudad para que vengan los turistas?
4 ¿De dónde se pueden sacar los recursos para modernizar una ciudad?
5 ¿Qué actitud tienen los españoles frente a la cuestión de Europa?

C Escucha la tercera parte y corrige los errores en la transcripción:

Bueno, el cambio ha sido superficial, yo creo. Antes el acceso a la educación era mucho más fácil. Ahora, yo creo que la gente de nuestra edad, la mayoría, estudia una carrera universitaria, cosa que antes era mucho más común. Por ejemplo, los hombres ahora, la inmensa mayoría de los hombres ... eeh ... accede a la educación y accede a la universidad y en el campo laboral, bueno pues, la diferencia fundamental es el acceso de los hombres al campo laboral, y eso ha creado una ... un ... una diferencia bastante superficial en el ... en la educación porque, bueno pues, hay muchas ca ... muchos puestos laborales donde antes no apare ... sobre todo puestos de maniobra y demás donde antes los jóvenes no estaban representados – ahora, sin embargo, sí, en el campo militar, en el campo legal. El cambio, yo creo, es superficial.

D Esucha la cuarta parte sobre las mujeres y la religión. Copia y completa la tabla.

La mujer antes	La mujer de hoy en día

Los españoles antes	Los españoles de hoy en día

La iglesia antes	La iglesia de hoy en día

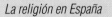

¡ I n f ó r m a t e !

La religión en España

♦ ¿Cuál fue su educación religiosa: católica, otra religión o no tuvo educación religiosa?

Católica	95,4
Otra religión	0,5
No tuvo educación religiosa	3,9
N.C.	0,2
(N)	(2483)

♦ *Sólo a quienes tuvieron una educación religiosa no católica*
¿Cuál?

Musulmán	36,4
Testigo de Jehová	36,4
Protestante	18,2
Iglesia de Filadelfia	9,1
(N)	(11)

♦ Cuando Ud. tenía alrededor de 11 o 12 años, ¿con qué frecuencia asistía Ud. a misa u otros oficios religiosos?

Nunca	9,9
Menos de una vez al año	1,9
Una o dos veces al año	3,5
Varias veces al año	7,8
Una vez al mes	3,6
Dos o tres veces al mes	6,0
Casi todas las semanas	16,7
Todas las semanas	40,8
Varias veces a la semana	7,0
N.S./No recuerda	2,5
N.C.	0,3
(N)	(2488)

♦ Refiriéndonos ahora al presente, ¿con qué frecuencia reza Ud.?

Nunca	28,7
Menos de una vez al año	4,0
Una o dos veces al año	4,9
Varias veces al año	10,9
Una vez al mes	2,9
Dos o tres veces al mes	5,5
Casi todas las semanas	5,5
Todas las semanas	7,4
Varias veces a la semana	6,4
Una vez al día	17,4
Varias veces al día	5,2
N.C.	1,3
(N)	(2484)

1.10 *Bilbao – la modernización de una ciudad*

Bilbao era una ciudad industrial, gris y desconocida hasta hace muy poco. La construcción del Museo Guggenheim y otras construcciones modernas como el Metro y el Palacio de la Música han cambiado totalmente su imagen. La modernización de Bilbao es un símbolo de lo que está sucediendo en toda España.

El Museo Guggenheim es el emblema de la nueva imagen de la ciudad de Bilbao.

BILBAO DESPUÉS DEL CAMBIO

La arquitectura al servicio de una ciudad posindustrial

Los visitantes que llegan a Bilbao apenas pueden reconocer la antigua ciudad gris, contaminada y áspera de hace una década. Y es que la capital vizcaína se ha sometido a un complejo proceso de cirugía estética y parece otra. Inmersa en un ambicioso programa de regeneración, es la metrópoli que despierta un mayor interés arquitectónico y urbanístico.

Haciendo suya la máxima del economista Keynes de que el futuro no se prevé, sino que se inventa, prestigiosos profesionales, como el británico Norman Foster o el californiano Frank O. Gehry, han unido sus esfuerzos a los de las instituciones y ciudadanos vascos para tratar de fraguar la ciudad posindustrial. Con una buena dosis de imaginación y creatividad y más de 3000 millones de euros invertidos hasta la fecha, todos ellos afrontan el reto de vivir de forma distinta en una ciudad que, en el pasado, se dejó seducir por el liberalismo más salvaje.

La ría del Nervión es el eje vital de la ciudad desde su fundación en el año 1300. Representa, como aventuró Miguel de Unamuno, el pasado y el futuro de Bilbao. Hace cinco años se constituyó la sociedad Bilbao Ría 2000, en la que participan, además de los Gobiernos central y vasco, la Diputación de Vizcaya, el Ayuntamiento y los propietarios del suelo situado en las márgenes de la ría. Tras el proceso de desmantelamiento de las instalaciones que servían para la actividad industrial, ferroviaria y portuaria, se ha rediseñado este espacio degradado, transformándolo en un centro dedicado al ocio y la cultura.

Esta fiebre revitalizadora, que pretende impulsar la imagen de Bilbao en el exterior como centro articulador del eje atlántico, ha traído consigo la mejora de los accesos a la ciudad, con la ampliación del aeropuerto, que se convertirá en uno de los más avanzados de Europa, y la construcción de espectaculares edificios y puentes, situados casi todos ellos en la antigua zona industrial de Abandoibarra, frente a la Universidad de Deusto.

El Palacio de Música y Congresos, con su aspecto de buque encallado en el fango; el puente Euskalduna, y la extravagante pasarela peatonal diseñada por Santiago Calatrava, cuyo suelo de vidrio translúcido produce la sensación de caminar sobre el agua, son algunas de las obras más destacadas, aunque la metamorfosis de este paisaje urbano será completa cuando se lleven a cabo otros proyectos, como él de la estación intermodal de trenes y autobuses de Abando; el centro comercial y de negocios, diseñado por César Pelli al más puro estilo neoyorquino, y el superpuerto, auténtica arteria de la nueva economía de servicios.

Pero sin duda las dos obras estrella son el Museo Guggenheim, que se ha convertido en el auténtico emblema de la ciudad, y la nueva red de metro, ideada por Norman Foster. Las marquesinas transparentes, más conocidas por los bilbaínos como "fosteritos", invitan a entrar a este universo subterráneo, integrado por 11 estaciones de acero y hormigón.

El perfil náutico del Guggenheim, recubierto por más de 30.000 placas de titanio, ha cautivado a la mayoría de los bilbaínos, a pesar de que les ha supuesto un coste de unos seiscientos euros por habitante y se prevé un déficit anual superior a los seis millones.

Un gran atrio de 300 metros cuadrados y 50 metros de altura conecta las 19 galerías mediante un sistema de pasarelas curvas y ascensores acristalados. El nuevo museo ha convertido a Bilbao en lugar obligado de visita para todos los amantes del arte contemporáneo.

La espectacular obra de Gehry, así como algunos otros audaces proyectos, colocarán a Bilbao en un rango similar al de otras capitales europeas, como París, Londres o Madrid. Sin embargo, el director de Ría 2000, Pablo Otaola, ha señalado que el rápido desmantelamiento industrial puede suponer que no quede nada "que recuerde a los niños el pasado".

A Busca las palabras del texto que se correspondan con los siguientes significados:

1 renovación
2 crear
3 centro
4 derribo

5 inmóvil
6 transparente
7 símbolo
8 fascinado

B Une la primera parte de cada frase (1–7) con su final (a–g).

1 Bilbao es hoy una ciudad muy diferente
2 Los cambios de la ciudad han sido posibles
3 La ría de Bilbao es el centro
4 Para permitir que esta ciudad se abra al exterior
5 Las obras más importantes construidas recientemente son
6 El Guggenheim, construido con 30.000 placas de
7 Bilbao estará pronto

a titanio, es el símbolo de la ciudad y fascina a sus habitantes.
b el museo Guggenheim y la nueva red de metro.
c debido a los profundos cambios que ha experimentado.
d se han renovado todos los accesos a Bilbao y se han construido puentes y edificios modernos en la zona que bordea a la ría.
e vital alrededor del cual gira toda la vida de la ciudad.
f gracias a los esfuerzos de las instituciones y de arquitectos famosos.
g al mismo nivel que otras ciudades europeas tales como Londres, París o Madrid.

C Toma notas sobre estos aspectos de la ciudad:

- Bilbao en el pasado
- Cambios efectuados recientemente
- La ría del Nervión
- Edificios nuevos
- El edificio Guggenheim

D *Trabajo escrito*

Escribe una carta a un(a) amigo/a describiendo la ciudad de Bilbao y los cambios que ha experimentado en los últimos años (150 palabras). Si prefieres, elige otra ciudad española.

1.11 *Españolas modernas*

Se podría decir que Federica Montseny (ver 1.2) era la primera española moderna. Pero el papel de la mujer ha cambiado mucho desde que España se convirtió en un país moderno, democrático y europeo. Como en muchos otros países, las mujeres han accedido al mundo del trabajo con mucho éxito, pero esto ha hecho que la familia española también ha experimentado cambios importantes.

Mujeres que trabajan

EL VIEJO MITO DE QUE LOS HIJOS de madres trabajadoras son más conflictivos y agresivos que aquellos que tienen a su madre todo el día en casa acaba de desbaratarse. Gracias a un amplio estudio realizado en EE.UU. por la psicóloga Elizabeth Harvey, se ha probado que el trabajo de la madre no afecta el desarrollo emocional normal del niño. Para llegar a esta conclusión, la investigadora basó su estudio en la Encuesta Nacional Longitudinal sobre jóvenes de EE.UU, que se aplica a 12 mil 600 personas a las que se entrevista anualmente desde 1979, cuando tenían entre 14 y 22 años. Desde 1986, también son entrevistados sistemáticamente los hijos de las mujeres incluidas en la encuesta. Los factores tomados en cuenta son: si la madre trabaja los primeros tres años de vida del niño, cuántas horas trabaja a la semana, cuánto tiempo transcurrió desde el parto hasta que la madre se incorporó al trabajo, etc. En los niños se midió el nivel de autoestima, la conducta, el desarrollo cognitivo, el grado de conformidad y sus resultados académicos. La conclusión de esta investigación, publicada por la Asociación Americana de Psicología, es que los niños de madres que trabajan no presentan, durante sus tres primeros años de vida. diferencias considerables con los que tienen a su madre en casa. Se descubrieron indicios de retardo en el desarrollo emocional en aquellos niños cuyas madres se incorporaron al trabajo á los pocos meses del alumbramiento, pero la diferencia es mínima y se nivela con el pasar de los años.

A Completa el siguiente resumen del texto. Para cada espacio, necesitas solamente una palabra.

No es cierto el **1** .... de que los hijos de las madres trabajadoras son más **2** .... y **3** .... que los demás. **4** .... un estudio **5** .... por Elizabeth Harvey se ha comprobado que el trabajo no **6** .... el **7** .... emocional del niño. La investigadora **8** .... entrevistó a **9** .... personas de **10** .... entre 14 y 22 años. También **11** .... entrevistados los **12** .... de las **13** .... de la encuesta. Los cinco parámetros que se midieron fueron el nivel de **14** ...., la **15** ...., el **16** ...., el grado de **17** .... y sus resultados **18** .... La conclusión de estos estudios es que en los hijos de las madres que **19** .... no se observan **20** .... notables con respecto a **21** .... que tienen a su madre en casa **22** .... los tres **23** .... años de vida. Se descubrió que había **24** .... de retardo en aquellos **25** .... cuyas madres se incorporan al **26** .... a los pocos meses del **27** .... pero esas diferencias luego se **28** ....

B *Presentación oral*

Prepara una presentación (dos minutos) sobre el tema de la atención de los padres a los hijos durante sus primeros años de vida. ¿Es posible trabajar y también ser un(a) buen(a) padre/madre?

C Nuria, Stella y Olga hablan sobre las expectativas de las mujeres en España de hoy en día. Escucha la primera parte de la conversación y contesta a las preguntas.

1 ¿Por qué ha sido radical el cambio en las expectativas de las mujeres?
2 ¿Cómo era antes?
3 ¿Qué hace la mayoría de las mujeres de hoy en día?
4 ¿De qué se preocupan los partidos políticos?
5 ¿Qué son los cotos todavía cerrados para las mujeres?

D Escucha la segunda parte de la conversación. Ordena los temas.

Por ejemplo: 2 . . .

1 madres solteras
2 las asistentas del hogar
3 la libertad "nuestra generación"
4 la ausencia de los abuelos en casa
5 el aspecto más importante de la vida en España
6 el padre como cabeza de familia
7 la actitud de los ingleses
8 el papel más igualitario de los padres
9 el autoritarismo del padre
10 las relaciones de amistad entre padres e hijos
11 el divorcio
12 las familias de diez hijos

CONSOLIDACIÓN

Estudia: Participles, p. 199

Observa los siguientes participios del texto y forma al menos diez frases con ellos.

1 realizados
2 entrevistados
3 publicada
4 incorporado
5 medidos
6 probado
7 considerado
8 basado
9 transcurridos
10 nivelado

¡Infórmate!

Actitudes hacia las madres que trabajan

♦ ¿Podría decirme, por favor, en qué medida está Ud. de acuerdo o en desacuerdo con las siguientes frases?

1 Muy de acuerdo
2 De acuerdo
3 Ni de acuerdo ni en desacuerdo
4 En desacuerdo
5 Muy en desacuerdo

	1	2	3	4	5	N.S	N.C	(N)
La responsabilidad del marido consiste en ganar dinero; la de la mujer, en cuidar de la casa y de la familia	10,0	14,5	12,8	29,8	31,9	0,9	0,1	(2488)
Sopesándolo todo, la vida familiar se resiente cuando la mujer trabaja fuera de casa la jornada completa	11,1	31,2	15,4	23,1	16,3	2,9	0,1	(2487)

CIS Estudio 2.301

1.12 *Queremos más hijos*

Un resultado de la modernización de España y el papel creciente de las mujeres en el mercado laboral es la disminución del nivel de natalidad. Hoy en día, la natalidad española – 1,15 hijos por mujer – es una de las más bajas del mundo. El factor económico es decisivo, como vemos en el artículo siguiente.

Queremos más hijos, pero no los tenemos

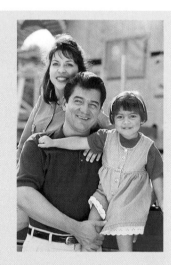

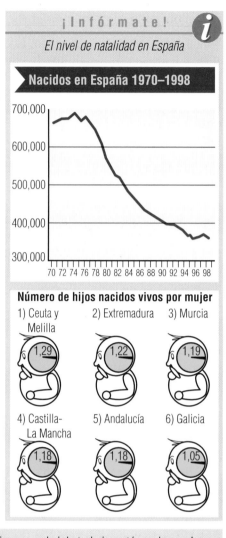

¡Infórmate!

El nivel de natalidad en España

Nacidos en España 1970–1998

700,000

600,000

500,000

400,000

300,000

70 72 74 76 78 80 82 84 86 88 90 92 94 96 98

Número de hijos nacidos vivos por mujer

1) Ceuta y Melilla — 1,29 2) Extremadura — 1,22 3) Murcia — 1,19

4) Castilla-La Mancha — 1,18 5) Andalucía — 1,18 6) Galicia — 1,05

1 Aunque todavía sean provisionales, las cifras del Instituto Nacional de Estadística señalan que en 1998 nacieron en España 361.930 niños. Es decir, 119 más que el año anterior. Algo que para una población en torno a los 40 millones de habitantes no significa absolutamente ningún cambio con respecto a la tendencia del último cuarto de siglo. Cada vez tenemos menos hijos y, con 1,15 hijos por mujer, nos hemos convertido en el país con el índice de natalidad más bajo.

2 Los demógrafos no ven, sin embargo, problema alguno en este descenso. "Lo que sí me parece un problema es que la gente no pueda realizar los planes que quiera. Si las parejas de 30 años, por ejemplo, están insatisfechas porque querrían tener hijos y no pueden tenerlos, esto sí que es un problema", subraya Montserrat Solsona, del Centro de Estudios Demográficos de Barcelona.

3 Y esto es precisamente lo que señalan las encuestas: las españolas desean tener más hijos, exactamente dos de promedio. También determinan que una de las causas fundamentales que se lo impide es la imposibilidad de compaginar satisfactoriamente las obligaciones familiares y el trabajo. Un estudio de la Confederación Española de Asociaciones de Amas de Casa y Consumidores (CEACCU) confirma este extremo: el 75% de las mujeres que hoy no trabaja señala al matrimonio como la causa que les hizo perder su empleo. "Esto, que antes era un factor que definía la fecundidad, ha pasado a ser imprescindible para constituir una familia. No es que las mujeres que trabajan se planteen tener menos hijos, sino que, sencillamente, no trabajan", afirma Solsona.

4 El 30% de las mujeres en edad de trabajar está en el paro. La cifra, que es la más alta de todos los países de la Unión Europea, triplica en algunas regiones a la que se refiere a los varones. Con el agravante añadido de que, para el mismo trabajo, la mujer gana por término medio el 30% menos que el hombre.

5 Junto con los cambios en la vida de los padres que acarrea la crianza, el factor económico es decisivo en esta tendencia. Así lo señala Inés Alberdi, en su profundo estudio "La nueva familia española": "Las mayores exigencias de atención y cuidado, así como los gastos económicos que los hijos representan para los padres, discurren paralelamente a esa cuidadosa decisión de cuándo y cuántos hijos tener."

6 Las encuestas del Centro de Investigaciones Sociológicas señalan que un porcentaje del 80,4% de padres españoles considera como la causa principal por la que no tienen más hijos la cuestión económica. Hasta 1998, la deducción en la declaración de la renta ha sido de 22.100 pesetas (130 euros) por cada uno de los dos primeros hijos. "Si aquí se hiciera una política de pleno empleo y de reconciliación real de la vida laboral y la vida familiar no cabe duda de que subiría la fecundidad", remacha Solsona.

7   El factor económico hace que aspectos en apariencia tan alejados como el momento dulce que están viviendo los tipos de interés hipotecario (los más reducidos de la reciente historia de España) incidan sobre la tasa de nacimientos. No hay que olvidar que, en nuestra sociedad, nupcialidad y matrimonio están íntimamente unidas.

8   La pertenencia a una clase social determinada y el lugar del que se es oriundo son decisivos a la hora de tener hijos. La edad de emancipación de los jóvenes es cada ves más tardía. "Los de la clase alta son los que más tarde se van. Los primeros que salen son los hijos de los trabajadores manuales, porque sus padres no pueden mantenerles mientras se están formando y tienen que buscarse la vida", afirma Solsona. Éstos tambien serán padres antes.

9   Con respecto al lugar de nacimiento, "lo que pasa es resultado del poso de la historia", aclara Solsona. "Mientras que en Cataluña se reclaman guarderías y servicios de comedor en todas las escuelas, en Andalucía los niños salen del 'cole' a las dos sin que haya revueltas sociales. Esto es así porque se considera que en cada casa hay un ama de casa que les va a dar la comida y que va

a estar con ellos el resto del día", añade. El ser madre y trabajadora tiene una amplia tradición en Cataluña; hace ya cien años que allí se acudía a las mujeres para trabajar en las fábricas textiles.

10   La mayor parte de nuestros hijos nacen de padres casados. En este aspecto, somos mediterráneos hasta la médula. Nuestras costumbres son bien distintas a las de los países nórdicos, como recogen los datos de la Oficina Europea de Estadísticas: mientras en Suecia nacen fuera del matrimonio 39,7% de niños, en Dinamarca 33,2% y en Austria 17,8%, en España sólo lo hacen 3,9%, en Italia 4,3% y en Grecia 1,5%. En veinte años, se ha pasado de celebrar seis bodas por cada mil habitantes a sólo 4,8. Respecto a la responsabilidad de la crianza en los primeros meses de vida de los hijos, es un asunto exclusivo de sus madres. En el norte de Europa, en cambio, ésta es escrupulosamente compartida por ambos progenitores. Según datos del Ministerio de Asuntos Sociales, mientras en España el permiso de maternidad lo disfruta el 98% de las madres, en Alemania, Dinamarca o Suecia se reparte al 50% entre los dos progenitores. Y además, este permiso en España sólo es de 16 semanas, mientras que en Noruega se prolonga hasta las 42, en Suecia hasta las 78 y en Austria llega a las 86.

A
Mira las estadísticas de la casilla ¡Infórmate! y las fotografías y contesta a las preguntas.

1 ¿Qué te sugieren estas fotografías?
2 ¿Hay diferencias entre ellas?
3 ¿En qué comunidad autónoma hay más natalidad?
4 ¿Qué tipo de mujer tiene más tendencia a tener hijos?
5 El descenso de natalidad parece menos rápido en los años 90. ¿Puedes sugerir alguna causa posible?

B
Lee el artículo. Según el texto, ¿son verdaderas o falsas estas frases? Señala en qué párrafo encuentra la evidencia.

1 Últimamente se ha experimentado un ligero ascenso en el índice de natalidad.
2 Los españoles no tienen más hijos por razones económicas.
3 La pertenencia a una clase social u otra no es determinante a la hora de tener hijos.
4 La edad de emancipación de los hijos es cada vez más tardía.
5 El labor de cuidado de los hijos durante los primeros años de vida es compartido escrupulosamente por ambos progenitores en España.
6 Un alto porcentaje de mujeres españolas está en el paro.
7 En España no hay una relación directa entre el estado civil y la natalidad.
8 Las españolas desearían tener más hijos.

C
Haz un resumen en español del texto (100–150 palabras) considerando los distintos aspectos:

• natalidad en España
• estado civil
• edad de emancipación de los jóvenes
• situación económica
• clase social
• cuidado de los niños

Tendrás que usar "ser" y "estar" correctamente: ¡ten cuidado! (A ver: Consolidación.)

CONSOLIDACIÓN

Estudia: "Ser" and "estar", p. 207

En el texto hay varios ejemplos del uso de los verbos "ser" y "estar". ¿Te acuerdas de las reglas? Explica, para cada una de las frases de abajo, por qué se usa el uno o el otro verbo.

1 Las parejas de 30 años **están** insatisfechas porque querrían tener hijos.
2 Una de las causas fundamentales **es** la imposibilidad de compaginar las obligaciones familiares y el trabajo.
3 El 30% de las mujeres **está** en el paro.
4 Hay un ama de casa que va a **estar** con ellos el resto del día.
5 En este aspecto, **somos** mediterráneos hasta la médula.
6 Nuestras costumbres **son** bien distintas a las de los países nórdicos.

1.13 ¿Cómo se presenta el futuro de la España moderna y europea?

Stella y Llorenç hablan sobre los aspectos positivos y negativos de vivir en España y sobre cómo ven el futuro de su país.

Escucha la conversación. ¿Se habla de las siguientes cuestiones? Escribe "Sí" o "No".

1 La estabilización de la economía española
2 El porcentaje de la superficie del país bajo la agricultura
3 La importancia de la iglesia en la sociedad española
4 La actitud de los españoles por lo que se refiere a Europa
5 Las lenguas oficiales de las Comunidades Autónomas
6 El carácter del país
7 La lentitud de España en evolucionarse
8 Las posibilidades para los estudiantes
9 El sistema de educación en España
10 El acceso al mercado laboral de Europa
11 Los problemas causados por las diferencias en la rutina diaria
12 La diferencia entre la vida de un joven hoy en día y la de hace cuarenta años
13 El ocio en España
14 Las inseguridades de los jóvenes en cuanto al futuro

¡Infórmate!

Veinte años de mejoría

La posición de Galicia ha mejorado en los últimos veinte años. En 1980, la pobreza afectaba a un 30,6% de las familias, en 1990 al 24,6% y actualmente al 14,2%.

Hay menos pobres en la comunidad autónoma, pero la situación no es precisamente óptima. Existe un porcentaje muy elevado de personas (43,7%) a las que les cuesta acabar el mes. Un 16% lo hacen con mucha dificultad.

Estos datos fueron relativizados ayer por el *conselleiro* de Economía, José Antonio Orza, en la medida en que el concepto «*chegar* a fin de mes» vale tanto para un roto como para un descosido. También los ricos pueden suscribir esta expresión.

1.14 Reacciones y redacciones

Escribe 250 palabras sobre uno de estos temas.

1 El siglo XX – un siglo de cambios políticos en España
2 Europa es el futuro para España.
3 ¿Cómo ha cambiado el papel de la mujer en la sociedad española desde la muerte de Franco?

La educación en España

*L*a educación es un tema muy importante para todo el mundo, dado que es la puerta a un futuro más seguro para los jóvenes. En esta unidad, consideramos, entre otros temas, las características de un buen profesor, ayudamos a los estudiantes en cuanto a las técnicas de estudio, e investigamos los efectos de una dieta dañina, los problemas de los estudiantes que tienen dificultades para aprender, los cambios del sistema educativo en España, y lo que significa estudiar en el extranjero.

En esta unidad vamos a consolidar tu conocimiento de los siguientes puntos gramaticales:

- pasiva (en perfecto) *(passive – perfect tense)*
- "a" personal *(personal "a")*
- futuro *(future)*
- presente de subjuntivo *(present subjunctive)*

2.1 *Un buen maestro*

Nadie olvida a un buen maestro, según una campaña publicitaria para aumentar el número de matriculados en los cursos de formación para ser profesor. ¿Es verdad? ¿Hay un maestro o un profesor que te haya influido profundamente? En España se ha publicado un libro en el que personalidades españolas hablan de profesores extraordinarios.

Nadie olvida a un buen maestro

Raúl Cremades   Espasa. Madrid (1999). 424 páginas. €16.

En este sugestivo libro de entrevistas treinta personalidades de la vida pública española narran sus recuerdos escolares. El cuestionario al que los protagonistas responden no pretende ser profundo ni exhaustivo: ¿Recuerda con afecto a alguno de sus maestros? ¿Recuerda a algún profesor que le marcara especialmente? ¿Qué cualidades debe tener un buen docente? El libro ofrece la variedad de la buena entrevista que sabe adaptarse al discurso del entrevistado, sin por ello dejar de conocer aquello que le interesa.

Políticos, deportistas, artistas, periodistas, banqueros, un grupo numeroso de personas ligadas al mundo del derecho, y otros personajes de la vida pública española, entre los que se echa de menos a científicos, responden a esas preguntas desde la intimidad del recuerdo, desde la emoción, desde la propia infancia. Al hacerlo, van ofreciendo una valiosa información acerca de cómo era y cómo fue cambiando la vida en España a lo largo de lo que ya podemos llamar el siglo pasado. Cómo era la vida en casa, las relaciones entre padres e hijos, o la vida en la calle; cuáles eran los valores de la sociedad, las costumbres o las aspiraciones personales. Todo ello conforma la atmósfera que arropa y explica su vida de estudiantes. Muchos fueron los profesores, pero pocos los maestros. Algunos encontraron al suyo en el parvulario, otros en el bachillerato y otros en la universidad. Alguno no tuvo esa suerte. Todo el que encontró un maestro en su recorrido reconoce, agradecido, las consecuencias que tuvo para su vida.

Hablar del colegio, de la infancia, de la vida de estudiante es suscitar emociones; emociones que el autor maneja con habilidad, sabiendo huir tanto del tono agrio sobre el pasado como de la ternura empalagosa. Si se tratara de una película, *Nadie olvida a un buen maestro* sería ese documental veraz donde los personajes hablan mirando a la cámara, sin disfraces, con tranquilidad, transmitiendo lo que fue y es su propia realidad.

Cuando se reposa la lectura, el lector puede rescatar del olvido, en un acto personal de justicia, su propia gratitud hacia aquel maestro que hizo la luz en él, aquel maestro paciente y riguroso, aquel maestro que *era* y que *sabía*.

A Busca en el texto:

1 el número de personalidades que han contribuido en el libro
2 el tema sobre qué hablan
3 las características del cuestionario
4 los tipos de personas que han contribuido
5 cómo han respondido al cuestionario
6 lo que revelan los cuestionarios
7 dónde conocieron estas personalidades a sus buenos maestros
8 lo que siente el lector al terminar el libro

B   Busca en el texto una frase en español que signifique:

1 the intimacy of memory
2 how life in Spain was changing
3 the values of society
4 recognises, with gratitude, the consequences (s)he had for his or her life
5 emotions which the author manipulates with skill
6 knowing how to avoid both a bitter tone about the past and a cloying sentimentality
7 that teacher who enlightened him

C   *Trabajo escrito*

Describe en español a un profe o a un maestro que te haya marcado especialmente (150 palabras).

2.2 *Técnicas de estudio*

A la hora de hacer los deberes hay que seguir un orden y respetar los descansos.

A   Escucha los consejos y toma notas sobre lo siguiente:

1 con qué asignatura debes empezar los deberes
2 con qué asignatura debes acabar
3 qué hacer cuando acabes

B   Aquí tienes el texto de lo que dice el presentador. Escucha la primera parte y completa los espacios con las palabras que faltan.

Vamos a hablar de unos métodos que te pueden ayudar a realizar . . . y que se llaman ''técnicas de estudio''.

. . . hacer los deberes, los especialistas aconsejan:

• Tomar nota . . . de las tareas para casa y subrayarlas o ponerlas en un recuadro o en una agenda escolar.
• No ponerte a hacer los deberes o a estudiar después de una clase intensa de gimnasia.
• Empezar a trabajar todos los días a la misma hora . . .
• Terminar siempre en casa los deberes y no en la clase.
• Comentar con los padres . . .

C Ahora escucha la segunda parte de los consejos. ¿Cómo se dice...?

1 as well as
2 bear in mind that
3 the one you think is harder
4 before you start working
5 watch your spelling
6 a time for revision

D Escucha las dos partes de los consejos otra vez. Para cada una de las siguientes frases, escribe V (verdadero), F (falso) o N (no se menciona).

1 Se debe apuntar los deberes de manera que sean fáciles de identificar en el cuaderno.
2 Es mejor hacer los deberes después de un período de actividad física bastante intensa.
3 No importa la hora a la que se empieza a trabajar una vez en casa – hazlo cuando te dé la gana.
4 Es mejor hacer los deberes con una pareja – así puedes comprobar las respuestas e intercambiar opiniones.
5 Si puedes, es mejor terminar los deberes en el instituto – es muy importante no trabajar después de las clases.
6 Para empezar, haz una tarea fácil – eso te dará la confianza para continuar con las tareas más difíciles.
7 Un poco de música clásica mientras haces los deberes te ayudará a concentrarte.
8 Es muy importante corregir tu trabajo para evitar errores de ortografía.
9 Es mejor estudiar un poco cada día y reservar un período para repasar.

E Traduce estas frases al inglés.

1 ponerlas en un recuadro
2 al llegar de la escuela
3 las tareas que tienes que hacer
4 válidos para cualquier estudiante
5 distribuir el esfuerzo
6 antes de ponerse a trabajar
7 esperamos que encuentres más fácil y menos agobiante

F Y tú, ¿qué técnicas utilizas para estudiar eficazmente? Escribe una descripción de tres o cuatro técnicas en español, luego compara tu lista con la de tu pareja.

2.3 *La dieta de los escolares*

Es un tema bastante perturbador – los escolares rechazan la dieta equilibrada y nutritiva a favor de la comida rápida. ¿Y cuál es la cuestión de fondo? No sólo la salud a largo plazo de toda una generación, sino también el carácter mismo de la cultura española tal como se manifiesta a través de su comida tradicional.

La dieta de los escolares españoles presenta cada vez más deficiencias

■ *Un estudio revela numerosos vicios en los hábitos alimenticios de los niños y niñas españoles entre 10 y 12 años*

Los niños españoles de entre 10 y 12 años parecen comer cada vez más lo que no debieran, y menos lo que debieran, según una encuesta llevada a cabo por los Colegios de Farmacéuticos de toda España. Así, y de acuerdo con los especialistas, viven un déficit de productos naturales como legumbres, verduras, fruta, leche y pescado, y tienen un superávit de carne, pizzas, hamburguesas y postres, bollería y pastas de producción industrial.

Barcelona.

Los escolares españoles menores de 12 años apenas comen frutas y verduras, su dieta es también escasa en pescado, no toman la leche que debieran y se alejan de la dieta mediterránea, tan recomendada. Ésta es una de las principales conclusiones de un estudio llevado a cabo por los farmacéuticos españoles.

La encuesta ha sido realizada por el Consejo General de Colegios de Farmacéuticos, sobre una muestra de 120.000 escolares de toda España, con edades comprendidas entre los 10 y los 12 años. Los Colegios Farmacéuticos han llevado a cabo esta encuesta como una parte de la Campaña de Educación Nutricional por el Farmacéutico (Plenufar). Y en ella han estudiado la alimentación de los alumnos de 3.000 colegios de primaria de toda España.

Un resultado que ha sorprendido es el que el 23% de los niños y niñas afirma que le gustaría estar más delgado y un 22% reconoce que ha hecho ejercicio físico para adelgazar. De hecho, un 9% de los niños y niñas menores de 11 años sufre de obesidad, mientras que las actitudes extremas ante los problemas de la alimentación y la gordura pueden degenerar en la anorexia y la bulimia.

A   Lee la primera parte del texto. Haz una lista de lo que comen hoy en día los jóvenes españoles y lo que no comen con tanta frecuencia.

B   Contesta a las preguntas.

1 ¿Cuáles son las principales conclusiones del estudio de los farmacéuticos?
2 ¿De qué tamaño era la muestra?
3 ¿Qué han estudiado en la encuesta?
4 ¿Qué resultado es sorprendente?
5 ¿Cuántos niños sufren de obesidad?
6 ¿Qué problemas pueden provocar entre los niños las actitudes extremas ante la alimentación y la gordura?

C   Traduce al español:

These days, children are not eating what they should. They hardly eat natural products, their diet is deficient in fish and milk, and they prefer to eat pastries and fast food such as hamburgers. Nine per cent of Spanish children under the age of 11 suffer from obesity, and extreme attitudes provoked by problems of excess weight can degenerate into eating disorders such as anorexia and bulimia.

D Lee ahora la continuación del artículo. Toma notas en inglés para explicar lo que pasa actualmente en la familia española en lo que se refiere a la alimentación.

Alimentos preferidos

La preocupación por el peso entre los niños españoles se inicia, pues, cada vez a edades más tempranas. Y esto lleva a la aparición de dietas de adelgazamiento o a la realización de ejercicios físicos con este mismo propósito, cuando aún no han completado su desarrollo físico, lo que implica un riesgo.

De acuerdo con la encuesta, las comidas preferidas de los niños y niñas españoles son la pasta, la comida rápida, pizzas y hamburguesas y el arroz.

Los cambios en los estilos de vida tienen su reflejo en los resultados de este estudio. La "comida rápida" ya no se toma sólo fuera de casa, sino que ha entrado en las familias. Uno de cada diez niños y niñas toma pizzas casi cada día. Un porcentaje similar se decanta con parecida frecuencia por las hamburguesas.

Comidas rápidas

Lo que sucede con los dulces y la repostería se considera aún más negativo. Un 24% toma caramelos y golosinas cada día, mientras que un 18% está abonado al consumo diario de postres, bollería y pastas de producción industrial a gran escala. Las tendencias parecen, por lo tanto, ir en direcciones contrarias a las que fundamentan y aconsejan los especialistas.

A la afición por las pizzas y las hamburguesas, cuyo consumo se suele admitir sólo muy restringido, se une el que alimentos que se recomiendan, como las verduras y las legumbres, sean, junto al pescado, los más aborrecidos.

Alimentos considerados básicos, como la leche y la fruta, tampoco se ingieren en la proporción que los especialistas consideran como equilibrada, aunque en este caso la encuesta no revele la existencia de un rechazo hacia ellos.

En unas declaraciones a *El Periódico*, de Barcelona, el vocal de alimentación del Colegio de Farmacéuticos de esta ciudad describe así lo que considera que sucede actualmente en muchos hogares españoles: "La dieta está desestructurada. Ya no existen las cuatro comidas clásicas (desayuno, comida, merienda y cena), ni los tradicionales primero y segundo plato, más postre. Los niños comen lo que encuentran en la nevera cuando les apetece, deciden que no quieren verdura y enlazan merienda y cena con picoteo."

E *Trabajo escrito*

Escribe unas 250 palabras en español sobre las ventajas y los inconvenientes de comer en el comedor del instituto. ¿Qué haces tú normalmente al mediodía? ¿Por qué?

F *Debate dirigido*

Discute durante unos tres minutos con un(a) compañero/a de clase uno de estos temas, refiriéndote al texto.

1 "La comida rápida es simplemente la comida de moda para los jóvenes. No veo ningún problema."

o

2 "La comida rápida es una dieta poco saludable."

Grábalo en un casete.

CONSOLIDACIÓN

Estudia: Passive (perfect tense), p. 206

Mira el ejemplo y cambia las frases que siguen de la voz activa a la voz pasiva.

La encuesta **ha sido realizada** por el Consejo General de Colegios de Farmacéuticos.

1 En ella han estudiado la alimentación de los alumnos.
2 Los niños no han completado su desarrollo físico.
3 El estudio ha revelado numerosos vicios en sus hábitos alimenticios.
4 Los expertos han recomendado un retorno a la dieta mediterránea.
5 Han descubierto una creciente preocupación por el peso entre los niños españoles.

¡EXPRÉSATE!

Trata de usar frases como éstas para expresar tu opinión:

En mi opinión…	A mi parecer…
A mi juicio…	Creo que…
A mi modo de ver…	Afirmaría que…
Por mi parte…	

2.4 *El mundo al revés*

Hay estudiantes que tienen dificultades con la lectura y la ortografía, que encuentran difíciles instrucciones complejas, y quizás también tienen problemas en organizarse. Si les diagnostican dislexia, no quiere decir que sean tontos. Son personas inteligentes que aprenden de una manera diferente.

DISLEXIA, cómo educarla

Uno de los objetivos principales de la DDA – la asociación de padres de niños con Dislexia y otras Dificultades de Aprendizaje – es orientar y sensibilizar a los padres y al personal docente para que puedan identificar cuanto antes casos como el de Marta, que tiene ocho años y cuyo rendimiento escolar está muy por debajo de su capacidad, dado que su inteligencia es superior a la media de su clase. Un día aprende algo y dos días después, e incluso dos horas más tarde, ya no se acuerda. Le cuesta mucho prestar atención en clase y se distrae con gran facilidad.

También le cuesta mucho leer. Siempre se para en la misma palabra y, a veces, hasta se inventa lo que lee. Marta, como muchos otros niños, es disléxica y tiene miedo a la profesora y a que se rían de ella. "Es muy importante que los padres sean comprensivos y sobre todo que se armen de paciencia; que acepten a los niños tal y como son y los apoyen. Tendrán que practicar el autocontrol y evitar en lo posible el uso de palabras negativas como 'tonto', 'perezoso' o 'torpe', porque son niños muy, muy sensibles que soportan mal la frustración. Conforme se van haciendo conscientes de las dificultades que tienen para aprender y utilizar el lenguaje, se sienten más desdichados, lo que puede repercutir en su carácter y en su relación con el entorno", nos comenta Luz Sánchez, madre de un niño disléxico y miembro de la DDA.

Los padres pueden ayudarlos dejándoles un espacio en casa para que organicen sus cosas, vigilando que tengan el descanso necesario, no obligándolos a leer si no quieren y no sobrecargándolos con actividades extraescolares. También les son de gran ayuda los relojes digitales para leer la hora, las grabadoras para suplir su falta de concentración o los métodos audiovisuales para captar mejor su atención. Una vez que se ha enseñado a los niños a superar sus dificultades, su vida adulta será totalmente normal. Porque el problema está en la etapa escolar, cuando se pone a prueba el rendimiento intelectual siguiendo un determinado sistema educativo. Personajes de la talla de Leonardo da Vinci, Winston Churchill, Albert Einstein o Salvador Dalí fueron disléxicos.

Un sistema educativo inadecuado

Aproximadamente el 15% de nuestra población en edad escolar sufre dificultades de aprendizaje y, aunque no se puede decir que la dislexia sea la única causa del fracaso escolar, sí es una de las más importantes. Estos niños, que son inteligentes, son incapaces de aprender de la forma convencional. Por eso, si no se les presta la ayuda y el apoyo que necesitan, pueden terminar convirtiéndose en fracasados escolares expulsados de los colegios por su conducta antisocial, se vuelven violentos al ver que nadie les comprende. Entre los objetivos de la DDA están el formar al personal docente para que sea capaz de tratar adecuadamente a estos niños, especialmente a los grupos sociales menos atendidos, y crear centros especializados.

Su escritura se caracteriza por la desorganización de letras y números, la imposibilidad de respetar los márgenes y la dificultad de mantener la línea recta.

"La gran lucha es conseguir el reconocimiento oficial del Ministerio de Educación y Ciencia de la condición de 'niño disléxico' y 'niño con dificultad de aprendizaje', para que al evaluar exámenes estén en igualdad de condiciones respecto al resto de los niños. Esto ya se lleva a cabo en países como EE UU, Inglaterra, Suecia o Dinamarca", nos dice Sandra Marone, presidenta de la DDA.

A   Lee con atención este artículo. ¿Son las frases que siguen verdaderas o falsas? Corrige las frases falsas.

1 La DDA quiere enseñar a los padres a reconocer los síntomas de la dislexia.
2 Marta tiene un nivel muy bajo de inteligencia.
3 Se concentra bien en clase.
4 No le gusta leer porque siempre teme que la profesora se burle de sus errores.
5 Los niños disléxicos tienen que aprender a controlarse mejor.
6 Cuando un disléxico se da cuenta de que sus compañeros no tienen los mismos problemas con el aprendizaje, se siente muy infeliz.
7 Los padres no deben exigir demasiado a sus hijos.
8 Los niños que tienen estas dificultades siempre tienen más problemas de mayores.
9 Lo mejor es que sigan un plan de estudios convencional.

B   Las palabras siguientes aparecen en el artículo. Completa la tabla con la forma necesaria en cada caso. Puedes utilizar el diccionario si es necesario.

Sustantivo	Verbo
1	orientar
facilidad	**2**
3	leer
frustración	**4**
5	apoyar
concentración	**6**
7	practicar
rendimiento	**8**
9	enseñar
descanso	**10**
11	distraer(se)

C   Aquí tienes un resumen de una parte del artículo (desde "Aproximadamente el 15%" hasta "centros especializados"). ¿Puedes completarlo, rellenando cada espacio con una palabra?

Más o menos el 15 por **1** .... de alumnos españoles encuentra **2** .... educativos en la escuela, a veces **3** .... por la dislexia. A estos niños, les resulta **4** .... aprender de la misma **5** .... que sus compañeros de clase. Si **6** .... se les ayuda, **7** .... posible que acaben por fracasar en sus **8** .... por completo. **9** .... de los fines de la DDA es formar a los **10** .... para que sepan reconocer casos de dislexia.

D   Traduce al inglés el último párrafo del artículo, desde "La gran lucha es conseguir...".

CONSOLIDACIÓN

Estudia: Personal "a", p. 208

1 En el texto hay ocho ejemplos del uso del "a" personal. ¿Puedes encontrarlos?

Por ejemplo: ...orientar y sensibilizar **a** los padres...

2 Traduce las siguientes frases al español. No te olvides de usar el "a" personal.
  a You should accept people as they are.
  b He taught his students everything he knew.
  c I'm concerned about how they treat animals.
  d We teach children to respect people whose culture is different from their own.
  e I'm looking for the Spanish teacher; have you seen her?
  f She's afraid of dogs and the dentist.

2.5 *Los objetivos de la educación española*

Aunque la educación es un tema muy importante para todos, sea cual sea nuestra nacionalidad, existen diferencias significativas entre la organización de la educación en distintos países. Las autoridades españolas han publicado un documento sobre los objetivos de la educación en su país.

A   Lee la primera parte del texto sobre la nueva ordenación del sistema educativo español (LOGSE). Traduce los fines del sistema educativo (a–g) al inglés.

NUEVA ORDENACIÓN DEL SISTEMA EDUCATIVO (LOGSE)

El sistema educativo español, configurado de acuerdo con los principios y valores de la Constitución, y asentado en el respeto de los derechos y libertades reconocidos en ella y en la Ley Orgánica 8/1985, de 3 de julio, Reguladora del Derecho a la Educación, se orientará a la consecución de los siguientes fines previstos en dicha ley:

a) El pleno desarrollo de la personalidad del alumno.

b) La formación en el respeto de los derechos y libertades fundamentales y en el ejercicio de la tolerancia y de la libertad dentro de los principios democráticos de convivencia.

c) La adquisición de hábitos intelectuales y técnicas de trabajo, así como de conocimientos científicos, técnicos, humanísticos, históricos y estéticos.

d) La capacitación para el ejercicio de actividades profesionales.

e) La formación en el respeto de la pluralidad lingüística y cultural de España.

f) La preparación para participar activamente en la vida social y cultural.

g) La formación para la paz, la cooperación y la solidaridad entre los pueblos.

B   Ahora lee la segunda parte y toma notas sobre:

1 la duración de la educación obligatoria
2 los fines de la educación primaria
3 los fines de la educación secundaria

EDUCACIÓN OBLIGATORIA

La educación primaria y la educación secundaria obligatoria constituyen la enseñanza básica. La enseñanza básica comprenderá diez años de escolaridad, iniciándose a los seis años de edad y extendiéndose hasta los dieciséis.

La enseñanza básica será *obligatoria y gratuita*.

Educación primaria

La educación primaria comprenderá seis cursos académicos, desde los seis a los doce años de edad. La finalidad de este nivel educativo será proporcionar a todos los niños una educación común que haga posible la adquisición de los elementos básicos culturales, los aprendizajes relativos a la expresión oral, a la lectura, a la escritura y al cálculo aritmético, así como una progresiva autonomía de acción en su medio.

Educación secundaria

La educación secundaria obligatoria tendrá como finalidad transmitir a todos los alumnos los elementos básicos de la cultura, formarles para asumir sus deberes y ejercer sus derechos y prepararles para la incorporación para la vida activa o para acceder a la formación profesional específica de grado medio o al bachillerato.

La educación secundaria obligatoria constará de dos ciclos, de dos cursos cada uno, y se impartirá por áreas de conocimiento.

En la fijación de las enseñanzas mínimas del segundo ciclo, especialmente en el último curso, podrá establecerse la optatividad de alguna de estas áreas, así como su organización en materias.

C Busca informaciones en Internet sobre algún aspecto de la educación en España. Toma notas y haz una presentación de unos dos minutos para tus compañeros de clase.

¡Infórmate!

El abandono escolar

Un 25% de los alumnos de 15 años abandona los estudios y el 40% no está en el curso que le corresponde por edad, según el informe Sistema Estatal de Indicadores de la Educación 2000. Este documento constata que los jóvenes, en su tiempo libre, prefieren el deporte a la informática y sólo dedican hora y media a los deberes.

El porcentaje de alumnos que están escolarizados en el curso que les corresponde es menor a medida que aumenta la edad. Así, el 96% de los niños de ocho años estaban matriculados, en el curso 96–97, que les correspondía por edad, mientras que este porcentaje desciende hasta el 86% de los alumnos de 12 años y llega al 60% en los de 15 años. En este aspecto, denominado tasa de idoneidad, las mujeres mantienen un nivel superior al de sus compañeros varones, según se desprende del Sistema Estatal de Indicadores de Educación 2000.

El acceso a la universidad de jóvenes entre 19 y 23 años está muy relacionado con el nivel de estudios del padre. Así, entre los hijos de analfabetos, un 27% tiene titulación para matricularse en la universidad, frente a un 89% de jóvenes con padre universitario. Otro factor es la situación laboral de los padres, mientras que un 19% de los jóvenes con padre parado llega a la universidad, un 37% con padre ocupado accede a los estudios superiores.

En 1996 la tasa bruta de población que supera la prueba de acceso a la universidad es del 38%. Mientras que en los hombres se sitúa en torno al 32%, en las mujeres es del 45%. De cada 100 estudiantes que se matriculan por primera vez en la universidad, la mitad lo hacen en ciencias sociales y jurídicas, 22 en carreras técnicas, 11 en humanidades, ocho en ciencias experimentales y siete en ciencias de la salud.

comunidad-escolar.pntic.mec.es

CONSOLIDACIÓN

Estudia: Future, p. 202

Rellena los espacios en el siguiente texto sobre la educación infantil, utilizando los verbos de la casilla. Todos los verbos deben ser en el futuro.

La educación infantil .... carácter voluntario. Las administraciones públicas .... la existencia de un número de plazas suficientes para asegurar la escolarización de la población que la solicite. La educación infantil, que .... hasta los seis años de edad, ... al desarrollo físico, intelectual, afectivo, social y moral de los niños. Los centros docentes de educación infantil .... estrechamente con los padres o tutores a fin de tener en cuenta la responsabilidad fundamental de éstos en dicha etapa educativa.

| comprender contribuir cooperar |
| garantizar tener |

2.6 *¡Déjame estudiar!*

Algunos estudiantes tienen que superar muchas dificultades causadas por motivos de los que no son responsables: los prejuicios sociales. En España hay muy pocos estudiantes gitanos en la universidad y muchos se ven obligados a abandonar sus estudios – y sus esperanzas para el futuro.

Los gitanos también van a clase, pero menos

Conseguir un título universitario, algo que para cualquier niño de papá constituye un hecho lógico y rutinario, se convierte en una carrera de obstáculos para muchos jóvenes gitanos.

NICOLÁS JIMÉNEZ, ESTUDIANTE DE SOCIOLOGÍA EN LA UNIVERSIDAD COMPLUTENSE DE MADRID: "Cuando yo empecé a estudiar, en nuestra casa no existía ni un libro. Hasta entonces, todo lo que habían recibido de los papeles mis padres y mis abuelos habían sido multas y citaciones judiciales. Fue muy difícil convertir los papeles, origen de persecuciones, en fuente de progreso y superación personal."

CARLOS MUÑOZ, ESTUDIANTE DE DERECHO: "Por las mañanas vendo flores con mi madre, como he hecho desde niño. Siempre he tenido que ayudar a mis padres;

por eso ha sido muy difícil para mí estudiar y llegar a donde estoy ahora. Siempre llego a clase con la lengua fuera, alterado, después de haber tenido que luchar contra la Policía Municipal, para evitar que nos requisen la mercancía que nosotros hemos comprado.

Tengo gustos similares a cualquier otro joven de mi edad: el fútbol, el cine, la música . . . Pero muchas veces me he visto marginado a la hora de cultivar mis aficiones por el hecho de ser gitano. Espero

poder aprovechar mi futura condición de abogado para luchar contra este tipo de hechos."

ENCARNA SALCEDO: "También curso Sociología en la Universidad Complutense. Vivo con una familia no gitana que me adoptó cuando tenía ocho años. Mis hermanos mayores son médico, enfermera y abogado, por tanto nunca he tenido ningún problema con mis estudios. En casa siempre me han animado para que los hiciera. Sin embargo, mi etapa en el colegio no fue un camino de rosas. Algunas niñas me decían que no podían jugar conmigo porque sus padres no se lo permitían. Además, cada vez que ocurría cualquier incidente o desaparecía una cosa, automáticamente me inculpaban: ha sido la niña gitana. Incluso tuvieron que cambiarme de colegio, porque una profesora me cogió manía y me pegaba todos los días."

A Indica en la tabla la respuesta adecuada.

¿Quién...	Nicolás	Carlos	Encarna
1 ...ha recibido mucha ayuda de su familia?			
2 ...divide su tiempo entre los estudios y la venta callejera?			
3 ...tiene parientes que tenían una actitud muy negativa hacia la letra impresa?			
4 ...espera combatir el racismo y los prejuicios con lo que habrá estudiado?			
5 ...tuvo que luchar contra la discriminación en la escuela?			
6 ...fue rechazado/a cuando quería divertirse?			
7 ...tiene una familia que casi no leía?			

B Explica con tus propias palabras lo que quieren decir las siguientes frases del texto:

1 niño de papá
2 citaciones judiciales
3 llego a clase con la lengua fuera
4 me he visto marginado
5 me inculpaban
6 una profesora me cogió manía

C Traduce estas frases al español:

1 Gaining a university degree can become an obstacle course.
2 He had to struggle with the police to stop them confiscating his goods.
3 Occasionally he saw himself marginalised because he was a gypsy.
4 She had no problem with studying – at home they always encouraged her to do it.
5 She was blamed automatically every time there was an incident or something went missing.

2.7 *Estudiar en el extranjero*

El mejor modo de aprender un idioma es estudiarlo en un país donde se habla. El siguiente artículo te propone algunas ideas para aprovechar bien una estancia en el extranjero.

UNA EXPERIENCIA INOLVIDABLE

Estudiar en el extranjero es una actividad que permite mejorar el dominio de otro idioma sin perder un año de estudios. Para que sea beneficiosa la experiencia debe contar con la total voluntad del alumno.

Aunque existe la creencia de que el nivel de estudios es más bajo en otros países, como Estados Unidos, no es cierto y depende de la escuela escogida. Eso sí, siempre que se vaya a estudiar y no a huir de otros problemas como malas actitudes o malas notas.

Requisitos
La mayoría de las escuelas extranjeras exige a sus alumnos un considerable dominio previo del inglés, un buen expediente académico y una carta de recomendación de su anterior escuela.

No es fácil que se acepten niños especialmente problemáticos o malos estudiantes. Estos cursos son ideales para muchachos que tengan ya cierta madurez, deseen perfeccionar un idioma y conocer otra cultura sin perder un curso. La forma en que los alumnos viven la experiencia depende en gran manera del régimen de la estancia escogido:

– En Residencias y Colegios Privados
La vida se desarrolla entre compañeros y con una disciplina bastante estricta de estudio, sin olvidar las actividades extraescolares. El contacto con la cultura del país es bastante limitado.

– En familias seleccionadas. Pueden recibir éstas un importe por la manutención de los estudiantes o hacerlo de manera prácticamente "altruista" (aunque les permite en algunos casos desgravar de sus impuestos). Es importante que la selección esté a cargo de una organización profesional que responda en el caso de que el alumno se sienta inadaptado. Si se da una buena comunicación, la experiencia del curso es aún más interesante y provechosa.

Pasar un año fuera de casa, convivir con otra cultura y aprovechar el curso es una experiencia compartida cada vez por más estudiantes españoles. Infórmate bien para que resulte perfecta.

Planificar con tiempo
Pasar un año fuera de casa no es una decisión que pueda tomarse en el último momento. El período ideal para preparar un curso en el extranjero es de dos años y la matrícula suele admitirse hasta el mes de abril anterior al inicio del curso. Esto permite meditar bien la idea, "entrenarse" acudiendo a cursos de verano e informarse sobre las costumbres que se encontrarán allí. La edad ideal para realizar un curso fuera de casa depende del país elegido y del régimen escogido para vivir allí. Si se opta por un país europeo y en régimen cerrado, en Residencia o Colegio Mayor, lo mejor es hacerlo cuanto antes, mientras el niño comienza la enseñanza secundaria. Si se escoge Estados Unidos o Canadá en régimen de familias anfitrionas, será preferible que los chicos sean algo mayores, tengan cierta madurez y responsabilidad.

A   Lee el texto y contesta a las preguntas en español.

1 ¿Qué permite estudiar en el extranjero?
2 ¿Qué piensa la gente sobre el nivel de estudios en otros países?
3 ¿Qué exigen las escuelas extranjeras?
4 ¿Cuándo se admite la matrícula para el curso?
5 ¿Qué se puede hacer antes de empezar el curso?
6 ¿Cuáles son las cualidades personales recomendadas para un chico que escoge ir a los Estados Unidos o a Canadá?

B Lee la primera parte de este artículo, hasta "interesante y provechosa". Luego escribe un resumen de unas 100–150 palabras en español.

C Completa la tabla con los sustantivos, verbos y adjetivos que faltan.

Sustantivo	Verbo	Adjetivo
1	2	provechoso
recomendación	3	4
5	mejorar	6
7	8	elegido
creencia	9	10
11	perfeccionar	12
13	14	fácil
madurez	15	16

CONSOLIDACIÓN

Estudia: Present subjunctive, p. 203

Los siguientes verbos aparecen en el texto. Completa la tabla.

	Ir	Aceptar	Tener	Sentir
Yo	vaya		tenga	
Tú		aceptes		sientas
Él/Ella/Ud.	vaya			sienta
Nosotros	vayamos		tengamos	
Vosotros		aceptéis		
Ellos/Ellas/Uds.	vayan	acepten	tengan	

D *Presentación oral*

¿Y a ti? ¿Te gusta la idea de estudiar en el extranjero? ¿Por qué (no)? ¿Qué método escogerías?

Graba tus opiniones en una cinta. A continuación, intercambia cintas con un(a) compañero/a, escucha su cinta sin pararla y toma notas en español de lo que él/ella ha dicho. Una vez hayas terminado, cuéntale lo que ha dicho – él/ella te corregirá si es preciso.

E *Trabajo escrito*

Quieres pasar una temporada en España, con una familia anfitriona. Escribe una carta a la organización para hacerte candidato, presentándote y explicando las razones por qué quieres ir a España.

CONSOLIDACIÓN

Estudia: "Es … que" + subjunctive, p. 205

Te damos el principio de seis frases y el verbo que hay que utilizar. También te ayudamos con unas sugerencias, entre paréntesis, para completar las frases. El resto es tu responsabilidad. ¡Si te ves capaz de escribir más frases, no te cortes!

Por ejemplo: Es normal que + independizarse (los jóvenes de sus padres).
Es normal que los jóvenes se independicen de sus padres.

1 Es normal que + tener (los jóvenes/ inquietudes).
2 No es fácil que + aceptar (los profesores/un mal comportamiento en clase).
3 Es importante que + conocer (los niños/las reglas).
4 Es conveniente que + aprender (los estudiantes/idiomas extranjeros).
5 No es deseable que + ir (un chico muy joven/solo al extranjero).
6 Es preferible que + encargarse (una organización/los trámites de inscripción).

2.8 *Los intercambios escolares*

Los viajes fomentan el entendimiento, ya sea dentro de las fronteras del mismo país o en el extranjero. El Ministerio de Educación y Cultura (MEC) de España está propiciando el acercamiento entre los alumnos españoles y europeos. El MEC ha convocado ayudas para financiar los gastos de estancia en el extranjero de profesores y estudiantes.

A Escucha el informe sobre la ayuda financiera para los viajes escolares y contesta a las siguientes preguntas en español.

1 ¿Qué ha hecho público el MEC?
2 ¿Cuál es la razón fundamental para esta iniciativa?
3 ¿Cuál es el nivel de ayuda por profesor acompañante para los encuentros entre dos o más centros de diferentes países de la UE?
4 ¿Cuál es la diferencia entre el importe en Canarias, Baleares, Ceuta y Melilla y el resto del país?
5 ¿En qué consistirá la ayuda para cada alumno?
6 ¿Cómo se establecerá su importe?
7 ¿Cuánto tiempo durará cada estancia como máximo?
8 ¿Dónde se alojarán los alumnos participantes?
9 ¿Cuáles son las fechas posibles para la estancia en el extranjero?
10 ¿Qué deberán hacer los centros de Educación Especial?
11 ¿Qué otro tipo de intercambio se prevé?
12 ¿Cuánto pagarán como bolsa de viaje a los profesores?
13 ¿En qué se basará el intercambio?
14 ¿Cuánto tiempo durará la estancia?
15 ¿Qué otro criterio es pertinente?

B Escucha otra vez y busca una frase española que signifique:

1 to bring students closer together
2 will be brought to fruition
3 will be able to bring about bilateral or multilateral encounters
4 a travel grant
5 expenses arising from the exchange
6 the period of residence abroad
7 will form part of the learning process of the pupils
8 located in different regions

C *Debate dirigido*

Persona A: Estás a favor de los intercambios internacionales.
Persona B: Estás en contra.

Cada persona debe hacer una presentación, defendiendo su punto de vista. Menciona:

- aprender idiomas
- la cultura
- la vida familiar
- la comida
- la morriña
- el aislamiento
- hacer nuevos amigos
- la inseguridad
- el instituto

D *Trabajo escrito*

Escribe unas 250 palabras en español sobre las ventajas y los inconvenientes de participar en un intercambio escolar.

¡EXPRÉSATE!

Trata de usar estas expresiones:

Comenzaré con…
Examinemos…
Nuestra principal preocupación aquí es…
Quisiera resumir…
En el mundo en que vivimos…

2.9 *Los cursos de verano*

"Coge tu sombrero y póntelo, vamos a la playa, calienta el sol." Pero la arena, la crema bronceadora y los deportes acuáticos no son para todos. Algunas personas prefieren pasar una quincena en una universidad, donde pueden dialogar sobre los temas más importantes de la cultura, la política o la ciencia, y todo sin la presión de presentarse a un examen. ¡Qué pasatiempo más civilizado!

UNA FORMA LÚDICA DE ENTENDER LA CULTURA

CON la llegada de los calores del estío, numerosas ciudades de la geografía española presentan una manera lúdica de entender la cultura. Santander, El Escorial, La Rábida, Almería, San Sebastián, Sigüenza ... ponen en marcha los cursos de verano donde los temas de más rabiosa actualidad, junto con otros sempiternos referidos a la ciencia, el arte, la tecnología, el teatro, la antropología, la literatura ..., son tratados de manera más abierta, sin rigidez académica y sin el agobio de los exámenes.

Este fenómeno nació con los cursos de verano para extranjeros en la Universidad de Las Llamas y cuajó en la Universidad Internacional Menéndez Pelayo de Santander que mantiene, pese al tiempo, la supremacía.

Asistir a los cursos de verano es ya todo un rito: codearse, dialogar tranquilamente en mangas de camisa con destacadas figuras, nacionales y extranjeras, del mundo del arte, de la cultura, de la política o de la ciencia resulta sumamente atractivo. A ello se une que la diversión, el contacto con otras personas, la posibilidad de trabar nuevas amistades están a la orden del día. Se vuelve al espíritu más genuino de la cultura, al que permite aprender sin renunciar al deleite.

Los cursos de verano son, pues, el momento de acudir a una cita con la cultura pensando en el enriquecimiento propio y en abrirse a nuevas posibilidades; el momento adecuado de aprovechar el tiempo de ocio para saciar esas necesidades intelectuales que el ajetreo de la vida cotidiana nos impide satisfacer el resto del año.

Como dirían los clásicos renacentistas: "Nada me es ajeno." Por eso en ellos hay de todo, incluidos cursos de formación de profesores extranjeros de español y, por supuesto, los cada vez más abundantes cursos de español para extranjeros.

A   Lee el texto y contesta a las siguientes preguntas.

1 ¿Qué se puede estudiar en estos cursos de verano?
2 ¿Qué atractivos tienen los cursos?
3 ¿Cuál es el lugar más solicitado para los cursos?

B   Traduce al español:

Many Spanish universities are putting on summer courses. During the rest of the year we have to work, but it is important that we should have the opportunity to open ourselves up to culture without the burden of examinations. Now Spaniards as well as foreigners are taking advantage of their leisure time during the heat of summer to make a date with literature or art. These students rub shoulders with celebrities from the world of theatre or politics, and strike up new friendships.

C   *Trabajo escrito*

Prepara un reportaje – verdadero o imaginario – sobre un curso de verano al cual asististe en España. Describe tu estancia: lo que descubriste, a quién conociste y qué lograste. Escribe unas 200 palabras.

D   *Presentación oral*

Prepara un pequeño discurso de dos minutos, explicando las ventajas de estos cursos y describiendo tus propias experiencias. Utiliza tu reportaje (C) para ayudarte.

2.10 *Actividades Educativas Culturales*

AEC es una asociación sin ánimo de lucro, dedicada al envío internacional de jóvenes voluntarios, que, desde finales de los años 40, trabaja enviando a voluntarios españoles a otros países y recibiendo a voluntarios de otros países para colaborar en proyectos en toda España.

A Escucha la primera parte del programa de radio y contesta a las siguientes preguntas.

1 ¿Cuánto tiempo duran los programas de AEC?
2 ¿Qué tipo de proyectos hacen los jóvenes?
3 ¿Qué tipo de preparación se necesita por parte del voluntario?
4 ¿Cuánto cuesta el programa para los jóvenes de 18 a 25 años?

B Ahora escucha el resto del programa y toma notas en español sobre:

1 la duración de los programas
2 algunos de los países a donde se puede ir
3 los tipos de actividades
4 dónde se puede trabajar en el país de destino
5 las posibilidades de remuneración
6 los gastos diarios

C Traduce el siguiente texto al inglés:

Es recomendable tener un conocimiento de algún idioma, por ejemplo el español o el francés. En cualquier caso las primeras semanas en el país de destino se utilizan para conocer la cultura y el idioma, y generalmente transcurren en un campamento de idioma de varias semanas de duración incluido en el programa. El Servicio de Voluntariado Europeo también proporciona clases semanales del idioma en el proyecto de destino.

D *Presentación oral*

En tu opinión, ¿cuáles son las ventajas de trabajar en el extranjero como voluntario? ¿Cuáles son los inconvenientes? Haz una presentación oral de unos tres minutos para el resto del grupo. ¿Hay algún país del mundo hispanohablante donde te gustaría trabajar? ¿Cuál? ¿Por qué?

¡EXPRÉSATE!

Cuando quieres añadir otro punto importante, puedes decir...

Además...
Hay que añadir que...
Un aspecto más es...

2.11 *Estudiar para encontrar trabajo*

Estudiar oposiciones puede ser una buena preparación para conseguir un trabajo. Pero aprobar no es fácil.

PREPARACIÓN DE OPOSICIONES

Durante el año pasado se ofertaron sólo en el ámbito de la administración estatal casi 14.000 plazas de trabajo. La selección de este personal se realiza mediante el sistema de oposiciones. El número de plazas es importante pero bastante inferior al convocado en anteriores años. Todos los ciudadanos españoles que reúnan los requisitos de la convocatoria pueden participar en igualdad de condiciones.

¿PARA QUÉ UNA ACADEMIA?

Un examen-oposición es competencia pura, así que el esfuerzo y mérito de aprobarlo son del alumno. No hay que desanimarse ante el número de participantes, pues se estima que sólo el 40% está realmente

preparado. Si te presentas por primera vez tienes que mentalizarte de que no es un regalo y de que te exigirá concentración y un buen número de horas. Hay que prepararse en serio.

Una academia te ayudará a seguir un ritmo de estudios, ejercitarte con tests, solucionar dudas de los temarios y mejorar tus habilidades en materias como informática. Si dedicas de cuatro a seis horas semanales puedes estar preparado/a en siete o nueve meses.

EN CASA

Muchas personas se preparan en sus casas con éxito. Es básico un buen plan de estudios y disciplina férrea para seguirlo, tiempo para hacerlo sin prisas, buen ambiente de trabajo y material en condiciones.

PREPARADORES

Algunas oposiciones de larga preparación – de dos a tres años para plazas de Categoría A (Licenciados, Cuerpos Superiores de la Administración) – suelen prepararse con la ayuda de un preparador o tutor, que impone la disciplina y el ritmo de estudio y aconseja al

opositor sobre su preparación Puede contratarse privadamente y contactar con él a través de la propia Administración o de una academia especializada. Esta preparación es común en oposiciones a Magistratura, Notarías, Registradores e Inspección de Hacienda.

Sólo el 40% de los opositores está realmente preparado

A   Después de leer este artículo, contesta a las siguientes preguntas.

1 Escribe en español con tus propias palabras a qué se refieren las siguientes cifras.

  a 14.000   **d** 7 o 9

  b 40   **e** 2 a 3

  c 4 a 6

2 Explica lo que son las *oposiciones*.

B   En el texto, ¿cómo se dice…?

1 by means of

2 somewhat lower

3 who fulfil the requirements

4 there is no reason to be discouraged

5 you have to come to terms with

6 improve your skills

7 successfully

8 do it without rushing

9 which take a long time to study for

10 the candidate

C   Traduce el segundo párrafo al inglés.

D   *Presentación oral*

Toma notas en español para ayudarte a hacer una presentación oral sobre los exámenes. Utiliza las siguientes preguntas.

- ¿Cómo te preparas para un examen?
- ¿Cuántas horas semanales dedicas a estudiar?
- ¿Te resulta fácil concentrarte?
- ¿Cómo te ayudan los profes?
- ¿Tienes un plan de estudios?
- ¿Hay un buen ambiente de trabajo en casa?
- ¿Cómo te organizas para repasar?
- ¿Tienes un horario para repasar?
- ¿Tienes la fuerza de voluntad para seguirlo?

2.12 *Expolingua*

Los idiomas son imprescindibles para apreciar la vida y la cultura de otros países. También ayudan en el mundo del comercio. Un empresario español dijo: "Vendemos a los ingleses en inglés, pero compramos de los ingleses en español." Además, es pura cortesía hablar otro idioma cuando se viaja al extranjero. Si vas a una de las exposiciones grandes de idiomas, puedes encontrar más información.

LINGUA abre sus puertas en Madrid del 6 al 9 de abril

■ *La Feria Internacional de los Idiomas presenta una oferta atractiva para profesores, estudiantes y padres de alumnos*

Fiel a su cita anual, Expolingua, la feria de los idiomas, articulada en doble versión de Congreso Científico y Muestra Comercial, abre sus puertas en el recinto ferial de la Casa de Campo de Madrid, del 6 al 9 de abril.

Madrid

En esta decimotercera edición de Expolingua, cuya presidencia de honor detenta la Infanta Elena, la Muestra cuenta con más de sesenta expositores, en cuyos stands, nacionales y extranjeros, los visitantes podrán acceder a lo más avanzado en la enseñanza de idiomas y sobre cuanto se relaciona con el área de las lenguas.

Expolingua presenta una oferta de prestigio de gran interés para profesores, estudiantes y padres de alumnos, quienes pueden disponer de una información actualizada y útil sobre el mundo de los idiomas, así como sobre cursos de verano, masters, cursos de postgrado, becas y bolsas de trabajo de instituciones educativas españolas y extranjeras.

Polonia y Australia

Como cada año, Expolingua ofrece espacio a unos países invitados, que en la presente edición corresponde a Polonia, país que con su presencia quiere dar a conocer al público español su lengua y su cultura.

Asimismo, Expolingua acoge este año, por primera vez, la presencia especial de un país ajeno al continente europeo, Australia, que ocupará toda la segunda planta de la Muestra y dos de las jornadas del Congreso Científico. Australia presentará en Expolingua una oferta integral de sus programas educativos, de reconocido prestigio y muy competitivos.

En el salón estarán presentes instituciones oficiales españolas, embajadas y organismos internacionales, editores nacionales y extranjeros, medios de comunicación, escuelas, academias y universidades públicas y privadas, así como sindicatos, asociaciones, centros de traductores e intérpretes y todo el sector de empresas dedicadas a los viajes de intercambio, estancias y cursos en el extranjero.

De modo paralelo a las actividades expositoras de la Muestra, Expolingua acoge la celebración del Congreso Científico Internacional, que este año se enriquece con nuevos bloques temáticos. Al ya tradicional congreso sobre "La didáctica del español como lengua extranjera", se añade en esta edición un asunto de creciente relevancia, como es "El bilingüismo y la enseñanza de las segundas lenguas", con dos apartados que, dada su trascendencia, están llamados a lograr un espacio propio en futuras ediciones del Congreso, "Las lenguas de las Comunidades Autónomas" y "Las lenguas de los inmigrantes".

El atractivo de poder comparar en un solo recinto, de 11 a 20 horas, las distintas ofertas de formación en idiomas, en todos sus grados de especialización, la asistencia a conferencias y debates del Congreso y los sorteos de cursos o viajes de estudios, hace que sean los estudiantes, los profesionales de la enseñanza y los padres los principales destinatarios de la oferta de Expolingua 2000.

Expolingua cuenta a partir de esta edición con una página web, **www.expolingua.es**, en la que durante todo el año se podrá consultar y obtener información relativa a la Muestra y el Congreso Científico.

A Lee el texto y toma notas en español sobre:

1 qué edición es este año
2 el número de expositores
3 para quién es la exposición
4 de qué se trata aparte de los idiomas
5 los nombres de los países invitados
6 quiénes estarán presentes
7 los nuevos temas del Congreso Científico
8 el horario de apertura de la exposición
9 lo que se ofrece en la exposición
10 cómo es posible informarse durante todo el año

B Trabajas para una editorial en Inglaterra, que produce libros para la enseñanza de los idiomas en los colegios ingleses. Tu director ha descubierto esta información sobre la exposición en Madrid, y quiere saber más detalles para poder asistir en el futuro. Escribe un resumen de la información más importante, en inglés, para tu director (100–150 palabras).

C Mira la página web www.expolingua.es para informarte sobre cómo inscribirse en la exposición y cómo llegar al local.

D *Trabajo escrito*

Escribe una carta a la Fundación Actilibre, que organiza Expolingua, pidiendo información sobre las fechas de la exposición el año próximo, el coste de los stands y las posibilidades de alojamiento para los delegados.

2.13 *Reacciones y redacciones*

Escribe 250 palabras sobre uno de estos temas. Tienes que referirte a contextos españoles o latinoamericanos.

1 ¿Cuáles son las ventajas y los inconvenientes de estudiar en el extranjero?
2 ¿Qué cualidades debe tener un buen docente?
3 ¿Para qué sirve el aprendizaje de un idioma extranjero?

*E*l mundo del trabajo ha cambiado muchísimo durante los últimos años. La vida de nuestros abuelos y nuestros padres era muy diferente – un empleo para toda la vida, en el mismo sitio, utilizando habilidades tradicionales. Hoy en día, no se puede garantizar un empleo a un joven, y se dice que el hombre moderno cambiará de empleo al menos tres veces en la vida. El papel de la tecnología es muy importante también. Vamos a examinar, entonces, las ambiciones de los jóvenes, cómo conseguir un puesto de trabajo, la tecnología, la relación entre las mujeres y el trabajo, el paro, y lo que se puede hacer si no se encuentra trabajo.

En esta unidad vamos a consolidar tu conocimiento de los siguientes puntos gramaticales:

- pronombres personales *(personal pronouns)*
- condicional *(conditional)*
- pretérito imperfecto de subjuntivo *(imperfect subjunctive)*
- imperativo *(imperative)*
- interrogativos *(interrogatives)*
- presente de subjuntivo *(present subjunctive)*

3.1 *El camino hacia la meta – ¿tienes motivación?*

¿La ambición es un estímulo que te ayuda a conseguir tus objetivos o un impulso obsesivo? Responde a las siguientes preguntas y descubrirás aspectos nuevos de una importante faceta de tu personalidad.

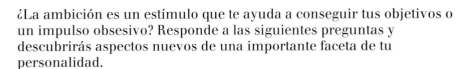

¿Cómo andas de ambición?

1 ¿Tienes a menudo la sensación de no haber hecho nada durante el día por culpa del cansancio o de cualquier otro malestar?
Sí   No

2 ¿Piensas que el deporte y los hobbys son pérdidas de tiempo inútiles?
Sí   No

3 Si haces alguna cosa, ¿te gusta hacerla bien o si no, no la haces?
Sí   No

4 ¿Estás de acuerdo con el refrán "no dejes para mañana lo que puedas hacer hoy"?
Sí   No

5 ¿A menudo haces comparaciones entre los resultados de tu trabajo y los obtenidos por los demás?
Sí   No

6 ¿Piensas que la ropa y el aspecto externo de una persona no influyen para nada en su éxito personal?
Sí   No

7 Acabada la jornada, ¿te gusta recordar lo que has hecho durante el día?
Sí   No

8 ¿Piensas que para evitar desilusiones es preferible no apuntar muy alto?
Sí   No

9 ¿Alguna vez has envidiado profundamente a alguien?
Sí   No

10 Según tú, ¿hacer siempre lo que se debe es lo que cuenta en la vida?
Sí   No

11 Si te dan a elegir entre un puesto de trabajo que te guste y otro que no te guste pero que tenga más prestigio y esté mejor remunerado, ¿optas por el primero?
Sí   No

12 En Navidad, si pudieras escoger, ¿preferirías recibir una cantidad de dinero apreciable, en vez del habitual regalo?
Sí   No

13 Dedicar tiempo a ancianos, niños y familiares ¿te parece que es sólo una pérdida de tiempo?
Sí   No

14 ¿Piensas que sin un buen puesto y una carrera no se es nada en la vida?
Sí   No

15 ¿Para ti es más importante el amor que una carrera profesional?
Sí   No

A Contesta a las preguntas y luego pide a tu profesor(a) la puntuación y las respuestas. ¿Cómo andas de ambición?

CONSOLIDACIÓN

Estudia: Personal pronouns, p. 193

Completa estas frases con palabras de la lista. Puedes utilizar las palabras más de una vez.

1 .... es más importante conseguir un buen empleo que casarme.
2 .... no me gusta que la gente me diga lo que debo hacer.
3 .... no te van a ofrecer un puesto importante. Los jefes confían más ....
.... que ....
4 Él no quiere trabajar .... Dice que soy demasiado perfeccionista.
5 Si tienen que elegir entre .... y ...., me elegirán ...., no lo dudes.
6 Me dijo que .... , sin mi ayuda y apoyo, estaba perdida.
7 ...., a Diana, no la ayudó su cuidado aspecto en su carrera profesional.
8 No me compares .... Yo no tengo tanta ambición como ....

    a conmigo contigo ella en mí para sin ti tú yo

B *Presentación oral*

¿Cuál es tu ambición? ¿Cómo vas a conseguirla? Prepara un pequeño discurso de un minuto y léeselo a un(a) compañero/a o grábalo en una cinta y pásaselo. Él/Ella tomará notas y luego te contará en español lo que le has dicho. A continuación, cambiaréis de papeles (tú pasarás a ser el oyente).

3.2 *¿Qué es el teletrabajo?*

Con la llegada de la tecnología es posible trabajar para una empresa internacional desde casa. Esto tiene ventajas para el medio ambiente: menos coches en las carreteras, menos contaminación. Pero el ser humano es un animal gregario, que necesita el contacto con otros seres humanos, así que el teletrabajo no es la solución para todo el mundo...

A Escucha este programa de radio. Busca las palabras españolas que significan:

1 un hombre de negocios que se especializa en la informática
2 una persona que anticipa los acontecimientos y tiene sus estrategias en vigor
3 algo casi obligatoriamente necesario
4 despistar a alguien
5 un método de abordar un problema
6 una persona que no trabaja para una empresa, sino por su propia cuenta
7 un grupo de personas que discuten varios temas
8 un lugar donde se puede tomar una bebida y utilizar un ordenador al mismo tiempo
9 una parte especializada del mercado

¡EXPRÉSATE!

Trata de utilizar estas frases:

¿Cómo reconciliar...?
Hay que sopesar los pros y los contras.
Los inconvenientes pesarán más que los beneficios.
Las dos perspectivas no se excluyen mutuamente.

B Escucha otra vez. Haz una lista en español de:

• las cualidades imprescindibles para trabajar en el nuevo mundo del teletrabajo
• lo que hay que hacer para ponerse en contacto con los clientes.

C *Debate dirigido*

Discute durante unos tres minutos con un(a) compañero/a de clase el siguiente tema: ¿Cuáles son las ventajas y los inconvenientes del teletrabajo?

Para prepararlo, copiad y completad la tabla de la izquierda con vuestras ideas.

Ventajas	Inconvenientes
Trabajar a tiempo parcial o completo	Infraestructura bastante costosa
Horas flexibles	Falta de contacto con los compañeros

3.3 *Fórmulas infalibles*

Conseguir trabajo puede ser difícil. Muy a menudo es una situación competitiva, con muchos aspirantes solicitando el mismo puesto. ¿Cómo se puede llegar a destacar?

Fórmulas infalibles para encontrar empleo

Estás buscando trabajo: debes ser consciente de que requiere insistencia y que tendrás que planificarte y dedicar varias horas a hacer llamadas telefónicas, preparar las entrevistas ... Pero, sobre todo, es importante que no te desesperes ante la llegada de los primeros fracasos.

Así se elabora un buen currículum

Confeccionar un buen currículum es el primer paso para comenzar a moverte. Va a ser tu tarjeta de visita ante personas que no te conocen y, por lo tanto, hay que cuidar tanto la forma como el contenido.

En cuanto a la forma, lo indicado es escribirlo con ordenador, nunca a mano. Debe dar una impresión de orden y claridad a primera vista. Por lo tanto, cuida los márgenes; el texto debe quedar centrado para facilitar su lectura. Evita la información inútil. Procura que sea esquemático y breve, para que la persona que lo lea no pierda el tiempo. Adjunta una breve carta escrita a mano para dar un tono más personal. En la carta expondrás tu motivación para solicitar el empleo. Es importante hacerlo con buena letra, ya que algunas empresas realizan un examen grafológico para conocer la personalidad del candidato. En caso de que vayas a enviar el currículum a una multinacional, lo mejor es que lo escribas en español e inglés. Si lo quieres enviar a varias empresas, no hagas fotocopias; puede dar la impresión de que tienes poco interés. En cuanto al contenido, deben constar todos tus datos personales (nombre, apellidos, dirección, estado civil y teléfono). También has de señalar qué idiomas sabes, especificando el nivel. A continuación, la experiencia laboral, enumerando las empresas, el tipo de trabajo realizado y la duración del contrato. No pongas datos falsos o inflados, pues sería bastante comprometido si te pidieran un certificado que los avalara.

A Traduce el texto siguiente al español. El artículo puede servirte de ayuda.

When you are looking for a job the first step – and the most important one – is to draw up your CV. This document will be seen by people you don't know and who will decide whether or not to employ you. Therefore it is important for both the form and the content to be clear. Don't write it out by hand! The first impression that you make, even before an interview, must be a good one. If you are going to apply to several companies, never send a photocopy of your CV. One final piece of advice: never include any false information!

B Has enviado tu currículum a una empresa española y te han invitado a una entrevista. Escribe el diálogo de esta entrevista, incluyendo por lo menos diez preguntas y respuestas completas. Escribe entre 180 y 200 palabras.

C Con el diálogo del Ejercicio B como base, prepara y graba una entrevista con un(a) compañero/a de clase.

D

1 Lee el texto sobre cómo editar tu currículum y corrige los errores en
las frases.
  a Los procesadores de texto no se deben utilizar para preparar el
  currículum.
  b Puede utilizar todos los tipos
  de letras, subrayados y
  colores que quiera.
  c Hay que utilizar "adornos"
  para llamar atención sobre el
  contenido del currículum.
  d Es aconsejable utilizar un
  tipo de letra poco común.
  e Hay que hacer destacar todo
  el texto del currículum.

2 Traduce el texto al inglés.

> Hoy en día los procesadores de texto y las impresoras permiten una edición
> muy completa utilizando diversos tipos de letras, subrayados, colores, etc.
> Utilice estas ventajas pero no abuse de ellas. Un currículum con exceso de
> "adornos" hace perder atención en el contenido. No use tipos de letra
> difícil de leer. Destaque o subraye sólo lo que sea verdaderamente
> importante. La idea de utilizar las ayudas de edición es que faciliten la
> lectura y no lo contrario.

E

1 Lee las recomendaciones y
nota en qué párrafo(s) se habla
de los temas siguientes:
  a lots of competition – first
  impressions vital –
  differentiate yourself from
  other applicants.
  b "critical friend" to offer
  constructive advice – clarity
  and correctness essential
  c good-quality paper – use
  protective envelope
  d send photo if asked
  e proofread when finished
  f always tell the truth – failure
  to do so will result in
  elimination from selection
  process
  g make sure salary
  expectations are realistic –
  you can check the benefits
  package if you get further
  into the process

2 Explica estas frases con otras
palabras en español.
  a errores de redacción u
  ortografía
  b una visión crítica
  c descartados en una primera
  etapa
  d expectativas de renta
  e el paquete de beneficios
  f postulan al mismo cargo

Recomendaciones

1 Una vez terminado su currículum revise varias veces en busca de errores
de redacción u ortografía.

2 Pídale a algún amigo/a que lea su currículum con una visión crítica (sea
abierto a las sugerencias de mejora) y asegúrese de que todo lo que está
escrito se entienda claramente y esté correcto.

3 Es común que los empleadores soliciten una fotografía reciente. Inclúyala
desde el primer momento. Se sorprendería de saber cuántos son
descartados en una primera etapa por no incluir fotografía.

4 Si va a incorporar sus expectativas de renta, asegúrese de que éstas sean
realistas y estén dentro de rangos razonables para el cargo al que postula:
sea razonable y sugiera un rango. Si sigue en el proceso ya tendrá tiempo
de evaluar el paquete de beneficios completos de la empresa que
usualmente son más que sólo el sueldo.

5 Siempre escriba información verdadera en su currículum: una falta a este
compromiso causará sin duda su eliminación de cualquier proceso de
selección.

6 Recuerde que en una primera etapa su currículum estará compitiendo con
cientos que postulan al mismo cargo, por lo que sucederán al menos dos
cosas:
  • El empleador gastará muy poco tiempo en leerlo y la primera
  impresión hará que su documento quede en el montón de los
  eliminados o pase al montón de los seleccionados.
  • Entre los cientos de participantes siempre habrán otras personas
  capaces de llenar el cargo y por lo tanto la diferenciación es
  fundamental.

7 Por último le recomendamos que imprima su currículum en papel de
buena calidad (idealmente blanco) y lo envíe o entregue en un sobre que
lo proteja para que asegure una óptima presentación al llegar a las manos
del lector.

3.4 *Siete tipos de jefe*

Hay distintos tipos de jefe en el mundo del trabajo. Cuando llegues a tu primer empleo, habrá que reconocer estos distintos tipos, y saber cómo manejarlos.

A Escucha las descripciones A–G y emparéjalas con los títulos 1-7.

1 Papirofobia
2 Archivofilia
3 Rigor cartis
4 Tecnofilia

5 Papiromanía
6 Mesafobia
7 Gigantismo mesil

B Escucha las descripciones otra vez. Busca una frase española que signifique:

1 more work than any human being might be capable of absorbing [A]
2 resolves everything incredibly quickly [B]
3 the luxury of doing without a desk [C]
4 a tremendous insecurity about his capacity to solve problems [D]
5 succeeds in doing no work [E]
6 power is measured by the size of the desk [F]
7 to contemplate them in rapture [G]

C ¿Tienes la motivación para ser líder? Aquí tienes un pequeño "test" para determinar si tienes lo que hace falta para llegar a la cumbre de tu profesión. Imagina que trabajas para una empresa muy grande. Lee las frases y luego escoge la respuesta que más convenga para ti personalmente. (Para saber si tienes madera de jefe, lee la "solución" que tu profesor(a) te dará.)

Conteste a las siguientes preguntas de este test sinceramente. Si no se identifica con ninguna de las respuestas, responda, con la mano en el corazón, ¿hace cuánto tiempo que no se pasa por la oficina?

1. Normalmente me tomo el desayuno...
a. En mi casa, con mi mujer y mis hijos, leyendo el periódico y pensando en la dura tarea que se me viene encima.
b. En el tren de cercanías, con una tostada en las rodillas, un vaso de café de máquina entre los dientes y hablando por el móvil.
c. ¿Qué quiere decir desayuno?

2. Casi todas mis reuniones...
a. Duran poco y tratan de un par de asuntos concretos. Hay días que ni siquiera tengo reuniones.
b. Son multitudinarias. Hace poco estuve en una sobre traslados que duró 6 horas y me costó 3 días reponerme de ella.
c. Se me van como un suspiro.

¿Puedo ser el que manda?

Con este test podrá saber si tiene madera para llegar a lo más alto en su empresa. Nos lo propone, vía Internet, Stanley Bing, autor del libro Crazy Bosses (Jefes locos) y está adaptado a nuestra idiosincrasia.

3. Cuando suena mi teléfono...
a. Lo cojo yo o mi secretaria, que sabe mejor que yo con quién debo hablar.
b. Al cogerlo, el cable se me hace un lío; ¿no le ha pasado nunca? El otro día el cable tomó vida propia y volcó todos los cafés que tenía en la mesa.
c. Me pongo malo.

4. A lo largo de un día normal, veo...
a. Entre 3 y 10 personas.
b. Entre 11 y 20 personas.
c. Entre 1 millón y millón y medio de personas.

5. Estas frases definen cuál es mi estado de ánimo acerca de mi carrera profesional.
a. Estoy satisfecho, aunque tengo que calcular si la proporción de coste y beneficio de mi vida aún tiene sentido.

b. Estoy contento, pero algo mosqueado por el acoso a que me somete el sobrino del director, un jovencito que está por debajo de mí, pero que me está comiendo vivo.
c. Espero que nadie descubra nada de mí, hasta que yo no sepa exactamente qué estoy haciendo.

6. Cuando tuve aquella horrible gripe el invierno pasado...
a. Pasé la mayor parte de la enfermedad en casa, hablé varias veces por teléfono con la oficina, pero por lo menos pude dormir.
b. Falté un día y volví a la oficina cuando aún me sentía fatal. Lo bueno es que nadie me dirigió la palabra por miedo al contagio. Lo malo, que tardé dos meses en curarme.

c. La pasé en el puente aéreo, con los tímpanos estallándome y las trompas de Eustaquio obturadas. Pero tenía que asistir a aquella reunión y sólo la muerte hubiera sido una excusa, aunque pobre, para no hacerlo.

7. Por la noche, suelo soñar...
a. Raras veces y casi nunca me acuerdo.
b. Con Juani Ruiz, que se puso monísima cuando empezamos a ir al Instituto.
c. Con Juanjo Peláez, el jefe de ahorro de recursos humanos, persiguiéndome con un hacha.

¡Informate!

El "analfabetismo informático"

El Consejo de Ministros de Educación de la Unión Europea (UE), en reunión celebrada en Luxemburgo el pasado día 8, alertó sobre los riesgos de exclusión social y de marginación en el mercado laboral del futuro que pueden sufrir los jóvenes si no se adoptan medidas y actuaciones contra lo que denominaron "analfabetismo informático".

La comisaria europea de Educación, Viviane Reading, presentó en la reunión la iniciativa "e-learning" (aprendizaje electrónico), adoptada por la Comisión Europea el pasado mes de mayo y destinada a "paliar las debilidades y retrasos de la Unión Europea respecto a Estados Unidos en el desarrollo de la sociedad de la información". Reading admitió en la reunión que "la transición de los sistemas educativos a la sociedad del conocimiento es una tarea ingente", y tras afirmar que la Comisión "ayudará a los países que más lo necesiten en este proceso", precisó que "la mitad de los profesores europeos tienen más de 45 años de edad, lo que indica el esfuerzo de formación en nuevas tecnologías que debe realizarse entre este colectivo".

Varios ministros europeos expresaron su apego a la preservación de los idiomas europeos en Internet, ante el aplastante dominio en la red del idioma inglés, y en este sentido el Consejo aprobó la iniciativa de establecer el año 2001 como "Año Europeo de las Lenguas", insistiendo en la defensa de la pluralidad lingüística en la sociedad de la información.

comunidad-escolar.pntic.mec.es

D Lee el dibujo cómico.

Escribe una definición en inglés de:

1 El "toma-rehenes"
2 El "fraudulento"
3 El "embustero motivador"
4 El "sobreascendido"
5 El "comadreja"
6 El "Moisés"
7 El "jefe perfecto"

CONSOLIDACIÓN

Estudia: Conditional, p. 203

Escribe unas 200 palabras en español sobre tu jefe ideal.

Por ejemplo: Mi jefe ideal sería mujer...

3.5 *La tecnología – ¿el porvenir del comercio?*

Las firmas españolas de Internet tienen un mercado de 500 millones de personas hispanohablantes – no es una sorpresa que este sector del comercio español esté creciendo muy rápidamente. Vamos a ver unos ejemplos...

TRES EMPRESAS ESPAÑOLAS DE INTERNET

Los portales son el principal activo de las denominadas empresas de Internet. Un portal es un vehículo que permite navegar por la red y que ofrece buscadores, servicio de correo electrónico, servicio de "chat", directorios de noticias agrupadas por temas, acceso a tiendas virtuales o a la adquisición de acciones.

ya.com

Es el portal de la compañía telefónica Jazztel. Según Merrill Lynch, debería ser el principal competidor de Telefónica, ya que ha sido diseñado y gestionado por el mismo equipo que hasta mayo estaba precisamente en Telefónica.

alehop.com

Es uno de los portales de Retevisión. La firma de telefonía ya tiene muy avanzada la salida a Bolsa de su división de Internet, que estaría valorada en más de 2400 millones de euros. Según las cifras de la compañía, cuenta con 425.000 clientes, frente a los 340.000 de Terra.

terra.es

Ha protagonizado el bombazo bursátil del año. Cuenta con la ventaja de haberse hecho con el buscador Olé, el preferido en España, y diversos portales en países sudamericanos que facilitan su acceso a todo el continente americano de habla hispana.

A   Lee el texto de la página anterior. ¿Cuál(es) de las empresas...

1 cuenta con casi medio millón de clientes?
2 será el principal competidor de Telefónica?
3 utiliza el buscador preferido de España?

B   Busca los websites en Internet y contesta a las preguntas.

www.ya.com
1 Haz una lista en inglés de la Guía de Navegación.
2 ¿Qué recomiendan hoy?
3 ¿Cuáles son las noticias de última hora?
4 ¿De qué se trata la sección "Gente Ya" hoy?

www.alehop.com
1 Haz un resumen en inglés de las noticias internacionales.
2 ¿Qué necesitarás hacer para acceder gratis a Internet con "alehop"?
3 ¿Cuáles son las ventajas de hacerlo?

www.terra.es
1 ¿Qué pasa hoy en Terra?
2 ¿Hay gangas a comprar hoy?
3 ¿Qué recomienda Terra hoy?
4 ¿Cuáles son los especiales hoy?

C   Lee el artículo de al lado y contesta a las preguntas.

1 ¿Qué están buscando los inversores?
2 ¿Por cuánto se ha revalorizado Microsoft desde su salida en la Bolsa en 1986?
3 ¿Cuál es la situación en España?
4 ¿Cuál es el tamaño del potencial del mercado en el mundo hispanohablante?

D   Para muchas empresas Internet es muy importante. Pero ¿cuántas personas usan Internet habitualmente? Escucha la primera parte de la conversación y completa las frases.

1 Pienso que .... al Internet en primer plano, sí.
2 .... resultando
3 Hay personas que .... tienen teléfono
4 por tanto, ... muy bien
5 en veinte años sí .... estar esperando
6 el número de .... habituales de Internet ....
7 una .... más .... de ordenadores
8 utilizan Internet para .... sus productos
9 hay como una .... a utilizar la Internet
10 Yo creo que es por el ....
11 las cosas realmente son mucho más ....
12 España es una de las grandes .... de ....
13 Que eso es una gran .... porque las personas deben .... todavía.
14 los norteamericanos están .... en sus oficinas
15 Ellos tienen un gran .... dedicado a eso.
16 O sea la .... del estado se ve en el uso de la ...., pues, por la gente.
17 se .... mucho más el que los niños .... a utilizar el ordenador desde ....
18 utilizar el ordenador para que los niños .... a leer
19 no tan .... como .... ser en otros países
20 no es .... de la .... de un niño el ordenador

Las firmas españolas de Internet llegan tarde pero tienen un mercado de 500 millones de personas

La ventaja del idioma

El sector de empresas dedicadas al negocio de Internet está muy desarrollado en Estados Unidos, donde existen firmas como Yahoo, uno de los portales más visitados de la red y una de las estrellas de la Bolsa. Este tipo de firmas tienen una gran demanda, como si los inversores estuvieran buscando un nuevo Microsoft, empresa que se ha revalorizado un 27.000% desde que salió a Bolsa en 1986.

Por ello, podría parecer que las firmas españolas del sector – que ahora están acaparando cierto protagonismo por sus planes de salida a Bolsa aunque empezaron a funcionar recientemente – llegan un poco tarde.

Aunque no deja de ser cierto este retraso, los analistas le restan importancia porque consideran que cuenta con una gran ventaja: el idioma. Según un informe de Merrill Lynch realizado en el mes de septiembre, sólo el 2% de los *web* está en español y portugués cuando existen cerca de 450 millones de personas en más de veinte países que hablan esas lenguas. Es decir, el mercado potencial es enorme.

E Escucha la segunda parte y contesta a las preguntas.

1 ¿Para quién se está volviendo indispensable Internet?
2 ¿Qué puede hacer una empresa grande con un portal de Internet?
3 ¿Qué te permite hacer Internet sin que te muevas de tu casa?
4 ¿De qué se está olvidando mucha gente?
5 ¿Qué aspecto desagradable de Internet se menciona?
6 ¿Qué demuestran las estadísticas?
7 ¿Qué razones se ofrecen por esto?
8 ¿Qué ejemplo se da de los problemas que tienen las mujeres con los aparatos?
9 ¿En qué sentido son las mujeres pluriempleadas?
10 La madre de uno de los interlocutores le tenía miedo a Internet, pero ahora usa computadoras y el e-mail: ¿por qué?

¡ I n f ó r m a t e !

El uso de Internet

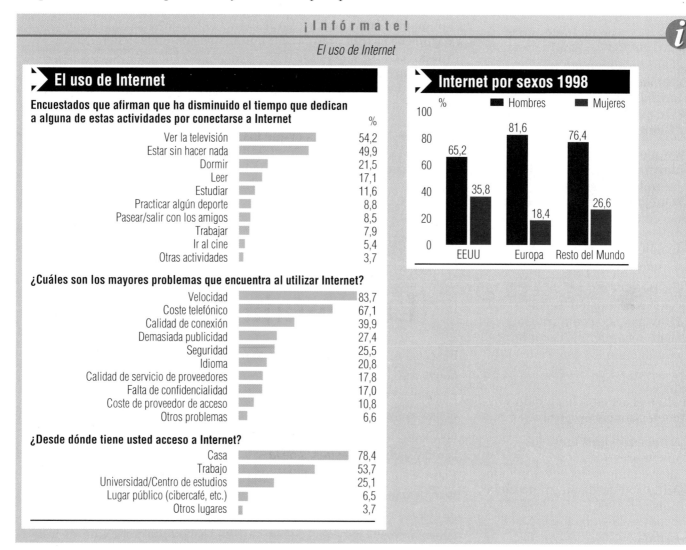

El uso de Internet

Encuestados que afirman que ha disminuido el tiempo que dedican a alguna de estas actividades por conectarse a Internet

	%
Ver la televisión	54,2
Estar sin hacer nada	49,9
Dormir	21,5
Leer	17,1
Estudiar	11,6
Practicar algún deporte	8,8
Pasear/salir con los amigos	8,5
Trabajar	7,9
Ir al cine	5,4
Otras actividades	3,7

¿Cuáles son los mayores problemas que encuentra al utilizar Internet?

Velocidad	83,7
Coste telefónico	67,1
Calidad de conexión	39,9
Demasiada publicidad	27,4
Seguridad	25,5
Idioma	20,8
Calidad de servicio de proveedores	17,8
Falta de confidencialidad	17,0
Coste de proveedor de acceso	10,8
Otros problemas	6,6

¿Desde dónde tiene usted acceso a Internet?

Casa	78,4
Trabajo	53,7
Universidad/Centro de estudios	25,1
Lugar público (cibercafé, etc.)	6,5
Otros lugares	3,7

Internet por sexos 1998

% ■ Hombres   ■ Mujeres

	EEUU	Europa	Resto del Mundo
Hombres	65,2	81,6	76,4
Mujeres	35,8	18,4	26,6

3.6 *Retrato de una empresa: Inditex*

Inditex es un grupo de sociedades que operan en el sector de la moda. Desde unos orígenes bastante modestos se ha convertido en una empresa verdaderamente multinacional, con sucursales en más de treinta países.

De La Coruña a Manhattan

Tienda de Zara en Nueva York.

La historia del Grupo Inditex es el desarrollo de una idea singular sobre la moda y la gestión empresarial, que se inicia en La Coruña a principios de los sesenta, de la mano de un equipo dirigido por Amancio Ortega Gaona. En 1963 se constituye Confecciones Goa, una fábrica que tendría su continuación doce años después con la apertura de la primera tienda Zara en una céntrica calle coruñesa. Ya desde estas primeras iniciativas se ponen de relieve las características que luego serían la base de la expansión nacional e internacional de la compañía: creatividad y diseño esmerado, innovación, respuesta ágil al mercado, atención especial a la ambientación de las tiendas y una dirección empresarial ajena al clásico burocratismo.

El siguiente paso se da en 1979 con la creación de Inditex, que va a proporcionar el armazón necesario para la primera gran expansión del grupo en el mercado nacional. Los albores de los ochenta contemplan la expansión de la cadena en las principales ciudades de España, y su definitivo afianzamiento a la cabeza de un sector hasta entonces dominado por un cierto inmovilismo. Logrado ese objetivo, se plantea el desafío internacional, con la consiguiente adaptación de estructuras, la asunción de una nueva cultura empresarial y la entrada en sectores de producción que completan el grupo Inditex.

A Lee el texto. Busca:

1 la fecha aproximada en que se fundió Inditex
2 la ciudad donde se fundió
3 el nombre del fundador
4 el año en que se estableció su primera fábrica y cómo se llamaba
5 el año en que se abrió la primera tienda Zara
6 las cinco características de la empresa

B Traduce el segundo párrafo al inglés.

C Trabajas para una empresa inglesa que fabrica ropa. Tu jefe quiere aumentar la gama de productos y te pregunta sobre el Grupo Inditex. ¿Tú se lo recomiendas? ¿Por qué? Lee el texto y en inglés haz una lista de razones basada en su filosofía empresarial.

Flexible y entusiasta espíritu de equipo

El sello distintivo del Grupo Inditex es su flexibilidad. Su filosofía de trabajo, el entusiasmo. En todo el largo proceso productivo que se inicia en los estudios de diseño y acaba en los expositores de las tiendas, no existen estructuras rígidas, sino centros de trabajo y órganos de decisión sumamente adaptables a las circunstancias cambiantes del mercado, y movidos por un inagotable entusiasmo.

Inditex proporciona el *know-how* al conjunto de la organización, a través de una dirección de negocio y otra económica, que a su vez controlan las sociedades de fabricación y distribución, y la red de tiendas. El estilo que inspira este conjunto organizativo es el mismo que informa la producción y distribución del producto, es decir, el estímulo a la creatividad, la respuesta rápida y la capacidad de amoldar las estructuras al mercado.

¿Qué hay detrás de Inditex? ¿Cuál es la energía que permite que el proyecto crezca más y más? ¿Dónde reside el espíritu que anima a esta empresa?

Somos un equipo. Un equipo polifacético, internacional, enraizado en cada país y con una visión cosmopolita de la empresa. Un equipo que cree en un determinado concepto de la moda, y que cada día se pone en marcha para transformar ese concepto en una realidad. Un equipo que fomenta el espíritu emprendedor, la profesionalidad, la implicación y el entusiasmo de las personas que lo componen. Es en las personas donde se encuentra la energía que mueve al Grupo Inditex, y es en esos miles de trabajadores distribuidos en diferentes tareas donde late el espíritu de la compañía. Sin ellos Inditex sólo sería una bella utopía, y gracias a ellos es una realidad cada vez más pujante.

En Inditex no existen estructuras rígidas sino centros de trabajos flexibles que se adaptan a la evolución del mercado.

D Escucha la publicidad de Zara, y rellena los espacios.

La idea .... de Zara es de .... la moda. .... a la moda .... como un ...., Zara propone una moda .... que invade la calle y que se .... en el gusto, los deseos y el .... de vida de la mujer y el hombre modernos.

La gente es la base que .... la fuerza del Grupo. Conocer sus deseos, responder con ...., dialogar .... con ello en esos puntos de encuentro que son las ....; he ahí los .... sobre los que .... la Moda Democrática.

Pero Zara .... que eso no significa ropa .... o .... de .... De ahí su éxito entre personas, culturas y generaciones que, a .... de sus diferencias, comparten el mismo .... de una moda para todos en la que .... y cliente caminan al .... Así en un mundo democrático, vota Zara, la alta moda para todos.

Las tiendas

La tienda es el lugar donde nos comunicamos con el cliente. Y esa comunicación no sólo se establece a través de la ropa, sino también mediante las fachadas, los escaparates, el mobiliario, la decoración y, por supuesto, la atención esmerada.

Todo ello contribuye a hacer de las tiendas un espacio amistoso, agradable y relajado en el que nuestro cliente disfruta del placer de comprar.

Quien nos visita sabe que la tienda no es algo accesorio en el mundo de Inditex. En primer lugar, seleccionamos lugares privilegiados y después nos esmeramos para integrar nuestros locales en la tradición cultural de las ciudades con obras de restauración y fachadas que aportan belleza y señorío. Por último, concebimos los interiores con especial dedicación a esos pequeños detalles que hacen más grata la estancia del cliente.

El Grupo Inditex, con varias cadenas comerciales, supera las 1.000 tiendas en más de 30 países.

E   Lee el texto sobre las tiendas de Zara y contesta a las preguntas.

1 ¿Cómo comunica la empresa Zara con el cliente en las tiendas?
2 ¿Cómo se describe el ambiente en una tienda Zara?
3 ¿Cuáles son las tres cosas que hace Zara para asegurar que las tiendas no son simplemente un accesorio?
4 ¿Cuántas tiendas tiene el Grupo Inditex, y en cuántos países?

F   *Trabajo escrito*

Trabajas para una empresa inglesa que fabrica ropa. La empresa quiere penetrar en el mercado hispanohablante, y la sección de relaciones públicas está preparando un comunicado de prensa. Te toca a ti preparar una versión en español. Lee las notas en inglés del director de marketing y escribe el comunicado en español.

Cavendish Group

- founded 1979 by Giles Cavendish, small factory near Oxford
- first shop opened in Oxford city centre 1982
- beginning of the 1980s saw national expansion on the basis of creativity, innovation, simple and affordable design, swift response to market, close attention to the ambience of retail outlets, and a management structure which is far from bureaucratic
- end of the 1980s brought international expansion based on classic English designs
- established factories in four EU countries, Portugal, Greece, Spain and Italy, to supply shops now open in 10 different cities across Europe, including Paris, Madrid, Milan and Bonn
- flexibility is part of the process – no rigid structures, but adaptable work teams motivated by enthusiasm
- Cavendish control manufacture, distribution and retail
- teams are firmly rooted in the countries in which they work, and can thus respond to changing local needs.
- 8000-strong workforce across Europe, and more than 20 shops in 10 countries
- promoting accessible fashion for all
- shops are carefully designed to make the customer feel comfortable about making decisions, so attention paid not only to the products, i.e. the clothes, but also the lighting, furniture, décor, the building façades, the window dressing, and the quality of service

3.7 *Un trabajo idóneo para una mujer*

Maribel Gerpe trabaja en el departamento jurídico de la empresa Zara en Arteixo, cerca de La Coruña, en el noroeste de España. Escucha la entrevista, en la que habla de su trabajo y del papel que desempeñan los idiomas en su rutina diaria.

A Busca una frase de la entrevista que signifique:

1 the legal department
2 a family business
3 a vigorous expansion
4 it's very accessible
5 it will take some years
6 it is planned to open
7 to draw up contracts
8 it's almost a requirement
9 it's valued greatly
10 to set up relations with
11 the responsible person

B Haz una lista de palabras en el texto que correspondan más o menos a los siguientes sinónimos.

1 legal
2 compañía
3 fabricación
4 establecida
5 crecimiento
6 preparar
7 necesidad
8 responsable

C Escucha otra vez y toma notas en español sobre:

1 La historia de la compañía Zara
2 Los planes de expansión de Zara
3 Las funciones de Maribel en la empresa
4 Lo que dice Maribel sobre los idiomas

D *Debate dirigido y trabajo escrito*

Considera las siguientes preguntas con un(a) compañero/a y después escribe un párrafo sobre cada una.

1 ¿Son importantes los idiomas en el mundo laboral hoy en día?
2 ¿Se debe prohibir a los jóvenes que vayan a la universidad si no pueden hablar una lengua extranjera?
3 ¿Cuáles son los problemas más significativos para los jóvenes ingleses por lo que se refiere a aprender un idioma extranjero?

¡EXPRÉSATE!

Podrías utilizar estas frases para analizar el tema:

Es interesante examinar por qué. . .
Está dentro de lo razonable suponer que. . .
En lo que concierne a. . .

3.8 *Nuevos puestos para mujeres*

En los últimos años, la economía española ha creado el 40% de los nuevos puestos de trabajo de la UE. A pesar del aún elevado índice de paro, España se ha consolidado como el motor de creación de empleo en Europa. El grueso de la ocupación se ha dado entre las mujeres.

La mujer da impulso al empleo

De los 3,9 millones de nuevos empleos en Europa, un millón y medio se han creado en España, según indicó Josep Oliver, catedrático de Economía Aplicada de la Universidad Autónoma de Barcelona, en la presentación del quinto Informe Manpower sobre la convergencia laboral de España con la UE.

"Nos encontramos ante una fase excepcional del crecimiento de la población activa española. España, que aportaba el 10% de la ocupación europea, ha generado desde 1994 el 40% de los nuevos empleos. No ha sido un periodo especialmente dinámico para el mercado de trabajo europeo", declara Oliver, quien además señala que este avance de la ocupación es el más elevado del conjunto de los países de la UE, seguido por el Reino Unido.

En contrapartida, las naciones que concentran las dos terceras partes de los efectivos laborales (Alemania, Francia e Italia) no han llegado a crear ni un millón de empleos.

La aportación femenina

Esta tendencia al alza en la creación de empleo se ha visto incrementada en el último trimestre del año también gracias al aumento de la ocupación femenina, de la ocupación a tiempo completo y del crecimiento de los sectores de la construcción y en especial el de la industria, señaló Oliver.

La gran mayoría de los nuevos puestos de trabajo durante estos cuatro años ha sido ocupada por las mujeres. Entre 1994 y 1998, 572.000 españolas consiguieron un puesto de trabajo –la mayoría a jornada completa–, lo que supone el doble de la cantidad de hombres que accedieron al empleo, 265.000, durante el mismo periodo.

Oliver también destacó que desde 1978, la ocupación entre las mujeres se ha doblado y ha pasado de tres millones de empleadas a 6,7 millones. Entre 1995 y 1999 la aportación de mujeres y hombres al total de ocupados es casi idéntica.

Oliver opina que "aún estamos lejos de la media Europea en lo que se refiere al empleo femenino", pero destaca el enorme esfuerzo de la mujer española por incorporarse al mundo laboral.

A Busca las palabras en el texto que corresponden a los siguientes significados:

1 jefe de departamento en la universidad
2 conformidad
3 aumento
4 por el contrario
5 contribución
6 aumentada

B ¿Verdadero o falso? Indica si las siguientes frases son falsas o verdaderas de acuerdo con el texto.

1 La mayoría de los nuevos empleos de la Unión Europea han sido creados en España.
2 España está en un momento de declive de la economía.
3 En el mercado europeo ha habido una gran expansión a nivel laboral.
4 El aumento en la creación de empleo se ha visto favorecido por el aumento de la ocupación femenina.
5 Desde 1978 el índice de empleo entre la población femenina ha disminuido.

C Traduce al español:

Over the last four years, 40% of the 3.9 million new jobs created in the European Union have been created in Spain – and the majority of these jobs have gone to women. Thanks to growth in full-time working, in the construction industry and in the number of women working, employment has increased during the last quarter of the year. Since 1978, female employment has doubled, and in the last four years the contribution of men and women to the total number of people in employment has been identical.

3.9 *El techo de vidrio: las mujeres en el mundo del trabajo*

Es cierto que la mujer ha penetrado el mundo masculino del trabajo, pero ¿todavía quedan injusticias?

PEORES SUELDOS FEMENINOS POR TRABAJAR MÁS

La incorporación de la mujer al mundo laboral, parcela masculina durante siglos, supone toda una revolución social con muchas asignaturas pendientes:

● Ellas dedican cinco veces más tiempo que los hombres a las tareas domésticas, incluso si trabajan fuera del hogar. Los hombres españoles destinan una media de 13 minutos diarios a cuidar a sus hijos.

● Las mujeres también trabajan más fuera del hogar: una media de 544 minutos diarios (ellos, 483) en países en desarrollo, y 430 minutos (408, ellos) en los industrializados.

● Pese a trabajar más horas, sólo perciben el 10 por ciento de los beneficios y son propietarias del 1 por ciento de los bienes mundiales.

● El 91 por ciento de los cargos directivos españoles son hombres.

● Ellas reciben peores sueldos realizando la misma función. Por término medio, su retribución es entre un 30 y un 20 por ciento inferior a la masculina.

● Los hombres llegan a la cima de su actividad profesional entre los 30 y los 50 años: en este mismo período, las mujeres registran una mayor tasa de abandono laboral.

● En 1996, había en España 1.870.500 empresarios por 683.100 mujeres empresarias.

LA EVOLUCIÓN LABORAL EN ESPAÑA

Situación según sexo	Mujeres		Hombres	
	1987	1995	1987	1995
Ocupadas/os	22,3*	25,1	56,2	51,3
Paradas/os	8,6	10,9	11,5	11,3
Total activas/os	30,9	36,0	67,7	62,6
Estudiantes	7,6	10,1	7,5	9,5
Labores hogar	42,9	33,7	0,2	0,2
Jubiladas/os y pensionistas	16,3	19,1	19,3	23,8
Otras/os inactivas/os	2,3	1,1	5,3	3,9
Total inactivas/os	69,1	64,0	32,3	37,4

*Cifras en porcentaje. **Fuente:** INE. Encuesta de Población Activa, segundos trimestres

A ¿Verdadero, falso o no se sabe? Cuando una frase sea falsa, corrígela.

1 El hombre dedica cinco veces menos tiempo que la mujer a trabajar en el hogar.
2 Hay más mujeres que hombres que trabajan de periodista.
3 Los hombres perciben el noventa por ciento de los beneficios.
4 Las mujeres reciben los mismos sueldos realizando la misma función.
5 Los hombres de 30 a 50 años alcanzan el mayor rendimiento de su vida profesional.
6 Las mujeres de 30 a 50 años dejan de trabajar.
7 Hay casi tres veces más empresarios que empresarias en España.
8 Entre 1987 y 1995 el porcentaje de los hombres que trabajan en el hogar se dobló.

B Lee el texto otra vez y haz un resumen en inglés de los aspectos más significativos (100–150 palabras).

C Imagínate que tienes que poner al día las estadísticas de tiempo dedicado al trabajo que se encuentran en este artículo. ¿Cuáles preguntas tendrías que hacer? Escribe una encuesta y envíala a algunas mujeres españolas que conoces.

Por ejemplo: ¿Cuánto tiempo dedicas a las tareas domésticas?

3.10 *La identidad masculina y las mujeres trabajadoras*

El papel tradicional del hombre como sostén de la familia se ha ido erosionando poco a poco durante los últimos años. La desaparición de la industria pesada en toda Europa ha resultado en una situación en la que el hombre se siente inseguro de su papel en la sociedad. La película "The Full Monty" está en perfecta sinfonía con el sentir de los ingleses, y de ahí el éxito de la película. Todavía es peor si la mujer tiene una carrera y gana más que su marido...

A Empareja las cartas 1–4 con las respuestas a–d.

1

Paloma Ramírez, 42 años, economista
"Todo iba mejor antes de mi ascenso"

«Hace dos años conseguí en el trabajo el ascenso por el que tanto había luchado. Sin embargo, mi marido, que siempre me había alentado a ello, empezó a comportarse de una manera extraña. Aunque resulte paradójico, en mi matrimonio todo iba mejor antes de que me ascendieran y pasara a ganar una cantidad más importante de dinero. Ahora creo que no acepta que sea yo la que gane más. Es terrible ver que la persona a la que quieres se derrumba por el hecho de que a ti te van las cosas profesionalmente mejor que a él.

Es cierto que a él también le prometieron un ascenso que no se ha producido, pero con su actitud sólo ha conseguido que la relación se vaya deteriorando.»

2

Julia Peral, 36 años, jefa comercial
"Se siente orgulloso de mí y me defiende"

«Desde hace varios años trabajo en unos grandes almacenes y estoy satisfecha de cómo me han ido las cosas. Me ha costado mucho esfuerzo, pero he ido ascendiendo poco a poco y puede decirse que estoy bien considerada en la empresa. Además, aquí he conocido al hombre que es mi pareja. Él tiene cinco años menos que yo y ocupa un puesto de menor responsabilidad, pero hasta la fecha esto no ha representado ningún impedimento en nuestra relación sentimental. Está muy orgulloso de mí y no le importa que gane más dinero que él. Es más, siempre me dice que admira mi capacidad de trabajo y de organización. Es lógico, pues entró a trabajar hace poco tiempo con un contrato en prácticas y sabe que aún ha de aprender mucho sobre el funcionamiento de la empresa. Y estoy convencida de que tiene un gran futuro aquí, porque es una persona trabajadora e inteligente. Además, es muy maduro y me lo ha demostrado en varias ocasiones. Hace poco, unas antiguas compañeras trataron de malmeterle diciéndole que tuviera cuidado conmigo, pues si he ascendido tan deprisa es porque he sabido "hacer la pelota" a los jefes, pero él supo pararles los pies contestándoles que soy la persona que más horas trabajo y que mi departamento ha sido el que más beneficios ha tenido en los últimos años, y eso no se debe a ninguna casualidad. Estoy orgullosa de él.»

3

Marisol Adamuz, 24 años, enfermera
"Yo trabajo y él estudia"

«Alfredo y yo nos casamos el año pasado y somos padres de una niña de catorce meses. La verdad es que en nuestros planes no entraba el contraer matrimonio tan pronto, pero a veces las circunstancias –yo me quedé embarazada– mandan. Trabajo como enfermera desde hace dos años, y queríamos esperar a que él terminara sus estudios de ingeniería. Actualmente vivimos, eso sí un poco justitos, de mi sueldo de enfermera y no podemos tener muchos caprichos, pero ambos sabemos que muy pronto la situación será diferente. Mi marido acepta la situación y sabe que ya vendrán tiempos mejores.»

4

Carolina Méndez, 30 años, arquitecta
"No quiere buscar un empleo estable"

«Conocí a Juan Carlos, mi novio, hace tres años. Desde el primer momento sentí que era el hombre con quien deseaba compartir mi vida. Es una persona encantadora, pero como nadie es perfecto, él también tiene sus cosas. Tras estar bastantes años en la facultad –tiene 30 años–, por fin el año pasado obtuvo el título de licenciado en Derecho. Fue entonces cuando pensamos poner fecha a nuestra boda, que será dentro de seis meses. Pero el problema es que él no quiere encontrar trabajo estable. Es cierto que sus padres le pasan mensualmente una cantidad importante, pero no creo que deba pasarse el resto de su vida con los brazos cruzados.

Toda persona necesita dedicarse a alguna actividad para sentirse viva y realizada. Él ha tenido varias ofertas de trabajo, pero casi siempre acaba por decir que no, ya que asegura que no le compensan económicamente. Lo peor es que de nada sirve que yo insista en que debe buscar un trabajo. Además, ahora me planteo si realmente podrá funcionar nuestro matrimonio cuando él se niega a adquirir ningún tipo de responsabilidad. Para algunas cosas, pese a su edad, sigue comportándose como un niño. Yo no digo que deba cambiar totalmente, pues me gusta como es, pero sí que debería esforzarse un poco más.»

a La experta opina	**b** La experta opina	**c** La experta opina	**d** La experta opina
«Vuestra situación está claramente desequilibrada, pero ambos la habéis admitido de común acuerdo, como un proyecto de futuro conjunto. La complementariedad en estos casos es la clave para que ese equilibrio esté afianzado y consolidado. Vuestra relación está muy asentada en la confianza mutua.»	«En muchas ocasiones esto conlleva un sufrimiento que conduce hacia comportamientos fuera de lugar y alteraciones del humor, como ira o irritabilidad, que dañan la relación. En estos casos se impone un esfuerzo en la comprensión de la situación por parte tuya y una reflexión por parte de él.»	«En determinados casos, como es el de tu novio, es necesario que estas personas se vean entre la espada y la pared para reaccionar en virtud del cambio y movilizar sus propios recursos. En principio, lo más fácil sería acusarles de vagos, pero en el fondo muchas veces nos encontramos con profundos sentimientos de inutilidad. Lo ideal sería que, por una vez, la ayuda que encontrase en el exterior no le diese la solución a sus problemas de base, esto es, sus sentimientos de incapacidad a la hora de movilizarse y de tomar decisiones por sí mismo.»	«Afortunadamente has dado con una persona que ha sabido comprender el hecho de que tú estés situada laboralmente en un puesto de mayor responsabilidad. Aceptarlo de esta forma evita situaciones negativas, como son los pulsos competitivos entre parejas, luchas por el poder, que sólo conducen a deteriorar las relaciones. Tu pareja se caracteriza por tener una capacidad de adaptación. La desigualdad en estos casos, lejos de dificultar el desarrollo individual, lo que hace es incentivar la relación de pareja.»

B Clasifica las palabras de la casilla en dos listas: positivas y negativas.

> acuerdo admitida bien valora comparten comunes constructiva dañar desequilibrada desmoralización explotación herida inmadurez inutilidad se debiliten sufrimiento

C Empareja los titulares i–iv con las cartas 1–4.

i Vive todavía su niñez.
ii Una pareja equilibrada
iii La promesa de un porvenir mejor
iv El marido envidioso

D ¿Verdadero, falso o no se sabe? Corrige las frases falsas.

1 Paloma Ramírez gana menos que su marido.
2 El marido de Paloma se comporta de una manera paradójica.
3 El marido de Paloma trabaja muchas horas al día.
4 Julia se siente contenta de su vida.
5 El marido de Julia le envidia su puesto de mayor responsabilidad.
6 Julia trabaja como secretaria.
7 Carolina Méndez obtuvo su título de licenciada en Derecho el año pasado.
8 El novio de Carolina recibe dinero de sus padres.
9 El novio de Carolina no quiere adquirir responsabilidades.
10 Marisol Adamuz quiere empezar a tener hijos cuanto antes.
11 El marido de Marisol estudia en Madrid.
12 Marisol y su marido van a restaurantes con frecuencia.

E Lee el texto abajo. Haz un resumen en inglés de las características positivas y negativas de una situación en la que la mujer gana más que el hombre (100–150 palabras).

Situaciones a favor y en contra

Negativas

• Situación de desmoralización y herida narcisista. El hecho de encontrarse en una situación inferior a la de ella hace que afloren en él sentimientos de inutilidad. El sufrimiento puede derivar en alteraciones del humor que pueden dañar la pareja.

• Situación de acomodación desequilibrada. Denota una inmadurez afectiva de él regida por la ley del mínimo esfuerzo y la búsqueda sistemática de apoyo externo. Poco a poco, los sentimientos de explotación hacen que las relaciones se debiliten.

Positivas

• Desigualdad constructiva. Son parejas en las que ella se sitúa en un nivel superior y cuya situación es admitida y bien valorada por ambos.

• Mutuo acuerdo y objetivos comunes. La situación es claramente desequilibrada, pero se admite en función de un acuerdo mutuo, de un proyecto de futuro que ambos miembros comparten.

3.11 *La igualdad: ¿hoy o mañana?*

Hoy en día todavía hay maridos que quieren tener la sartén por el mango. Un experto responde a una mujer que se queja de su marido.

"Quiero ser militar, pero mi marido no me deja"

Entiendo que todavía no es demasiado usual en España que una mujer sea militar, y sospecho que lo que sucede es que tu marido teme lo que puedan decirle los amigos, las bromas pesadas que puedan gastarle y el hecho de pensar que como son tan pocas las mujeres que hoy son militares, te vas a encontrar demasiado rodeada de hombres, atendida, mirada, piropeada, etc.

Si pudiéramos meternos dentro del cerebro de tu marido, estoy seguro de que las razones que él aduciría seguramente irían en esa línea; pero debe comprender que tú eres libre de ejercer la profesión que te plazca y que no puede poner en una balanza el amor y en otra la profesión que tú deseas ejercer. No debería chantajearte o amenazarte con quitarte la custodia del niño. Mejor sería decir que si él te quisiera de verdad, no te pondría dificultad alguna para ejercer la profesión que te venga en gana y respetaría tus deseos y el hecho de que eres una persona libre.

Por lo que se refiere a las amenazas que te hace diciéndote que él se quedaría con la custodia del niño y no podrías verle, tú sabes que eso es imposible y absurdo, pero su temor es tal que no se le ocurre otra medida más inteligente que amenazarte y chantajearte. No creo que eso sea amor, sino un miedo tremendo a que tú triunfes, a que te realices como persona y él se sienta ofendido y deshonrado por estar casado con una mujer militar.

Pienso que no debe meter al niño por medio y éste es un tema que debéis aclarar entre vosotros, mejor con la ayuda de terceras personas.

Si conoces a otras mujeres que ya son militares, casadas con hombres que lo aceptan y que son felices, te sería de gran ayuda que tu marido los conociera. Creo que acabaría por perder ese miedo (ten en cuenta que pueden hacerle preguntas como «¿quién lleva los pantalones en tu casa?»), y empezaría a ver con buenos ojos, o al menos aceptar, que fueras militar.

A Lee primero la respuesta del experto y contesta con tus propias palabras a estas preguntas.

1 ¿Por qué, según el experto, no quiere el marido que su mujer sea militar? (Dos motivos)
2 ¿Por qué considera el experto que la conducta del marido es injusta?
3 ¿Cómo debería actuar el marido?
4 ¿Por qué hace el marido esas amenazas tan absurdas?
5 ¿Cuál es el consejo del experto? (Dos detalles)

B Ahora, lee esta carta y complétala con una palabra en cada espacio.

Tengo 26 años, estoy **1** ……… y tengo un hijo de tres años. Desde que **2** ……… pequeña he deseado ser militar, pero hasta **3** ……… poco tiempo eso no **4** ……… ser. Ahora que tengo la oportunidad **5** ……… conseguir mi sueño, mi marido se **6** ……… de forma tajante. Asegura que si le quiero **7** ……… olvidarme de la idea. Me amenaza con separarse y con **8** ……… con la custodia de mi hijo. Dice que no lo volveré a ver **9** ……… más. ¿Qué cree que puedo **10** ………?

C Traduce el último párrafo (desde "Si conoces a otras mujeres" hasta el final) al inglés.

CONSOLIDACIÓN

Estudia: Conditional p. 203; Imperfect subjunctive, p. 204

1 Estas frases aparecen en el texto. Rellena los espacios y escribe al lado, entre paréntesis, el tiempo verbal correspondiente.

Por ejemplo: Si *pudiéramos* (imperfect subjunctive) meternos. . .

a Si . . . . meternos dentro del cerebo de tu marido, estoy seguro de que las razones que él . . . . seguramente . . . . en esa línea.

b Mejor . . . . decir que si él te . . . . de verdad, no te . . . . dificultad alguna para ejercer la profesión que te venga en gana y . . . . tus deseos.

c Él se . . . . con la custodia del niño y no . . . . verle.

d Si conoces a otras mujeres que ya son militares . . . . te . . . . de gran ayuda que tu marido los . . . .

e Creo que . . . . por perder ese miedo . . . . y . . . . a ver con buenos ojos . . . . que . . . . militar.

2 Ahora, construye al menos tres frases con cada una de estas expresiones:

a Si me casara con un militar. . .   **c** Si él/ella me quisiera de verdad. . .

b Si yo fuera rico/a. . .   **d** Si yo conociera mi futuro. . .

¡EXPRÉSATE!

Estas expresiones pueden ser útiles:

La idea es en cierto modo engañosa.
Esta postura es insostenible.
De hecho quizá sea lo contrario.
La tesis bien puede ser cierta, pero. . .
El argumento carece de solidez.
Esta opinión no se sostiene.
La pega de esta teoría es que. . .
No tiene, a mi juicio, justificación alguna.

¡Infórmate!

Gobiernos de hombres

A pesar de su introducción en la política, la mujer aún no ha conseguido una representación igualitaria.

D *Debate dirigido*

Escoge una de las siguientes afirmaciones y defiéndela contra tu pareja:

• "Las mujeres pueden hacer cualquier trabajo, igual que los hombres. Y si resulta en una mujer luchando con una ametralladora al lado de los hombres en una guerra, pues así sea."

• "El papel que desempeña la mujer en la sociedad está predispuesto por la biología – el de la continuación de la especie. Correr riesgos no forma parte de lo que debe hacer la mujer."

ESPAÑA Legislatura 1996–2000

Diputados
274 (78%) 76 (22%)

Senadores
220 (86%) 36 (14%)

EUROPA Legislatura 1994–1999
483 (77,2%) 143 (22,8%)

MUNDO

Escaños parlamentarios
90% 10%

Puestos ministeriales
94% 6%

Mujeres
Hombres

3.12 *"El trabajo me ha enseñado mucho"*

Mucha gente tiene que trabajar en algo distinto de lo que estudiaron – quizás sólo durante un tiempo muy corto. Aunque no parezca, ¡esto tiene sus ventajas!

A Escucha a Nieves y luego completa este resumen de lo que dice, poniendo una sola palabra en cada espacio.

En este momento, Nieves, que recibió **a** . . . . su licenciatura en Imagen y Sonido, no tiene el trabajo que **b** . . . . En vez de **c** . . . . una cámara, tiene que **d** . . . . temprano para repartir cartas. Pero, **e** . . . . no gana mucho dinero, saca **f** . . . . para comprarse un libro de **g** . . . . en cuando. Nieves todavía no se siente **h** . . . ., pero ha conocido un poco el **i** . . . . y el desánimo. Sabe que su trabajo **j** . . . . le ofrece la **k** . . . . de observar la vida, lo que **l** . . . . a una operadora de cámara.

B *Trabajo escrito*

Tú, como Nieves, tienes un trabajo que no tiene nada que ver con tu verdadera vocación y tu preparación profesional. Describe tus sentimientos y lo que has aprendido sobre la vida, la gente y sobre ti mismo/a. Escribe entre 180 y 200 palabras en español.

3.13 *El paro*

Quedarse sin trabajo o simplemente no encontrar trabajo, es un problema que afrontan cada vez más personas. Pero ¿cómo mantener la autoestima? ¿Cómo aprovechar esta situación de forma positiva? El paro no es necesariamente el fin del mundo.

QUÉ HACER SI TE QUEDAS EN PARO

Cuando el despido nos afecta a nosotros en particular, puede provocarnos un conflicto interno difícil de superar. Aunque parezca el fin del mundo, no lo es.

Las primeras semanas

Después de inscribirte en la oficina del INEM que te corresponda y poner al día tu currículum. . .

1 • Haz un presupuesto realista. Incluye en él todos los gastos habituales y los extras. Calcula cuánto tiempo puedes vivir sin tener que recurrir a tus padres. Luego, sé razonable, empieza a recortar.

2 • No fundas tu finiquito ni la indemnización a lo loco. Consulta con algún consejero financiero cómo invertir el dinero.

3 • Antes de empezar a buscar otro trabajo a la desesperada, aprovecha el tiempo en averiguar qué es realmente lo que quieres hacer.

4 • Haz una lista de tus estudios y también de tus habilidades, de lo que sabes hacer. Sopesa pros y contras.

5 • Considera la posibilidad de crear tu propio negocio, pero sé práctico/a. Estudia sobre el tema, investiga el mercado y deja que el banco te aconseje.

Recupera tu autoestima

No te derrumbes cuando no tengas que levantarte para ir a trabajar:

6 • Imponte un horario dividido en bloques: para la casa, para buscar empleo, la familia, el ocio. . .

7 • Puede ser recomendable un corte de pelo o un cambio de imagen. Los especialistas aseguran que estas actitudes indican que te valoras a ti mismo/a y eso repercute en tu entorno.

8 • Mímate, prepárate comidas deliciosas, pasa tiempo al aire libre. Acude a esa exposición para la que antes no tenías tiempo. Matricúlate en algún curso de idiomas, manualidades o de lo que sea.

9 • Vigila tu nivel de estrés: la rabia controlada es saludable; las noches en vela y las mañanas con resaca, no.

10 • Haz un esfuerzo por mantenerte en forma. Imponte pequeñas tareas diarias físicas y mentales: caminar un par de kilómetros, leer un periódico. . .

11 • Acepta que ya no tienes trabajo. No se lo escondas a tus amigos y familiares, o no te podrán ofrecer apoyo y ayuda. Habla de ello, pero sin anclarte en el pasado ni dando un mensaje pesimista. Prepárate para el futuro; es tu máxima prioridad. Ahora es el momento de lanzarse—con orden y concierto—a buscar otro empleo.

A Aquí tienes unas preguntas que se corresponden con los consejos que acabas de leer (y unas cuantas que no tienen nada que ver con ellos). ¿Puedes unir las preguntas con los consejos?

a ¿En qué podrías trabajar por tu propia cuenta?
b ¿Cómo pasas tu tiempo?
c ¿Qué estudias?
d ¿Cuánto dinero necesitas para vivir?
e ¿Cuánto valoras tu imagen?
f ¿Cómo te mantienes en forma?
g ¿Dónde comes?
h ¿Cómo gastas el dinero?
i ¿Cómo estás de salud?
j ¿Cómo estudiar?
k ¿Qué quieres hacer?
l ¿Cuánto bebes?
m ¿Qué sabes hacer?
n ¿Qué les dices a los que te rodean?
o ¿Cuánto te cuidas de ti mismo?

B ¿Qué piensas de estos consejos? ¿Cuál(es) te parece(n) más útil(es)? ¿Hay alguno que no te parezca bueno? Con un(a) pareja habla sobre los consejos y decide cuáles son los tres más útiles, y por qué.

C Escucha el informe y contesta a las siguientes preguntas.

1 ¿Qué pasó en Galicia el pasado mes de noviembre?
2 ¿Cuál fue el incremento del paro?
3 ¿En qué otras comunidades había un incremento más grande del paro?
4 ¿Cuál es el total ahora en la comunidad?
5 ¿Cómo se expresa este total como porcentaje de la población activa?
6 ¿Cómo se compara con la media nacional?
7 ¿Cuál fue el sector de empleo más afectado?
8 ¿Cuál fue la provincia de la comunidad menos afectada?

SOLEDAD

D Estás haciendo un trabajo voluntario con la organización "The Big Issue Foundation" que se ocupa de los sin hogar. El director vio este artículo en un periódico cuando estaba de vacaciones en España y te hace preguntas sobre el contenido. Haz un resumen del artículo en inglés (100–150 palabras).

ALTERNATIVAS PARA SOBREVIVIR Y SALIR DEL PARO

En España, la preocupación de 8 millones de personas es cómo alimentarse cada día. Muchas de ellas lo consiguen a través de varias tareas, aunque a veces esporádicas.

● **VENDER "LA FAROLA".** Este sistema ofrece ayuda inmediata. Actualmente, trabajan unas mil personas en toda España, y del euro veinte que cuesta un ejemplar, noventa céntimos son para ellas.

● **VIVIR CON AYUDAS.** Muchos resuelven la necesidad más apremiante comiendo o durmiendo en casa de la familia o con la colaboración económica de alguna entidad.

● **MENDIGAR EN LOS MERCADOS.** Muchas mujeres optan por ir a pedir a los mercados.

● **PRECARIEDAD LABORAL.** Una de las escasas salidas laborales es trabajar sin contrato en el sector de la limpieza.

● **LOS ALBERGUES.** Una de las opciones para poder desayunar, comer y cenar gratuitamente son los comedores sociales, que en España alimentan a unas 50.000 personas.

● **LIMPIAR CRISTALES EN LOS SEMÁFOROS.** Hoy en día, tener un semáforo monopolizado significa comer cada día.

E   *Trabajo escrito*

Escribe unas 250 palabras en español sobre el tema de un día en la vida de un joven sin trabajo.

CONSOLIDACIÓN

Estudia: Imperative, p. 206

Completa la tabla.

Infinitivos	Imperativos			
	Tú	**Vosotros**	**Ud.**	**Uds.**
1 Empezar	Empieza		Empiece	
2 Consultar		Consultad		
3 Calcular			Calcule	Calculen
4 Buscar	Busca			
5 Inscribirse	Inscríbete		Inscríbase	
6 Estudiar		Estudiad		

¡ I n f ó r m a t e !	
Ocupación y paro	

Ocupación y paro según actividad y situación profesional

	1999
Ocupados (miles)	
Agricultura	990,9
Industria	2.801,0
Construcción	1.501,4
Servicios	8.658,5
Parados (miles)	
Agricultura	220,0
Industria	217,8
Construcción	171,2
Servicios	837,6
No clasificados	1.101,9
Tasa de paro (% poblacion activa)	
Agricultura	22,2
Industria	7,8
Construcción	11,4
Servicios	9,7
Empresarios con o sin salario	2.594,7
Ayuda familiar	326,8
Asalariados	10.979,3
Sector público	2.298,5
Sector privado	8.680,8
Otros	19,6

3.14 *Voluntarios*

Si estás en paro, o simplemente dispones de algunas horas libres, puedes trabajar como voluntario. Aquí te ofrecemos algunas opciones.

Tú también puedes ayudar

Si estás decidido a dedicar parte de tu tiempo a alguna labor humanitaria, ante todo debes responder a algunas preguntas: ¿qué preparación tengo? ¿qué sé hacer y qué me gustaría hacer? ¿hacia qué colectivo me siento más sensibilizado: personas mayores, minusválidos, reclusos, minorías étnicas...? ¿de cuánto tiempo dispongo?

Ayudar a los demás es una labor admirable que requiere un compromiso por nuestra parte. Si nos comprometemos a ayudar a alguien, que va a contar con nosotros, debemos tener claro por cuánto tiempo y no abandonar antes de que hayamos cumplido nuestra tarea.

Ser voluntario significa pertenecer a ese grupo de personas que dedica una parte de su tiempo libre a realizar una acción al servicio de los demás o de la comunidad en general, sin esperar nada a cambio.

¿Quién puede ser voluntario?

Puede ser voluntaria cualquier persona con un espíritu joven, dispuesta a actuar al servicio de los demás, mejorando la calidad de vida de la sociedad. Se aconseja que sean personas dotadas de estabilidad emocional, equilibradas y que sepan superar la angustia.

Hay que estar dispuesto a participar en un proceso de formación permanente para mejorar la labor como voluntario.

¿Cómo ayudar?

– <u>Voluntariado social</u>: ayuda a toxicómanos, reclusos, ancianos que viven solos, enfermos de larga duración, integración social de inmigrantes y refugiados, acciones de asistencia a indigentes y a niños en situación de riesgo social, discapacitados físicos y sensoriales, mujeres maltratadas...

– <u>Voluntariado ambiental</u>: asociaciones ecologistas, excursionismo, guías de senderos, trabajos de protección y recuperación ambiental...

– <u>Voluntariado de cooperación internacional</u>: actuaciones a favor de otros países, especialmente del Tercer Mundo, que también se pueden realizar sin salir de nuestro país.

Cursos y orientación

Desde las plataformas para el voluntariado y también las oficinas de voluntarios de la Cruz Roja, se organizan cursos de orientación al voluntariado y se explica cómo y dónde debe hacerse el trabajo de voluntario.

Estas organizaciones también disponen de unos días y unos puntos de reunión llamados "informativos", donde voluntarios te asesoran sobre cuál podría ser tu mejor destino, las actividades a desarrollar y en qué organización.

A Te hemos dado todas las respuestas al crucigrama, pero en las definiciones hay varios espacios en blanco. ¿Los puedes rellenar?

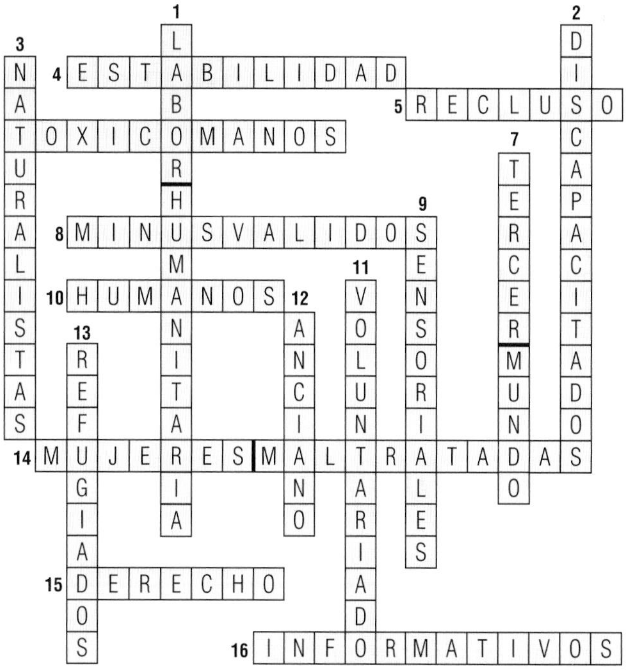
1 LABORHUMANITARIA
2 DISCAPACITADOS
3 NATURALISTAS
4 ESTABILIDAD
5 RECLUSO
6 TOXICOMANOS
7 TERCERMUNDO
8 MINUSVALIDOS
9 SENSORIALES
10 HUMANOS
11 VOLUNTARIADO
12 ANCIANO
13 REFUGIADOS
14 MUJERESMALTRATADAS
15 DERECHO
16 INFORMATIVOS

Horizontales

4 Se puede .... que la posee una persona que no se deja .... por las emociones.
5 Una persona que está en la ....
6 Aquellos que .... una drogodependencia.
8 Los que tienen algún impedimento .... o mental.
10 Relativo a las personas o propio .... éstas.
14 Esposas de hombres ...., por ejemplo.
15 Aquello que la .... otorga a alguien.
16 Boletines de .... en los .... de comunicación.

Verticales

1 Cualquier .... caritativo que ayuda a .... persona.
2 (y 9) Los que han .... el uso .... la vista o del oído, por ejemplo.
3 Personas o grupos que se .... la naturaleza y los animales.
7 .... dado .... los .... subdesarrollados.
9 .... a los cinco sentidos.
11 Organización de .... con .... mismas metas e intereses.
12 Persona ....
13 Los que han .... que .... de sus países, normalmente por .... políticos.

CONSOLIDACIÓN

Estudia: Interrogatives, p. 197

1 Haz una lista de todas las preguntas directas (con signos de interrogación) e indirectas que hay en el texto.
2 Has visto en una revista un breve anuncio pidiendo voluntarios. A ti te gustaría dedicarte al voluntariado en tu tiempo libre, pero no sabes qué se requiere y además quieres saber más detalles sobre la organización. Haz una lista de preguntas y luego redacta una breve carta donde expreses esas dudas.

B *Presentación oral*

Haz una lista de las cualidades personales que uno necesita para los distintos tipos de trabajo voluntario mencionados en el artículo. ¿Cuál(es) podrías hacer tú y cuál(es) no? ¿Por qué? Luego habla con tus compañeros de clase para ver si ellos tienen opiniones diferentes a las tuyas.

CONSOLIDACIÓN

Estudia: Present subjunctive, p. 203

En respuesta a las preguntas del ejercicio anterior, haz una lista de los requisitos necesarios para trabajar como voluntario en tu organización (al menos cinco frases).

Por ejemplo: Necesitamos personas *que sepan* superar la angustia en momentos difíciles.

3.15 *Reacciones y redacciones*

Escribe 250 palabras sobre uno de estos temas. Tienes que referirte a contextos españoles o latinoamericanos.

1 "El techo de vidrio no existe para las mujeres de hoy en día." ¿Estás de acuerdo o no?
2 El paro – ¿el fin del mundo?
3 ¿Es verdad que "todo el mundo necesita dedicarse a alguna actividad para sentirse viva y realizada"?
4 El español – ¿el idioma de Internet del futuro?

unidad 4
¿Somos ya todos iguales?

En esta unidad vamos a considerar la cuestión de los grupos minoritarios que viven en España: tanto los problemas que encuentran como los aspectos positivos de vivir en una sociedad multicultural.

En esta unidad vamos a consolidar tu conocimiento de los siguientes puntos gramaticales:

- ■ pretérito imperfecto de subjuntivo *(imperfect subjunctive)*
- ■ presente continuo *(present continuous)*
- ■ adverbios *(adverbs)*
- ■ pretérito perfecto de subjuntivo *(perfect subjunctive)*
- ■ pronombres *(pronouns)*
- ■ pretérito indefinido *(preterite)*
- ■ presente de subjuntivo *(present subjunctive)*
- ■ pretérito imperfecto *(imperfect)*
- ■ pretérito perfecto *(perfect)*

4.1 *¿Tienes prejuicios raciales?*

¿Están algunas actitudes racistas más extendidas de lo que creemos? Pocos lo reconocen abiertamente: las diferencias étnicas o raciales suponen para algunos barreras infranqueables. Un conocido semanario llevó a cabo una encuesta al respecto en equipo con el programa de radio "El mundo en el que vivimos".

A ¡Haz el test! Posiblemente nunca hasta ahora te habías planteado si eres o no racista: si tienes curiosidad por saberlo, sólo tienes que contestar a las siguientes preguntas. Tu profesor(a) va a decirte cómo puntuar el test. ¿Qué puntuación has obtenido?

1 Quieres comprarte un apartamento y un amigo/una amiga comenta que se vende uno a buen precio en su edificio. Sabes que en ese mismo bloque vive una familia gitana...

  a Sin dudar lo compras; es justo lo que estabas buscando.

  b Prefieres sacrificar tu independencia a tener ese tipo de vecinos.

  c Si realmente te convence y la financiación es buena, no consideras nada más.

2 A última hora surge una cena de compromiso con tu pareja. La agencia de "canguros" te envía una chica para que se quede con los niños y, cuando llega, ves que es colombiana...

  a Dejas que tu pareja acuda sola a la cena.

  b Te vas tranquilo/a; parece responsable y sabes que ha cuidado en otras ocasiones de los niños de tus vecinos.

  c Vas a la cena pero estás preocupado/a todo el rato.

3 Un compañero/Una compañera comenta que conoce a unos inmigrantes que necesitan ayuda...

  a Te excusas; no dispones de tiempo para dedicarlo a otros.

  b Intentas ayudarlos, a pesar de que no te sobran las horas.

  c Te niegas; no quieres tratos con inmigrantes.

4 Un técnico que parece marroquí viene a arreglarte la lavadora. Tú debes salir para hacer un recado...

  a Vas a hacerlo, pero le dices al portero que esté pendiente.

  b Pides al vecino/a la vecina que te haga el encargo – no quieres dejar a un extraño solo en casa.

  c No te fías: los moros te dan muy mala espina.

5 Unos polacos abren una tienda de ultramarinos con muy buenos precios al lado de tu casa...

  a Compras donde siempre.

  b Sin dudar, cambias de tienda.

  c La nacionalidad de sus propietarios "te importa un pimiento". No tienes un lugar fijo para hacer la compra.

6 Unos amigos han preparado una cita a ciegas. A última hora te dicen que es negro/a...

  a Estás impaciente. La gente negra es muy atractiva.

  b Le/La dejas plantado/a.

  c Sales con él/ella. Parece agradable y puedes pasarlo muy bien.

7 En la oficina de empleo se acerca un extranjero para que le ayudes a rellenar un impreso...

  a Te ofreces amablemente a ayudarle.

  b Le ignoras y te vas. ¡Sólo faltaba que nos quitasen el empleo!

  c Le indicas dónde puede informarse al respecto.

8 Te duele una muela y acudes a una clínica de urgencia donde casi todos los doctores son sudamericanos...

  a Pides un doctor español. Si no hay ninguno, buscas otra clínica.

  b No te importa. Piensas que están perfectamente cualificados para atenderte.

  c Evitas acudir a médicos que no son de tu confianza, pero siempre podrán darte algo que te calme el dolor.

9 Tu amigo/a va a casarse con una musulmana/un musulmán...

  a Si es feliz, ¿qué importancia tienen las creencias de su pareja?

  b Intentas hacerle ver cómo su vida puede verse afectada por las diferencias culturales entre ambos.

  c No quieres saber nada de esa relación.

10 Todos tenemos derecho a una educación y a una vida digna...

  a ...y debemos colaborar para erradicar las diferencias raciales.

  b Está muy bien, pero cada uno en su propio país.

  c Eso es un tópico.

B Después de hacer el test, describe oralmente, sin mirar otra vez el texto, lo que es un racista.

C Escoge una de las diez situaciones y escribe un diálogo imaginario entre dos amigos/as – uno/a es racista, el otro/la otra no.

4.2 *El mundo en el que vivimos*

Para descubrir la significación de la puntuación del test "¿Tienes prejuicios raciales?", escucha este programa de radio.

A   Aquí tienes varias frases que se relacionan con la puntuación del test que acabas de escuchar. Señala con una cruz la casilla correspondiente.

	0–15	16–24	De 25 en adelante
1 ¡Reconsidera tus opiniones!			
2 Prefieres que gente de distinta raza o entorno no se mezcle.			
3 Te crees tolerante.			
4 Te crees superior.			
5 Te sientes amenazado/a.			
6 Nunca hasta ahora habías reflexionado sobre el racismo existente en nuestra sociedad.			
7 Los aspectos externos te importan poco.			
8 Te gusta lo nuevo.			

B   Escucha otra vez la primera parte del programa (puntuación de hasta 15 puntos). ¿Con qué otras palabras se dice lo que sigue a continuación?

1 son importantes
2 aislado
3 no tienes confianza en
4 son miembros de
5 alcanzas a
6 subordinados
7 lo opuesto

C   Escucha la segunda parte de la grabación (puntuación de 16 a 24 puntos) y completa las frases siguientes con la palabra o palabras que faltan.

1 Todo te parece bien mientras ....
2 Hasta el momento no .... el tema del racismo.
3 Crees que sería mejor que ...., pues la verdad es que ya somos bastantes.
4 Como para que además ...., y en muchos casos, mejor preparados que nosotros.
5 No somos mejores que otros .... sino que intervienen .... que están dentro de nosotros mismos.

D   Para terminar, escucha la última parte del programa (puntuación de más de 25 puntos) y traduce el siguiente texto al español.

We shouldn't be swayed by cultural or racial differences when choosing our relationships and we shouldn't let ourselves be influenced by appearances. The world would be very dull if we were all the same. Differences bring novelty, and we can all learn something, especially if the person in question belongs to a different culture.

E *Trabajo escrito*

¿Estás de acuerdo con el resultado obtenido en el test? ¿O crees que no refleja tus verdaderas actitudes sobre el racismo? Cuenta por escrito tu opinión (en unas 200 palabras).

¡infórmate!

Los inmigrantes latinoamericanos en España

♦ En general, ¿cree que los inmigrantes iberoamericanos que viven en España son...?

	%
Demasiados	21
Bastantes pero no demasiados	48
Pocos	13
NS/NC	17
(N)	(2496)

♦ De entre las palabras siguientes, ¿cuál es, a su juicio, la que mejor describe a los inmigrantes iberoamericanos?

	%
Trabajadores	38
Amables	20
Honrados	11
Perezosos	5
Violentos	2
Otros adjetivos	4
NS/NC	19
(N)	(2496)

♦ Dígame hasta qué punto le importaría encontrarse en cada una de las siguientes situaciones:

				%	
	Mucho	**Bastante**	**Poco**	**Nada**	**NS/NC**
Que un iberoamericano llegase a España para ser su jefe	4	8	12	72	5
Que su hijo/a se casase con una persona iberoamericana	2	4	13	78	3
Tener vecinos iberoamericanos	1	2	10	86	2
Tener iberoamericanos como compañeros de trabajo	1	1	10	86	3

4.3 *Minorías étnicas*

No debemos olvidar que la sociedad española ha sido casi siempre pluricultural. En este artículo se trata de los problemas encontrados por algunos grupos minoritarios que viven en España desde hace varios siglos.

La expulsión de los judíos, 1492

Al principio de la Edad Moderna, el estado nacional impuso una rígida homogeneización étnica, religiosa y cultural. Después de expulsar a las dos minorías más importantes, los judíos, exiliados por los Reyes Católicos en 1492, y los moriscos, desterrados por Felipe II en 1609, existe una población religiosamente homogénea, inconsciente de sus orígenes étnicos (por lo menos hasta la aparición en el siglo XIX del nacionalismo vasco), y que asimiló fácilmente las pequeñas minorías inmigrantes (como los esclavos africanos traídos a España en los siglos XVI y XVII y los germanos que se asentaron en Sierra Morena en el siglo XVIII).

Siempre han existido algunos grupos diferenciados, por ejemplo los "agotes" en Navarra o los "vaqueiros de alzada" en Asturias; sin embargo la única minoría étnica claramente tradicional son los gitanos, que parece que llegaron a España al final de la Edad Media.

Su modo de vida nómada los ha dispersado por todo el país aunque la mayor parte de comunidades gitanas se encuentran en Madrid, Barcelona y las ciudades más grandes del sur.

Como en otros países, los gitanos españoles han conservado desde hace siglos su propia organización cultural y social, basada en clases y linajes. El modelo tradicional de segregación es cada vez más difícil de mantener en áreas urbanas, donde su integración plantea problemas en escuelas, vecindarios, e incluso en comunidades locales.

La inmigración más reciente está dando paso a nuevas minorías étnicas todavía no definidas claramente. Mientras que los europeos no tienen problemas de incorporación, y la asimilación de latinoamericanos presenta pocas dificultades debido a su afinidad cultural con España, la integración de africanos y asiáticos es más conflictiva.

Los informes elaborados sobre este tema muestran que el nivel de hostilidad hacia los inmigrantes extranjeros en España es uno de los más bajos de Europa.

A Explica con tus propias palabras las siguientes expresiones.

1 religiosamente homogénea
2 inconsciente de sus orígenes étnicos
3 su modo de vida nómada
4 su integración plantea problemas
5 los informes elaborados sobre este tema

B Completa las siguientes frases utilizando una forma apropiada de la(s) palabra(s) entre paréntesis.

1 Después de 1492, los judíos... [tener que]
2 Los esclavos africanos... [dificultad]
3 Los gitanos llegaron... [otro]
4 Hoy en día los gitanos españoles tienen... [sociedad]
5 Los latinoamericanos... [asimilarse]
6 Los españoles acogen a los inmigrantes extranjeros... [manera]

C Los adjetivos a–k aparecen en el artículo.

1 Identifica un sustantivo que corresponda a cada uno. Utiliza un diccionario para ayudarte, si es preciso.

a diferenciados
b conflictiva
c religiosa
d tradicional
e mayor
f cultural
g social
h grandes
i importantes
j urbanas
k locales

2 Escribe un párrafo sobre el tema del artículo. Tienes que incluir:

• cinco de los adjetivos de la lista
• cinco de los sustantivos que has identificado.

Recuerda que en algunos casos tendrás que cambiar la terminación de las palabras.

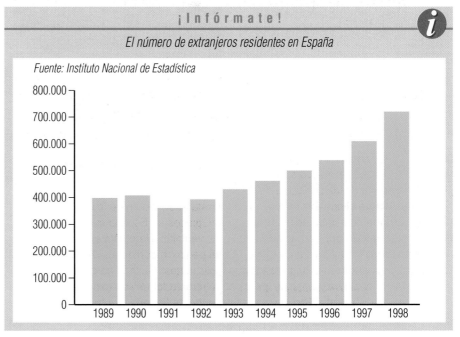

¡Infórmate!

El número de extranjeros residentes en España

Fuente: Instituto Nacional de Estadística

4.4 *Una interminable carrera de obstáculos*

Para los que han querido refugiarse en España la vida resulta difícil.

REFUGIADOS EN ESPAÑA

En España existen en la actualidad unos 30.000 refugiados. Su situación se va deteriorando día a día con el progresivo endurecimiento de ciertas medidas políticas y sociales, tales como la expulsión hacia su país de origen y la no concesión de permisos de trabajo o residencia.

Refugiado es, según la Convención de Ginebra de 1951, «toda persona que, debido a fundados temores de ser perseguida por motivos de raza, religión, nacionalidad, pertenencia a determinado grupo social u opiniones políticas, se encuentra fuera del país de su nacionalidad». La Convención de Ginebra se firmó para aliviar la situación de los miles de personas expatriadas tras la Segunda Guerra Mundial. Pero el problema de los refugiados no acabó con el reasentamiento de estas personas. Nuevas conflagraciones y conflictos bélicos y regímenes opresivos que no vacilan en encarcelar, torturar o dar muerte a sus opositores han motivado que el número de refugiados no haya dejado de aumentar hasta llegar a los 14 millones que existen hoy en todo el mundo. En España, uno de los países occidentales con menor índice de expatriados, se calcula que hay unos 30.000.

De estos treinta mil expatriados el grupo más numeroso es el de los cubanos, seguidos del de los iraníes y el de los polacos. Los exiliados cubanos viven en España desde principios de los años sesenta (ya en aquella época, aunque España no estaba adherida a la Convención de Ginebra, se hacían programas asistenciales para ellos), y hasta 1980 cubanos e hispanohablantes en general formaban el grueso de los refugiados que acudían a España.

El 71% de los refugiados vive en la periferia de Madrid, en los barrios suburbanos o en municipios adyacentes, ya que la tramitación de solicitudes se hace en Madrid y es también allí donde más fácilmente puede tenerse acceso a las ayudas y programas sociales. Un 11% reside en Barcelona y los demás se reparten entre Valencia, Segovia, Ávila, Las Palmas, o Málaga...

Muchos de los refugiados no quieren quedarse en España, sino dirigirse a otro país. El sueño de casi todos es ir a Estados Unidos, pero este país está cerrando cada vez más sus fronteras; por ello, la mayoría intenta ahora dirigirse a Canadá, donde existen muy buenos programas de ayuda al refugiado. Para gestionar su entrada en otro país, los refugiados cuentan con la Comisión Católica de Inmigración y con el Centro Nacional de Rescate.

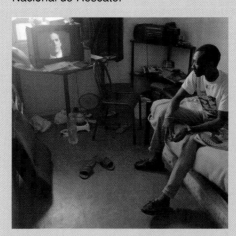

Hasta aquí, todo parece indicar que los refugiados en España cuentan con todas las ventajas. Pero esto es así sólo para un pequeño porcentaje de los solicitantes. Muchos no consiguen pasar la frontera, otros son expulsados una vez dentro de España, y a la mayoría – un 80% – se les deniega la solicitud, perdiendo el derecho a cualquier tipo de ayuda. Amparo Colmenero, directora de Cruz Roja Española para Asistencia a Extranjeros, declaraba a un rotativo madrileño que la mayoría de los refugiados «viven en la más absoluta de las penurias, no comparable con la situación de cualquier otra persona», penuria motivada tanto por las condiciones en que llegan a España: «sin dinero, sin identificación, sin cobertura sanitaria y con una situación gravísima de estrés a causa de la inestabilidad e incertidumbre de su situación», como por la falta de unos documentos que les permitan desenvolverse o la escasa ayuda que reciben.

El gendarme de Europa

Hay una cierta xenofobia hacia ciertos colectivos que se ven más perseguidos que otros, sobre todo los procedentes de países del Tercer Mundo, especialmente de África. Los hispanoamericanos tienen la ventaja de que dominan el idioma y pueden beneficiarse en mayor medida de programas como las becas de estudio; los polacos, por su parte, tienen un fuerte apoyo en instituciones dependientes de la Iglesia Católica. Sin embargo, el gobierno no reconoce globalmente a los africanos como refugiados, por lo que la mayoría de expulsiones se centran sobre este colectivo; a muchos de ellos se les corta la ayuda antes de un año, siendo rechazados a los seis meses, pero su principal problema es que nadie quiere darles trabajo. Aunque sí encuentran trabajo como temporeros en el campo, lo cierto es que a los que permanecen en Madrid o Barcelona no les quedan prácticamente otras alternativas que el mercado negro o la prostitución.

A Estas frases resumen la primera parte del texto, hasta "la escasa ayuda que reciben". ¿Las puedes poner en orden?

1 El número de refugiados ha aumentado mucho en los últimos cincuenta años.
2 La mayor parte de los refugiados tiene que soportar condiciones de extrema pobreza.
3 Casi tres cuartas partes del total de los refugiados viven en las ciudades donde se cursan los trámites para solicitar asilo y donde hay más ayudas de tipo oficial.
4 La vida de los refugiados en España se vuelve cada día más dura.
5 Muchos de los refugiados que viven en España proceden de países de habla hispana.
6 Son muy pocos los que tienen la intención de quedarse en España.

B Las siguientes palabras se encuentran en la misma parte del artículo. Completa los espacios con la forma correspondiente.

Sustantivo	Verbo
solicitud	1
2	residir
endurecimiento	3
4	perder
concesión	5
6	repartir
sueño	7
8	deteriorar
cobertura	9
10	aliviar

C Aquí tienes una serie de preguntas y respuestas sobre puntos mencionados en la primera parte del artículo. Completa las preguntas.

1 ¿Cuántos ....?
  30.000, más o menos.
2 ¿Cuándo ....?
  En 1951.
3 ¿Con qué propósito ....?
  Con el propósito de aliviar la situación de los expatriados después de la Segunda Guerra Mundial.
4 ¿De dónde ....?
  De Cuba, de Irán y de Polonia.
5 ¿Dónde ....?
  En Madrid.
6 ¿Qué se necesita ....?
  Pasar la frontera, evitar ser deportado una vez en el país y obtener un permiso de residencia.
7 ¿En qué condiciones ....?
  Sin dinero ni documentación y con un futuro incierto.

D Traduce al inglés la última parte del artículo, "El gendarme de Europa".

4.5 *Gitanos en España*

Son la mayor minoría de España – más de 500.000 gitanos, casi la mitad en Andalucía, que sufren marginación, discriminación y racismo, según un informe de una subcomisión del Congreso. El siguiente artículo comenta el informe.

Un informe del Congreso revela que el 95% de la población chabolista de España es gitana

El informe es más descriptivo que resolutivo. Y dibuja un panorama preocupante, sobre todo en relación a los gitanos más pobres, los que habitan casi todas las chabolas que se levantan en España. Ese grupo, con problemas "acuciantes", ronda el 10% de la población gitana. Se trata, pues, de unos 50.000 españoles que no tienen garantizadas unas mínimas condiciones de vida.

El texto señala que este sector de la población gitana tiene una menor esperanza de vida, sobre todo sus mujeres, y sufre en mayor medida algunas enfermedades, se alimenta de forma inadecuada, carece de una cobertura total de vacunación y envejece de forma prematura.

La población gitana integrada "no tiene mayores problemas", subraya Amparo Sánchez, de Médicos del Mundo. Es la población chabolista e itinerante –gitanos de Rumania o Portugal o aquellos que trabajan como temporeros– la que presenta un estado de salud "deplorable", comparable al de las poblaciones de los países en vías de desarrollo, según Sánchez. Un estudio sanitario representativo de este grupo

realizado por esta organización en España, Francia y Grecia constata que las gitanas que viven en chabolas mueren entre los 49 y los 61 años. La esperanza de vida de la población femenina general es de 85 años, según la Organización Mundial de la Salud.

Tanto Sánchez como la responsable del área de salud del Secretariado General Gitano, Patricia Bezunartea, coinciden en que estos problemas sanitarios se deben más a las condiciones de vida –sin agua, electricidad o calefacción– que a razones culturales o étnicas. Las chabolas habitadas por los gitanos no tienen más de 50 metros cuadrados y en ellas vive una media de 5,4

miembros, según el informe. Los gitanos que han dejado estas barriadas para integrarse, por ejemplo, en viviendas sociales, tampoco están libres de problemas. El texto critica de modo velado la forma en que se han llevado a cabo muchos realojamientos de esta población marginada. La concentración de viviendas sociales en determinados barrios, dice, impide "una auténtica integración". Eso, sin contar que muchas de estas viviendas son de baja calidad, y su deterioro, por lo tanto, más rápido.

El acceso al empleo es otra barrera para buena parte de los gitanos, el 40% de los cuales está en edad laboral, según el Secretariado General Gitano. Su falta de formación les

impide, sin embargo, competir en el mercado laboral. La mayoría se dedica a la venta ambulante, la recogida de chatarra o son temporeros en Extremadura, Murcia y Andalucía, profesiones *tradicionales* que están en recesión. Para los autores del informe, el hecho de que muchos gitanos se resistan a trabajar para otros les margina de su entorno social.

Para realizar su trabajo, los diputados de la subcomisión para el estudio de la problemática del pueblo gitano se han basado en las comparecencias de más de 20 miembros de asociaciones gitanas y expertos de diversa índole. La disolución de las Cortes ha impedido que acabaran el trabajo con propuestas concretas. El informe, de 53 páginas, sólo apunta algunas sugerencias genéricas, como "impulsar el acceso a una vivienda digna", reforzar los programas de apoyo y seguimiento escolar o adoptar "medidas contundentes" para luchar contra el racismo antigitano. Y una petición: que los próximos diputados elegidos terminen el trabajo empezado ahora.

A Elige la opción correcta para definir cada palabra.

1 acuciantes
 a agobiantes   **b** muy graves   **c** de poca
                                                  importancia

2 itinerante
 a fija   **b** sin domicilio   **c** sin casa
                            estable

3 constata
 a indica   **b** niega   **c** discute

4 barriadas
 a conjunto de casas **b** zonas pobres de   **c** zonas residenciales
                             la ciudad

5 deterioro
 a abandono   **b** mejora   **c** mantenimiento

6 entorno
 a grupo   **b** ambiente   **c** clan

7 comparecencias
 a declaraciones   **b** preguntas   **c** previsiones

8 contundentes
 a a largo plazo   **b** confusas   **c** determinantes

B ¿Cuáles son las expresiones del texto que se corresponden a las siguientes expresiones en inglés?

1 The report is more descriptive than constructive.
2 shows a "deplorable" state of health
3 agree in as much as...
4 The text criticises in no uncertain terms the way in which many relocations were carried out.
5 Access to employment is another difficulty for a large proportion of gypsies.
6 Their lack of education makes it difficult for them to compete in the labour market.
7 The fact that many gypsies are unwilling to work for other people distances them from the community.
8 The report only makes a few general suggestions.

C Toma notas sobre los siguientes aspectos de la vida de los gitanos y sus problemas:

• descripción del grupo social
• esperanza de vida
• condiciones de vida
• medidas y programas institucionales para hacer que se dé una integración real

D *Trabajo escrito*

Trabajando con un(a) pareja, imagina que sois dos representantes de la Unión Romaní y que vais a escribir al Presidente del Gobierno para explicarle las propuestas que tiene vuestra comunidad para conseguir una integración de los gitanos en la sociedad.

Prepara una lista de propuestas y escribe la carta.

¡EXPRÉSATE!

Trata de utilizar estas frases en tu carta:

En primer lugar...
Ante todo...
En segundo lugar...
Por último...

4.6 *Racismo en Almería*

Como en muchas otras sociedades multiculturales, existe racismo, y se ve a los inmigrantes como la causa de problemas sociales. Por eso son a menudo explotados o excluidos, algunas veces con violencia.

Blanco sobre negro

El trabajador africano agredido en el bar de La Mojonera sufrió las iras de dos españoles, uno de los cuales estaba borracho, según los testigos del suceso. El herido necesitó asistencia médica en el hospital, donde se le curó de un silletazo que le abrió la cabeza y de los golpes y patadas que recibió, ante la indiferencia de los presentes. Los testigos consintieron, además, que los agresores incendiaran el ciclomotor de la víctima. El altercado terminó sin más daños porque los autores, sobre los que no pesa denuncia alguna, consideraron que el guineano no había hecho, en realidad, nada malo.

Este suceso y la petición de firmas que realizan vecinos de las barriadas de Tarambana, Balanegra y Cuatro Vientos, pedanías de El Ejido, han colocado a los almerienses en la lista negra de los sospechosos de racismo. El alcalde de El Ejido, el diputado socialista Juan Callejón Baena, se ha visto obligado a comunicar al gobernador la sensación de inseguridad ciudadana que, según los firmantes –unas 200 personas, por el momento–, se está consolidando por culpa de los extranjeros.

Explotación

La explotación que sufren los inmigrantes ilegales a manos de los pequeños productores es una verdad a medias, según el sacerdote Juan Sánchez, miembro del equipo Almería Acoge, un grupo formado por profesionales de la sanidad, el derecho y la asistencia social con el fin de prestar ayuda a los inmigrantes sin recursos. "Todo depende de la buena voluntad del contratador, que, aunque sabe que los extranjeros necesitan el trabajo, también es consciente del riesgo que corren de ser sancionados".

El racismo es una realidad que, por el momento, no se ha traducido en acciones violentas reiteradas. "La agresión de este emigrante fue un caso extremo. En realidad, la discriminación racial hay que buscarla en la prohibición para entrar en algunos locales, en la presión familiar para que una joven no salga con hombres de color, en la legislación laboral que prohíbe la contratación de extranjeros, cuando hay españoles en paro que no quieren trabajar en los invernaderos", afirma Sánchez.

Ésta es la queja de los extranjeros que llegan a la asociación. La pobreza extrema, la falta de higiene y la negativa de los propietarios a alquilar viviendas a trabajadores extranjeros son rasgos definitorios de la situación. La misma asociación filantrópica se encontró sin local en Roquetas cuando el propietario, con el que habían pactado las condiciones, se echó atrás al saber que iba a ser destinado a un centro de atención a los inmigrantes.

Tras la conclusión del Ramadán, el pasado mes de abril, muchos musulmanes no han regresado a Almería. Juan Sánchez cree que ahora hay menos extranjeros que antes y denuncia a quienes están pidiendo firmas para echar a los marroquíes. "Que yo sepa, no ha habido ni una sola denuncia por violación, como dicen los vecinos. Lo que pasa es que no les gusta ver a gente pobre y sucia viviendo al lado de sus casas, pero la solución no está en echarles sino en ayudarles a integrarse."

El interés de los medios de comunicación por la situación de los inmigrantes ilegales ha motivado una *limpia* de los lugares a la vista del público como los puentes de la N-340 bajo los que viven en condiciones infrahumanas marroquíes y argelinos.

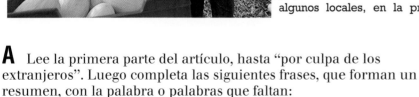

A Lee la primera parte del artículo, hasta "por culpa de los extranjeros". Luego completa las siguientes frases, que forman un resumen, con la palabra o palabras que faltan:

Uno de los agresores **1** .... demasiado alcohol. El agredido tuvo **2** .... hospital. Los que **3** .... el suceso no **4** .... nada para ayudar al agredido. La paliza que **5** .... el africano no fue **6** .... por provocación alguna de su parte. Unas doscientas personas han **7** .... una petición **8** .... la presencia de gente de color. El alcalde de El Ejido ha **9** .... informar al gobernador de los sentimientos de **10** .... de sus ciudadanos.

B Traduce al inglés el primer párrafo del artículo, hasta "no había hecho, en realidad, nada malo".

C Ahora lee la segunda parte del artículo, desde "La explotación". Haz una lista, en español, de los problemas que encuentran los inmigrantes ilegales.

D En el siguiente resumen del artículo faltan varias palabras.
Complétalo con una palabra en cada espacio.

La paliza sufrida hace unos días por un **1** .... guineano a
2 .... de dos parroquianos de un bar de La Mojonera, en el **3** ....
almeriense de Roquetas de Mar, es una muestra de las crecientes
4 .... que sufren los trabajadores **5** .... africanos que cada año
6 .... a sacar adelante las millonarias cosechas de los invernaderos
de Almería. Los vecinos **7** .... a los africanos de la inseguridad
8 .... y han promovido una recogida de firmas para pedir su
9 .... La **10** .... no respalda las acusaciones, ya que en los
11 .... tres meses tan sólo se han registrado cuatro **12** .... contra
extranjeros.

CONSOLIDACIÓN

Estudia: Present continuous, p. 200

Traduce las siguientes frases al español. Ve con cuidado porque a veces el tiempo verbal cambia al traducir del inglés al español.

1 People are getting worried.	**5** The man is leaving the village tomorrow.
2 They are hitting him!	**6** Neighbours are talking to the mayor in his office...
3 Insecurity in the streets is becoming a problem.	**7** ...and they are trying to reach an agreement.
4 They are working in that field there.	

CONSOLIDACIÓN

Estudia: Imperfect subjunctive, p. 204

1 Traduce las siguientes frases al inglés:
  a Los testigos consintieron que los agresores incendiaran el ciclomotor de la víctima.
  b El juez le aconsejó que se olvidara de lo ocurrido.
  c Sus amigos le dijeron que se fuera del pueblo.
  d El alcalde sugirió que no contaran nada a nadie.
  e La asociación pidió que se castigara a los culpables.
2 Ahora, haz una lista de todos los subjuntivos que aparecen en el ejercicio anterior y pásalos a 1ª persona del singular y 1ª y 3ª del plural.

Por ejemplo: incendiaran – incendiara/ incendiáramos/incendiaran

---

4.7 *Vivir en España como extranjero*

Un grupo de jóvenes hispanoparlantes habla sobre la vida en España como extranjero. ¿Cuáles problemas enfrentan los inmigrantes? Escucha la conversación y completa la tabla para indicar sus opiniones.

Su opinión sobre . . .		Positiva	Negativa
vivir en España en general	*Ejemplo:*	✔	
la gente			
el racismo			
hablar español			
la actitud de los españoles hacia los magrebíes			
la contribución de los inmigrantes a la economía del sur			
la actitud de los españoles hacia los gitanos			
la actitud actual de la prensa hacia los inmigrantes			
la actitud en España hoy en día			
la contribución cultural de los inmigrantes al país anfitrión			
la gente de la ciudad			
la actitud de algunas empresas hacia los inmigrantes			
los inmigrantes en general			
los españoles y la religión			
la educación religiosa de los niños			
la actitud de la iglesia católica			

4.8 *Inmigrantes repatriados*

Hasta dos centenares de inmigrantes procedentes del Magreb llegan ilegalmente cada semana a las costas andaluzas. No todos los que quieren trabajar en España logran llegar sin ser interceptados por la policía.

Los "espaldas mojadas" del Estrecho

La semana comenzó esta vez en Almuñécar (Granada), donde la Guardia Civil sospecha que además de los 65 inmigrantes marroquíes detenidos el martes tras desembarcar clandestinamente en el paraje de El Muerto, en la playa del Cotobro, un número indeterminado de *espaldas mojadas* logró huir y se encuentra en las inmediaciones. Los detenidos fueron repatriados tras permanecer 48 horas en una escuela hogar cedida por el Ayuntamiento de Motril. En Granada también fue noticia que 51 magrebíes estén aún dados de alta en el censo sin tener el permiso de residencia.

Las costas granadinas no son un lugar que escojan con frecuencia los inmigrantes ilegales para desembarcar. Las tres pateras que llegaron desde Nador a Almuñécar burlaron la vigilancia de la Marina y desembarcaron en la playa del Cotobro. La presencia de los marroquíes fue detectada por la Policía Local, que los sorprendió merodeando por Almuñécar. Los agentes lograron la detención de 21 personas y alertaron a la Guardia Civil que detuvo al resto de los inmigrantes ilegales a lo largo del martes siguiente. Era la primera vez que un número tan alto de personas se aventuraba a cruzar el Estrecho por esa zona.

A la costa de Almería llegaron sólo en esta semana un centenar de marroquíes a bordo de dos pateras que fueron descubiertas por la Guardia Civil. Sin embargo, sólo la mitad ha sido repatriada porque el resto logró penetrar hacia Cataluña.

Los dos casos de esta semana se suman a la media docena de este verano, pródigo en desembarcos en los 60 kilómetros del litoral del sur de Almería. Unos 300 hombres lograron llegar y, ya en tierra, corrieron distinta suerte.

Lo cierto es que el control del litoral parece ineficaz. Ello se constató el miércoles cuando llegó a Punta Enginas una patera con 55 magrebíes que había sido detectada el día anterior por un avión de la Fuerza Aérea española. El aviso no impidió el desembarco y que más de la mitad de los ilegales consiguiera su propósito de entrar en España.

Fuentes del Gobierno Civil de Almería reconocen la existencia de presiones por parte de las autoridades comunitarias para frenar la entrada de esta mano de obra. La policía de Almería constató esta semana que el destino inicial es Cataluña, donde ya trabajan otros marroquíes cuyas señas han aparecido en los bolsillos de los detenidos.

El litoral gaditano no fue a la zaga. Un total de 15 magrebíes, el martes en Barbate, y 28 más, el jueves en Algeciras y Tarifa, se sumaron a la lista de detenciones. Sólo en los Gobiernos civiles de Cádiz, Málaga y Almería se han cursado este año expedientes de repatriación a 772, 606 y 193 extranjeros, respectivamente.

En el Poniente de Almería se realiza un censo a cargo de organizaciones humanitarias que han comenzado a presentar documentaciones de extranjeros ante el Gobierno Civil para su tramitación. Las listas superan el millar de africanos en condiciones de demostrar una relación laboral fija y un domicilio estable.

La Costa del Sol es uno de los destinos más atractivos para estos inmigrantes por las relativas facilidades de trabajo

que se supone pueden encontrar. Según estimaciones del Gobierno Civil de Málaga, se calcula en 8.000 el número de extranjeros ilegales en la zona. En los primeros ocho meses del año se ha expulsado a 606 ciudadanos extranjeros en situación ilegal, de los que 391 procedían de Marruecos.

La mano de obra barata provoca además situaciones de fraude laboral en algunas empresas como la detectada hace cuatro meses en Málaga. Dos funcionarios del Ministerio de Trabajo tramitaron ilegalmente en los últimos cinco años el permiso de trabajo a unos 4.000 extranjeros empleados de una empresa británica.

La mayoría de los ciudadanos magrebíes que llegan a Málaga se convierten en vendedores ambulantes por las playas, con la esperanza siempre de encontrar algún trabajo mejor y de legalizar su situación. La mayoría se muestran recelosos y sólo se atreven a hablar con las personas que ellos eligen como clientes.

Las primeras palabras que aprenden a pronunciar en castellano son "bonito, barato", que repiten en continua retahíla entre los chiringuitos de las playas. Muy pocos son los que se atreven a hablar de su situación, y cuando lo hacen, en raras ocasiones suelen reconocer que el motivo de su emigración haya sido la penuria, aunque se hayan jugado la vida en el intento.

A Las siguientes frases, divididas en dos mitades, resumen la primera parte del artículo, hasta, "su propósito de entrar en España". ¿Las puedes emparejar correctamente?

1 La Guardia Civil...
2 Los inmigrantes capturados...
3 Los inmigrantes ilegales...
4 Unos cien marroquíes...
5 Las medidas tomadas por las autoridades...

a ...han sido repatriados.
b ...no han sido capturados.
c ...no han tenido gran éxito.
d ...no sabe cuántos inmigrantes ilegales hay en el país.
e ...a menudo no llegan a esta región.

B Lee la segunda parte del artículo, desde "Fuentes del Gobierno Civil" hasta "una empresa británica". Ahora, explica con tus propias palabras en español lo que significan las siguientes frases y expresiones.

1 Frenar la entrada de esta mano de obra.
2 El litoral gaditano no fue a la zaga.
3 Se sumaron a la lista de detenciones.
4 Por las relativas facilidades de trabajo que se supone pueden encontrar.

C Traduce al inglés los dos últimos párrafos del artículo, desde "La mayoría de los ciudadanos magrebíes".

D Escucha el reportaje de radio y nota la siguiente información.

1 ¿Cuántas personas fueron interceptadas?
2 ¿Cuál fue su nacionalidad?
3 ¿Dónde los interceptaron?
4 ¿A qué hora fueron interceptadas?
5 ¿Dónde se escondían?
6 ¿Ofrecieron resistencia a la policía?
7 ¿Cuál fue la duración del viaje?
8 ¿Por qué estaban los inmigrantes ilegales decepcionados?
9 ¿Qué les sucedió?

CONSOLIDACIÓN

Estudia: Adverbs, p. 192

1 Completa estas frases con adverbios de la lista.

a .... no se han dado casos de racismo en Sta. Rosa del Camino, pero pueden darse en el futuro.
b .... de trabajo, necesitan comprensión.
c Los inmigrantes .... piden tolerancia, nada más.
d Allí .... van, encuentran prejuicios y discriminación.
e Muchos inmigrantes entran en el país ....
f Oficiales corruptos han tramitado permisos de residencia ....
g .... había creído que en España había .... racismo que en otros países, pero seguramente estaba equivocado.
h .... a ...., ganaremos la batalla contra el racismo.

además aún clandestinamente donde ilegalmente menos poco siempre sólo

2 Clasifica los adverbios del ejercicio anterior. Incluye, además de los de la lista, los que se encuentran en las frases a–h.

De tiempo	De modo	De lugar	De cantidad	De afirmación, negación o duda

CONSOLIDACIÓN

Estudia: Perfect subjunctive, p. 204; Object pronouns, p. 194

Completa las siguientes frases, poniendo las palabras entre paréntesis en la posición y forma correctas. Si es apropiado, usa el pronombre en vez del sustantivo.

1 Aunque clandestinamente en el país, no se considera un criminal. [entrar]
2 No digas nada hasta que el escándalo. [pasar]
3 Cuando, podrás marcharte. [decir/a nosotros/la verdad]
4 No veo mi coche. Temo que alguien. [robar/mi coche/yo]
5 Aunque, no debes perder las esperanzas. [en el pasado/fracasar]
6 El debate se acaba de terminar. Es una pena que [vosotros/perder/el debate]

4.9 *Necesitamos inmigrantes*

Es un error considerar la inmigración simplemente como un "problema". Un estudio reciente de la ONU destaca la necesidad de extranjeros para mantener la población activa de España y de otros países europeos.

La UE necesitará 159 millones de inmigrantes haste 2025

La División de Población de la ONU ha destacado que los países desarrollados necesitarán inmigrantes para mantener la actividad laboral. Según sus datos, anticipo de un informe que saldrá a la luz en marzo con el título *Migraciones de sustitución: una solución para los países con poblaciones en declive*, la Unión Europea (UE) tendrá que admitir 159 millones de inmigrantes hasta el año 2025 si quiere compensar el descenso de la natalidad y contar con la población activa necesaria para mantener el nivel de vida y afrontar los gastos sociales que generarán los jubilados.

La inmigración ya aporta a la UE más habitantes nuevos que la natalidad. Según datos recién publicados por Eurostat, el año pasado la población de la UE creció en cerca de un millón de habitantes (10,26%), hasta alcanzar 376,4 millones; casi tres cuartas partes del aumento se debieron a la inmigración. De hecho, el año pasado la UE registró el crecimiento natural más bajo desde la Segunda Guerra Mundial: tan solo 266.000 nacimientos más que defunciones. En cambio, el saldo migratorio, positivo, fue de 717.000 personas, muy superior al del año precedente.

Dentro de la UE, es notable el caso de España. Por tener la tasa de fecundidad más baja de la UE y quizá del mundo (1,07 hijos por mujer), necesitará acoger 12 millones de inmigrantes de aquí al año 2050, es decir, una media de 240.000 inmigrantes por año, y en la actualidad el cupo establecido es de 30.000. Al estado de la demografía española se refirió Joseph Chamie, director de la División de Población de la ONU: "En estos momentos, en Europa, la media es de cuatro o cinco personas en activo por jubilado; dentro de 50 años serán dos por jubilado, y en España, 1,4." Si persistiera la tendencia actual, en 2050 España tendría la sociedad más vieja del mundo, con una edad media de 54,3 años.

Ante esta situación, señala el informe, los países tendrán que plantearse dar la ciudadanía a los inmigrantes. Pero los autores son conscientes de que una inmigración tan fuerte como la demográficamente necesaria no es fácil de vender a los electorados. Como dice Joseph Grinblat, jefe de estudios de Mortandad e Inmigración de la División de Población y uno de los redactores del informe: "Europa no puede asumir tal cantidad de inmigrantes. Es políticamente peligroso y socialmente inaceptable. Pero la inmigración se producirá de todas formas, aunque sin llegar a esas cifras."

El informe estima que los países occidentales también habrán de cambiar el tipo de trabajadores inmigrantes que acogen si quieren mantener su nivel económico y social. No bastará con recibir sólo a los de baja cualificación – como son la mayoría de los que entran ahora – que ocupan empleos que no quieren los nacionales. La carestía de profesionales cualificados que se avecina también tendrá que ser remediada con extranjeros.

A   Lee este artículo y nota, para cada una de las siguientes frases, si es verdadera (V), falsa (F), o si no se dice (N).

1 La pobreza de ciertos países se destaca.
2 La UE admite que tendrá que compensar a los países pobres.
3 En la UE hay más inmigrantes que recién nacidos.
4 El año pasado más personas en la UE nacieron que murieron.
5 Los españoles tienen menos niños que todos los otros europeos.
6 En España hay actualmente menos trabajadores que jubilados.
7 Los jóvenes españoles de hoy serán los europeos más viejos del medio siglo.
8 Todos los inmigrantes serán bien cualificados.
9 Solamente se acogerá a los inmigrantes bien cualificados.
10 Faltan extranjeros cualificados.

B   Explica con tus propias palabras en español las siguientes frases que se encuentran en el artículo.

1 para mantener la actividad laboral
2 el descenso de la natalidad
3 tres cuartas partes
4 los jubilados
5 la carestía . . . que se avecina

C   Escucha la entrevista sobre la inmigración y después, lee la siguiente carta que alguien ha enviado a un periódico.

> Muy señor mío,
>
> Acabo de escuchar una entrevista en la radio con un oficial de la ONU que trataba de justificar la inmigración extranjera en nuestro país. Creo que se equivoca. Ya sé que, hoy en día, no es admisible criticar a los de un origen étnico diferente, pero creo que ellos hacen daño a la sociedad. Nuestro país no puede soportar esta invasión económica. Quisiera saber lo que piensan sus lectores.

Después de escuchar la entrevista, y de leer esta carta, contesta a la carta, señalando los aspectos positivos de la inmigración.

4.10 *Tan distintos ... pero tan iguales*

Cada vez más gente vence la hostilidad social y mantiene relaciones con un hombre o una mujer de un grupo étnico distinto.

Cuando el amor no tiene fronteras

«En mayor o menor medida, la mayoría de la gente es racista. Lo que ocurre es que en este país casi nadie lo reconoce», dice **Alberto González**, un fotógrafo español de 26 años, novio desde hace dos años de **Ouafaa Atour**, una joven musulmana. Ella nació al sur del Estrecho, en Larache (Marruecos) y sabe que el color cobrizo de su piel y sus rasgos, inequívocamente magrebíes, son un pasaporte seguro a la discriminación. ¿Hay racismo en España? La pregunta casi le suena a sorna, y su lacónico «sí» no deja lugar a dudas. «Me he llevado muchas desilusiones con gente en la que creía poder confiar y que, tras una discusión, han acabado diciéndome 'vete a tu tierra, todos los moros sois iguales',» dice Ouafaa. «No entiendo cómo un país como España, con toda una tradición de emigrantes, puede tratar mal y discriminar a los inmigrantes. A la gente le falla la memoria». Ouafaa llegó a España hace ocho años con la intuición de que aquí encontraría las oportunidades que en Marruecos, y más siendo mujer, tanto escaseaban. A sus 26 años reconoce que muchos de sus sueños se han quedado en el camino.

Conoció a Alberto en una discoteca madrileña. El intercambio de teléfonos de aquel primer encuentro sirvió para que unos días más tarde concertaran una cita para ir al cine ... Juntos han pasado ya dos años «en los que hemos aprendido mucho uno del otro, y de nuestras respectivas culturas», dicen. La religión, que *a priori* se podía haber presentado como una barrera a franquear, no fue un obstáculo para ellos. «En el fondo tenemos la misma creencia de que **existe** un solo Dios. Que ella lo llame de una manera y yo de otra es simplemente una cuestión de nombres», comenta Alberto. Quizá la única gran diferencia entre ellos, religiosa y cultural, se dé durante el Ramadán, período de abstinencia que Ouafaa cumple a rajatabla. «Pero no es problema —insiste Alberto—. Yo lo acepto y me adapto. Si durante esos días, desde que sale el sol hasta las siete de la tarde, sólo puedo besarla en la mejilla, pues sólo la beso en la mejilla ...» La ceremonia de la boda —ya lo han decidido— será por los dos ritos: católico y musulmán.

A **Enrique Otaka**, un comerciante japonés establecido en España desde hace 20 años, tampoco le ha supuesto ningún problema tener que variar algunas de sus costumbres; al contrario, ahora está muy contento de haberlo hecho. «En los países orientales se vive para trabajar, con la mentalidad puesta en ganar dinero —dice—. Aquí he tratado de cambiar esa dinámica para disfrutar más del día a día. Y creo que lo he conseguido.»

"A mis padres no les gustó, pero ya lo han aceptado"

Parte de la culpa de este cambio la tiene **Montse**, la española a la que conoció hace 18 años en la universidad. «Lo nuestro no fue un flechazo. La primera vez que le vi no me llamó la atención, pero empezamos a quedar y acabamos saliendo», recuerda ella. Un año y medio después de aquella primera cita en el campus se casaron. «La verdad es que mis padres no se tomaron demasiado bien al principio que me casara con un extranjero que, además, era de otra raza —confiesa Montse—. Pero con el tiempo no les ha quedado más remedio que aceptarlo.» Y añade Enrique: «Bueno, son cosas que pasan ... Supongo que no serán los únicos padres que opinen así. Seguro que cualquiera preferiría que su hija o hijo se casara con una persona de su país.»

Hoy, Enrique y Montse tienen dos hijos, y aunque sus ojos delatan sus raíces orientales, se sienten completamente españoles.

A Lee la primera parte del artículo. Identifica a quién se refiere cada una de las frases siguientes – a Alberto, a Ouafaa, a Enrique, a Montse – o a ninguno de ellos.
¿Quién...

1 ...prefiere la mentalidad española a la de su país natal?
2 ...tuvo problemas por causa de la religión?
3 ...ha recibido abusos verbales, de sus supuestos amigos?
4 ...dice que en su país no es común salir con una persona de otra raza?
5 ...no prestó atención a su pareja cuando se conocieron?
6 ...esperaba encontrar más posibilidades en España que en su país?
7 ...tuvo que aguantar la desaprobación de sus padres?
8 ...respeta la religión de su pareja?

B Lee otra vez la primera parte del artículo. ¿Cómo se dicen las siguientes frases y palabras?

1 la gente olvida pronto el pasado
2 estrictamente
3 más o menos
4 ya no tiene los sueños de antaño
5 amor a primera vista
6 sus ojos muestran que uno de sus padres es asiático
7 le parece que están intentando burlarse de él/ella

C Lee la segunda parte del artículo, la que trata de Patricia y Manolís, y traduce al español el siguiente texto.

Patricia and Manolís aren't married but they have lived together for six months. They know that they might not be together for ever, so they live intensely for the present.

Because Manolís does not have much contact with his parents, he has not yet told them that his girlfriend is of a different race, but he thinks they would understand. Patricia's parents, however, are delighted because in her country racial mixing (with whites) is viewed favourably by the mulatto community.

According to a report, there is more racism amongst young people nowadays than before, but Patricia says that she has not suffered from it personally and does not have that kind of problem with the people she knows.

Patricia y **Manolís** no tienen hijos (por el momento): ni siquiera se han casado. Él tiene 26 años y es griego; ella, de piel mulata, vino al mundo en Colombia hace 32 años.

Una fiesta, hace casi dos años, fue el punto de partida de esta pareja. «Somos realistas y pensamos que quizá, ¡quién sabe! no estemos juntos en el futuro, pero vivimos el presente con total intensidad», dicen Patricia y Manolís. Aunque el mañana les parezca incierto, desde hace seis meses viven bajo el mismo techo. «Mis padres no saben todavía que vivo con una mujer de otra raza», confiesa Manolís. «Pero no es porque yo crea que son racistas y no vayan a entenderlo; es, simplemente porque no tengo demasiado contacto con ellos.» Los padres de Patricia, sin embargo, sí conocen esta unión, y están realmente encantados.

Miedo al racismo que va creciendo en nuestro país

«En Colombia la mezcla de razas es muy normal —nos aclara Patricia—. Además en la comunidad mulata está muy bien visto eso de casarse con personas de piel blanca. Y la verdad es que yo creo que, en cierta forma, esto también tiene un trasfondo racista.» Según revela un informe realizado recientemente, crece la actitud xenófoba (rechazo al extranjero) y racista (odio a personas de diferente raza) entre los jóvenes. Ésta es la realidad, y así es nuestra sociedad; algo que a Manolís y a Patricia, que viven en España, puede afectarlos de una manera muy directa. «Sí, lo sé por lo que leo en la prensa y por los comentarios que oigo aunque la verdad es que yo no he sufrido personalmente ningún ataque racista. En los ambientes en los que yo me muevo y con la gente con la que voy no tengo problemas de este tipo», señala Patricia.

D De las parejas del artículo:

• ¿Cuáles crees que van a durar?
• ¿Qué crees que van a necesitar para conseguirlo?
• ¿Con qué problemas crees que se van a encontrar?

Cuenta tus opiniones en una grabación de uno o dos minutos. A continuación, intercambia cintas con tu compañero/a. Toma notas en español de lo que él/ella dice, sin parar la cinta; una vez terminada, cuéntale sus argumentos de acuerdo con lo que has escuchado. Para finalizar, invertid los papeles (él/ella te contará lo que tú has grabado).

CONSOLIDACIÓN

Estudia: Preterite, p. 200; Perfect, p. 202; Imperfect, p. 201; Present subjunctive, p. 203

Completa la siguiente tabla, subrayando las formas que aparecen en el texto (en la historia de Alberto y Ouafaa).

	Preterite	Imperfect	Perfect	Present subjunctive
nacer	<u>nació</u>	nacía	ha nacido	nazca
llevar				
creer				
acabar				
llamar				
dar(se)				

4.11 *Segunda patria*

Dos inmigrantes africanos hablan sobre sus experiencias como extranjeros en España.

NIUMA KOITE

Malí. 33 años. Empresaria

En la calle, en los rótulos de sus peluquerías se lee: "Afro-americano, rasta, extensiones, postizos". Dentro, varias chicas negras, con barrocos peinados, no paran. Un señor bajito y de pelo blanco entra a saludar: "¡Hay que ver, qué calentito se está aquí! Si hasta parece que uno está en el trópico. ¡Claro, con unas chicas tan guapas...!" En un momento ha lanzado todos los tópicos sobre las "negras calientes". Niuma aguanta el discurso.

Esta mujer de la etnia bámbara llegó a Madrid hace 14 años con una beca del Ministerio de Exteriores español. Estudió ciencias políticas y turismo. Después, el retorno y la adaptación a Malí, su país, ya no fue posible. "Allí me llaman 'blanca', lo que es sinónimo de egoísta." Hoy considera a España *una* de sus dos casas.

Niuma Koite es propietaria de tres peluquerías africanas en Madrid. "Cuando era estudiante aprovechaba los veranos para ir a París y hacer trenzas para el pelo. Después, como con mi carrera no encontraba trabajo, decidí iniciar mi propio negocio." En estos momentos su clientela está compuesta por un 40% de africanos y un 60% de norteamericanos, españoles y sudamericanos.

Divorciada y madre de una niña, Niuma se siente integrada en España. Pero no sabe adónde puede conducirle el destino. "Nunca he planeado todo lo que me ha ocurrido. Sin embargo, es cierto que siempre, esté donde esté, echo en falta Malí o España. Y, desde luego, la gente es mucho más feliz allí. Pero no me quejo."

ANTHONY SEYDU ZACHARIAH

Sierra Leona. 29 años. Músico

Nacido en Freetown, capital de Sierra Leona, ni las penalidades que sufrió en sus comienzos en Las Palmas de Gran Canaria, hace 10 años, ni las soledades en Madrid, le han apartado de su objetivo: hacer su música y que ésta llegue al mayor número de gente posible.

Seydu ha luchado lo suyo para conseguirlo. Tuvo que "apechugar", como él dice, y tocar en el metro y en la calle. Poco a poco se fue introduciendo y hoy es el percusionista de la banda que acompaña a Kiko Veneno. También tiene su propio grupo, Bámbara, donde canta y compone sus temas de inspiración africana. Seydu, que ha creado su propia familia en España,

manifiesta su intención de regresar a su país. "Cuando voy a Sierra Leona, siento como si respirara más. Me lleno de energía. Allí me siento libre de verdad. Las reglas del juego son diferentes y sé muy bien cómo manejarlas." Mientras, se muestra encantado de tocar con Veneno:

"Su música es muy acústica, con raíces. A Kiko le gusta lo autóctono, como a mí." No parece asustarle la crisis que atraviesa la industria discográfica ni las miles de bandas que intentan abrirse paso en el mercado español. "Soy consciente, pero me mantengo al margen."

A Las siguientes frases se refieren a los artículos pero están divididas en dos mitades. Complétalas y di a qué persona hace referencia cada una de ellas.

Ejemplo: 1c, Seydu

1 Ha tenido que ejercer su profesión...
2 Se siente tan cómodo/a en España como...
3 Siempre ha sido fiel a su objetivo...
4 No trabaja en lo que vino...
5 Quiere volver...
6 No se asusta ante el difícil clima económico...
7 Está contento/a...
8 Tiene...

a ...que afecta a su profesión.
b ...una clientela variada.
c ...en la calle.
d ...a estudiar en España.
e ...sin desanimarse.
f ...en su país.
g ...con lo que la vida le ha dado.
h ...a África.

B Lee los dos artículos, luego trabaja con un(a) compañero/a.

Persona A: Prepara por escrito cinco preguntas que el periodista le hizo a Niuma para ayudarse a escribir el artículo. Luego haz las preguntas a tu compañero/a, quien, sin mirar el texto, tiene que contestar como si fuera Niuma.

Persona B: Prepara por escrito cinco preguntas que el periodista le hizo a Anthony Seydu Zachariah. Haz las preguntas a tu compañero/a. Él/Ella tiene que contestar como si fuera Seydu.

4.12 *España e Inglaterra*

¿Cuáles son las diferencias de la vida de un extranjero en España y en Inglaterra? Escucha la entrevista y busca una frase que signifique...

1 más semejante a mis compatriotas
2 las personas son menos gregarias
3 la dificultad de hacerse entender
4 no molestan
5 encontré racismo
6 tienen ideas preconcebidas
7 la actitud racista no es tan evidente
8 te hablan directamente
9 después de haber superado las primeras dificultades
10 que representa las características de un habitante de España
11 encontrar un puesto
12 esas ideas preconcebidas y estereotípicas de una persona nacida en España

4.13 *La inmigración es una cuestión para todos*

¿Qué quiere decir, de verdad, ser un inmigrante? Cuando vivimos en nuestro propio país, tenemos una idea muy clara de nuestra identidad. Pero al ir a otro país, para vivir o trabajar, nos convertimos en . . . inmigrantes.

ARTÍCULO

20/12/99
LA INMIGRACIÓN NOS COMPROMETE A TODOS

a
¿Quién no ha sido inmigrante alguna vez, o quién está seguro de que nunca lo será? Creo que casi todos hemos tenido la sensación de ser extraños en algún lugar, aunque sea temporalmente, y nadie puede estar seguro de que, por motivos de trabajo, cambio de vivienda u otras circunstancias, no tenga que serlo alguna vez.

b
Parece un hecho irrefutable que la inmigración en esta aldea global, en la que empieza a convertirse el mundo, continuará creciendo. Las sociedades tienden a hacerse cada vez más interculturales, pluriculturales y multiétnicas. Y este trasegar de personas que vienen y van seguramente tendrá consecuencias en la vida social y cultural de las sociedades de acogida.

c
Situaciones de pobreza, de seguridad o de mejoramiento personal, obligan a muchas personas a dejar su país, su familia y sus afectos. Esto, huir de lo malo y perseguir lo bueno, es más un derecho que un privilegio. Pero emigrar tiene sus peligros.

d
El Movimiento contra la Intolerancia acaba de presentar el tercer Informe Raxen sobre violencia, en el que señala que desde julio pasado se han cometido en España 103 agresiones xenófobas y de violencia urbana. También la oficina de denuncias de SOS Racismo hace tiempo viene detectando el aumento de problemas en la convivencia en determinadas zonas.

e
No es sólo España. La ultraderecha y los movimientos racistas van en aumento en Europa. Así lo confirman el triunfo electoral de la derecha en Suecia, el terreno ganado por el movimiento de Le Pen en Francia y el crecimiento de frentes nacionales y nacionalistas que defienden la pureza de la raza y ven en los inmigrantes, sobre todo si son pobres, como un peligro de contaminación.

f
Como se decía en un editorial del periódico *La Vanguardia*, refiriéndose al caso de dos ciudadanos de Marruecos que han permanecido en una cárcel casi diez años sin ser culpables del delito del que se les acusaba: "el error judicial se produce con mayor facilidad cuando uno es pobre y magrebí".

g
Frente a este temor al diferente, a la discriminación racista, los biólogos aseguran que las razas son un fenómeno más cultural, político y económico que genético; sin contar que los prejuicios hacia los inmigrantes responden más a estereotipos mal fundados que a realidades ciertas.

h
En un mundo en el que las fronteras parecen diluirse y el intercambio cultural se hace, irremediable, pero afortunadamente, imparable, reconocer la diferencia como elemento de enriquecimiento social, defender la libertad para elegir y proteger la propia identidad e intentar conocer al otro, y crear más lazos de encuentro, nos ayudarán a sentir que el diferente no es un desconocido y a valorar lo positivo de su persona y de su cultura.

A Busca en el texto las palabras o frases que tienen el mismo
significado que las siguientes.

1 cierto
2 que no se puede negar
3 racistas
4 crecen
5 quedado
6 que viene de un país norteafricano

B Cada una de las siguientes frases se refiere a uno de los párrafos
del texto. ¿Puedes unir los números de las frases con las letras del
texto?

1 Se han dado pruebas del problema creciente del racismo.
2 Un mundo pluricultural ofrece muchas posibilidades.
3 No se trata a todos de la misma manera ante la ley.
4 Hay varios motivos para emigrar.
5 La dimensión del problema es mucho más grande.
6 Todo el mundo puede llegar a ser inmigrante.
7 No hay ninguna justificación científica para el racismo.
8 Es un proceso irreversible.

C Aquí tienes la continuación del artículo, pero faltan algunas
palabras. Elige una palabra adecuada para cada espacio en blanco.

Otros pasos **1** .... la integración intercultural pasan **2** ....
potenciar en la escuela la **3** .... intercultural; motivar a las
comunidades, asociaciones de barrio y cuerpos sociales **4** .... para
que a través de actividades de voluntariado **5** .... para reforzar las
6 .... de apertura, respeto y acogida; **7** .... fruto de un debate
social, establecer **8** .... claras a **9** .... de la integración, teniendo
presente que un texto legal **10** .... es suficiente.

actitudes	como	con	dimensión	es	favor	intermedios	internos	nunca
obras	para	pesar	policías	políticas	por	siempre	trabajan	trabajen

4.14 *Reacciones y redacciones*

Escribe 250 palabras sobre uno de estos temas. Tienes que referirte a
contextos españoles o latinoamericanos.

1 Describe la contribución de un(a) inmigrante famoso/a a tu país.
2 El artículo de la sección 4.13 termina con la siguiente opinión: "Las
fronteras entre países son un hecho artificial. El mundo es de todos."
¿Qué piensas tú?
3 "Los jóvenes de hoy son más racistas que sus padres." ¿Es verdad
o no?

unidad 5
Crimen y castigo

*E*n esta unidad vamos a examinar las causas y los efectos de varios delitos. ¿Qué conduce a la conducta antisocial o ilegal? ¿Está justificado echar la culpa a los padres? Vamos a examinar estos temas y otros.

En esta unidad vamos a consolidar tu conocimiento de los siguientes puntos gramaticales:

- pasiva (en perfecto) *(passive – perfect tense)*
- "por" y "para"
- pretérito pluscuamperfecto *(pluperfect)*
- imperativo *(imperative)*

5.1 *14 años – borracho; 16 años – enganchado a las drogas*

Los hábitos de los jóvenes españoles han evolucionado hacia el modelo anglosajón: consumo intenso de alcohol durante el fin de semana. Tomar unas copas es normal, pero en Galicia, un 7% de la población de entre 16 y 24 años ya sufre dependencia del alcohol.

Livia, médico del turno de urgencias de la localidad, ha detectado una sensible disminución en la media de edad de quienes llegan a la consulta con síntomas de intoxicación etílica. «Hay muchos de catorce años y hasta dieciocho son la mayoría», revela. Y, en proporción, más chicas que varones. Una circunstancia más atribuible, en opinión de Livia, a los «problemas sentimentales» que a la menor capacidad de las mujeres para asimilar el alcohol. El consumo de drogas entre adolescentes tampoco es ajeno al centro, donde no se les ha pasado por alto una posible conexión entre los camellos que operan en la localidad y el tráfico de estupefacientes relacionado con algún que otro club de alterne no demasiado lejano. «Alguna vez hemos ido allí a asistir a un herido de bala. Por aquí hay de todo», cuentan.

Con cierta frecuencia se produce un hecho revelador cuando los médicos intentan reanimar a un paciente joven y aparentemente borracho: «Si con la glucosa no mejoran, les aplicas la Nalosona, un antídoto para drogas y rápidamente se

levantan de la camilla, como si tuviesen un resorte.» Una situación tan dura como ésta es ignorada por la mayoría de los padres, que llegan al centro de salud con la cara a cuadros una vez avisados de que el chaval ha ingresado

con una moña de órdago. En ocasiones, la familia ni siquiera sabía que el chico estaba a veinte kilómetros de casa. «¿Mi hijo en Sada? ¿Pero qué me cuenta? Si salió a dar una vuelta al centro», es el monólogo que, con variantes, se escucha al otro lado del teléfono.

Los sábados por la noche es fácil encontrarse las cuatro camillas disponibles ocupadas simultáneamente. Y en verano, la playa es la camilla sobre la que

descansa más de uno el resto de la noche.

Ramón sabe lo que es pasar una noche al fresco. En realidad, sabe eso y mucho más. Sabe también el papel que cumple el alcohol en todo esto. «Para mí, la adicción a la bebida era el motor de todo lo demás. Salía para beber y tomaba drogas para mantener el ritmo frenético de una noche de juerga. ¿Comprar droga? Era muy fácil: en bares de Monte Alto o de Labañou que conoce muy bien la policía y si no, en el barrio chino. En cualquier ciudad de Galicia, éste es el sitio donde la encuentras con seguridad. Cuando me di cuenta estaba enganchado», revela. Ramón se explica con la naturalidad de quien está relatando una excursión por el campo o una tarde en el fútbol, pero en el fondo de sus ojos se adivinan los años de sufrimiento ya superado.

A Lee el texto y haz dos listas de las palabras que tratan…

1 del alcoholismo y de la droga
2 de los servicios de urgencia.

B Empareja las mitades para hacer frases correctas.

1 Los que han bebido demasiado alcohol…
2 Para los mayores de 18 años…
3 El número de chicas borrachas…
4 Los que venden drogas…
5 Los síntomas del alcoholismo…
6 Los padres, por lo general,…
7 En julio y agosto hay más jóvenes intoxicados…
8 Ramón empezó a tomar drogas cuando…
9 Es muy fácil encontrar drogas…
10 Para Ramón, tomar drogas…

a va en aumento.
b se parecen a los de la toxicomanía.
c que duermen en la playa.
d el problema no es tan grande.
e no le bastaba el alcohol.
f en ciertos barrios.
g son más jóvenes que antes.
h es algo que no es excepcional.
i se encuentran por todas partes.
j no saben lo que hacen sus hijos

C *Presentación oral*

¿Qué opinas tú de los jóvenes que beben demasiado alcohol? ¿Lo consideras normal o un delito? Si crees que es un problema serio, ¿qué se debería hacer para resolverlo? Prepara una presentación oral de tres minutos explicando tu opinión.

D Para terminar, traduce al español el siguiente texto, utilizando el artículo para ayudarte, si quieres.

On Saturday nights, many young Galicians, without their parents' knowledge, go out in order to get drunk with their friends in the town centre. When Ramón's mother, María, was informed by the police that her son had been found in a singles club buying drugs, she was horrified. She already knew that he liked to drink alcohol but had no idea that he was addicted to drugs, which he bought in the Chinese quarter near the city centre. Now Ramón's whole family is suffering.

5.2 *Castigos diferentes por el mismo crimen*

Hay países que adoptan una postura más dura que otros con respecto a los delitos relacionados con las drogas. Muchos turistas ignoran las estrictas leyes antidroga y se arriesgan a perder la libertad por un porro.

Diez años por un gramo de hachís

"Iba en moto por Goa (India) cuando me paró un control policial. Me dijeron que sabían que llevaba droga y que me iban a registrar. Me acordé entonces de mi amigo J. L., también español, y que, gracias a las 50.000 rupias (1200 euros) que tenía en el bungaló cuando le detuvieron, se libró de una buena estancia en un *talego* indio mediante soborno. Pero yo sólo llevaba encima 100 rupias. Abrí la mochila de cara al poli y conseguí despistar mi bolsa de *maría* entre las piernas y el equipaje."

A. F., un joven español, se salvó así de 10 años en una sórdida prisión de un país donde la mínima pena por posesión de drogas, aunque se trate de marihuana o hachís, es de 10 años. Sin embargo, en la India no suele ser difícil arreglar el problema si en el momento de la detención se lleva encima una buena cantidad de dinero.

Los guipuzcoanos Kepa Alberdi y Mikel Ubegun esperan en libertad provisional a que mañana, lunes, un tribunal de Kenia decida su suerte. Han sido detenidos supuestamente fumando un porro. Por su parte, tres chavales de la localidad madrileña de Getafe han sido condenados por llevar más de cinco gramos de hachís a 14 días de prisión y 130 euros de multa en Noruega. Finalmente, el Gobierno noruego ha decidido esta semana su expulsión, lo que les librará de la cárcel.

Otros miles de turistas españoles, repartidos por el mundo este verano, también pueden arriesgarse a situaciones peligrosas con las autoridades de sus destinos vacacionales a causa de su imprudencia y desconocimiento de la legislación sobre todo tipo de drogas en un país en concreto.

Y es que no es lo mismo fumarse un canuto de marihuana en un *coffee-shop* de Amsterdam, donde es legal la pertenencia —y venta por parte del local— de hasta dos gramos y se hace la vista gorda con cantidades algo mayores, que hacerlo en una playa de la India, donde la pena mínima por consumo es de 10 años; o de México, donde la primera consecuencia puede ser una paliza en comisaría.

La tolerancia con las drogas blandas que se observa en Holanda induce a confusión —y en algunos casos a detenciones— a centenares de jóvenes que en verano se lanzan por Europa en Interrail, y, pese a la supresión de las fronteras internas, se ven sometidos a cacheos en cuanto entran en territorio alemán, francés o belga. En estos países, la mera posesión de una pequeña cantidad de hachís es un delito, y con frecuencia los policías esperan a los viajeros que vuelven de Amsterdam bien cargados.

A Después de leer el artículo, decide en qué país...

1 se puede pagar para evitar ser condenado a la cárcel.
2 los acusados no saben lo que les va a pasar.
3 dos chicos han sido expulsados por tener drogas.
4 se permite llevar marijuana.
5 uno se arriesga a pasar al menos diez años en prisión por tomar marijuana.
6 uno se arriesga recibir golpes de la policía.

B Traduce al inglés el último párrafo del artículo.

C *Trabajo escrito*

Imagina que eres la persona de la foto. Escribe unas 250 palabras describiendo las circunstancias que te han conducido a la cárcel.

CONSOLIDACIÓN

Estudia: Passive (perfect), p. 206

Las siguientes frases aparecen en el artículo. Después de mirarlas, traduce las cinco frases de abajo al español.

Han sido detenidos supuestamente fumando un porro.

Tres chavales ... han sido condenados por llevar más de cinco gramos de hachís a 14 días de prisión.

1 He has been imprisoned for drug dealing.
2 They have been freed owing to lack of evidence.
3 She has been expelled from the country.
4 The foreigners have been treated badly in prison.
5 Their friends say that they have been subjected to searches.

5.3 *Drogadictos: ¿víctimas o criminales?*

¿Quién es responsable de las muertes trágicas causadas por la droga? Escucha el programa de radio y contesta a las preguntas.

1 ¿Qué le pasó al hijo de Andrea?
2 Describe su actitud hacia los traficantes.
3 ¿En qué trabaja Miguel?
4 Según Andrea, ¿qué se debe hacer con los traficantes?
5 ¿Cómo justifica Andrea su postura?
6 ¿Qué opina Miguel sobre los métodos drásticos?
7 ¿Qué solución propone?
8 Haz un resumen en español de la respuesta de Andrea.
9 ¿Cuál es la actitud de los jóvenes en general hacia la droga, según Miguel?
10 ¿Qué piensa Andrea de lo que propone Miguel?
11 ¿Qué quiere Miguel que hagan las autoridades?
12 ¿Cómo ve Andrea a los traficantes?

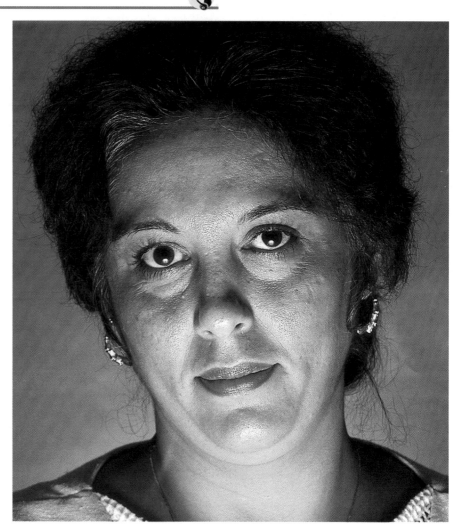

5.4 *La madre drogó a su bebé*

Las drogas pueden matar también a los que son incapaces de defenderse contra sus efectos. La muerte trágica del pequeño Maikel, ¿fue un accidente o un delito?

Nueve detenidos en Coria del Río por la muerte de un bebé de 18 meses por metadona

COLPISA SEVILLA

Nueve personas fueron detenidas en la localidad sevillana de Coria del Río por su presunta relación con la muerte de un bebé de 18 meses, fallecido el pasado mes de octubre. Tras el fallecimiento del pequeño Maikel, y al detectar los médicos que el niño estaba sano y no tenía ningún problema de salud aparente que le causase la muerte, la juez titular determinó la realización de una autopsia, cuyos resultados, conocidos recientemente, determinan la presencia de metadona en el organismo del niño.

Los hechos se remontan a finales del pasado mes de octubre, cuando Maikel falleció por causas desconocidas y repentinamente. Según declaró ayer el abuelo paterno del pequeño, Rafael Lozano, fue el padre del pequeño quien detectó que el niño no reaccionaba, y cuando lo llevaron al médico, éste determinó su muerte sin poder hacer nada por él.

Al determinarse que el niño no tenía ningún problema de salud previo, el médico aconsejó la realización de una autopsia. Los datos de la autopsia se conocieron hace unos días, lo que provocó la detención de nueve personas, todos ellos familiares del niño fallecido, los padres, varios tíos e incluso los abuelos. Todos ellos quedaron en libertad bajo fianza.

Droga en el biberón

La detención de los familiares del niño se produjo al determinar la autopsia que el fallecimiento de Maikel fue causada por una ingestión de metadona en el biberón del pequeño. Inicialmente, las investigaciones policiales apuntan a que no parece existir intención de matar al niño, aunque sí puede haberse producido algún tipo de imprudencia.

Según explicó ayer el abuelo paterno del niño, la madre, Claudia, no estaba enganchada a la droga y él no tenía conocimiento de que estuviese tomando metadona, aunque sí reconoció que alguno de sus hermanos tenía relación con el mundo de la droga. Los padres del niño, Claudia y Rafael, vivían separados después de mantener una relación de varios años con muchas dificultades, por la oposición de los padres de ella.

Rafael Lozano indicó que «nunca había tenido idea de la metadona», aunque sí apuntó su teoría sobre el fallecimiento del pequeño. Según explicó el abuelo, a la madre le gustaba salir por la noche y a veces suministraba al niño en el biberón gotas de un fármaco para facilitar el sueño. El abuelo asegura que desde que se produjo el fallecimiento del pequeño pensó que las gotas podían haber sido la causa de la súbita muerte de Maikel. La investigación continúa en marcha y la juez ha determinado el secreto del sumario.

A Lee este artículo y luego decide si las siguientes frases son verdaderas, falsas o no se dicen.

1 El bebé murió hace ya más de un año.
2 Los médicos se esforzaron en vano por salvarle la vida.
3 El bebé no había estado enfermo.
4 Fue detenida toda la familia de Maikel.
5 La autopsia duró mucho tiempo.
6 Se había mezclado la comida de Maikel con una droga.
7 Los padres de Maikel se habían divorciado.
8 La madre de Maikel no solía quedarse en casa con su hijo.
9 Claudia le daba pastillas para ayudarle a dormir.
10 El resultado de la investigación se sabrá pronto.

B *Trabajo escrito*

Describe en 150 palabras en cada caso lo que sucedió desde el punto de vista . . .

1 de Claudia (la madre)
2 del médico
3 de la juez.

C *Debate dirigido*

Discute el artículo con un(a) compañero/a. Cada uno tiene una opinión diferente sobre el comportamiento de la madre.

Persona A: Crees que fue un accidente. Te da mucho pena la madre, porque seguro que no sabía lo que estaba haciendo. Ahora debe estar deshecha.
Persona B: En tu opinión es una tragedia y hay que responsabilizar a los padres. Si tienes un bebé, no deberías estar involucrado/a en drogas.

CONSOLIDACIÓN

Estudia: "Por" and "para", p. 209

1 En el texto hay muchos ejemplos del uso de "por". Busca cuatro ejemplos y, para cada uno, explica por qué se usa "por" y no "para". Luego escribe cuatro frases parecidas.

2 Hay sólo un ejemplo de "para". Explica por qué se usa "para" aquí y escribe dos ejemplos más.

5.5 *"Soy el niño de la cárcel"*

En España, donde la edad penal se sitúa en 16 años, hay en estos momentos 75 menores purgando sus delitos entre rejas. *El Mundo* ha hablado con uno de estos «pequeños» reclusos.

MADRID – Javi es el perfecto adolescente. Tiene espinallas en la nariz y en lugar de bigote, una fina pelusilla le cubre el labio superior. Le gusta escuchar "bakalao" a todo volumen, montar en moto a gran velocidad, devorar pizzas con doble ración de queso, inflarse a hamburguesas y vestir ropa deportiva de marca. Pero Javi no es un chaval cualquiera: pasa su juventud encerrado en un presidio.

Javi es uno de los 75 menores de edad que actualmente cumplen condena en las cárceles de nuestro país. Porque en España, con 16 años ya se es lo suficientemente mayor para entrar en el trullo.

«Soy un niño porque soy un niño, pero soy más hombrecito que muchos de los que están aquí, en el módulo. Soy el niño de la cárcel pero tengo más cabeza que muchos», dice Javi, sacando pecho, desde el centro penitenciario Madrid II.

Y, tras esta aclaración, comienza a narrar su historia. «Estoy aquí por tres robos con intimidación», cuenta en voz baja, como si le diera vergüenza. «Y ya ves: por esos tres robos me han caído cuatro añitos, ¡cuatro añitos!», suspira.

Cuando Javi agarró el cuchillo y se lanzó a la calle a robar, era consciente de lo que se jugaba. «Sabía que podía ir a la cárcel», reconoce. «Pero por aquel entonces, yo me drogaba. Me metía coca, mucha, mucha coca», alega a modo de excusa. Aunque no puede evitar tirarse el rollo: «Yo sólo me he llegado a comer en una noche, con cuatro amigos, 50 gramos, ¡50 gramos!», recalca. «Pero ya no me pongo», se apura a precisar.

Javi es un niño con cara de niño, cuerpo de niño y pasado de adulto. «Aunque soy el más pequeño de la cárcel, yo siempre me he criado con gente mayor que yo. Mis compis de la calle tienen 20, 21 años. Yo siempre he vivido muy adelantado», dice dándose importancia. «Empecé a fumar porros con 11 años y coca ya me metía con 13», relata como si nada.

Padre ausente

«Heroína nunca me he puesto», asegura. «Yo paso del caballo, he visto muchos yonkis. Mi primo, por ejemplo, está en fase terminal por picarse.»

El jaco también dejó a Javi sin padre. «No trato con él desde los ocho años, cuando le di a elegir entre yo y la droga y eligió la droga», explica incómodo. «La coca engancha, pero la heroína arruina», sentencia en plan experto.

Javi dice que él ya no quiere drogas. Y no porque en la prisión no pueda encontrarlas: «Aquí hay heroína, porros, pastillas. Coca, no. Pero yo paso de la coca», afirma.

El niño de la cárcel jura que ya no se mete nada. «Antes de entrar aquí, en la prisión, yo ya había dejado la droga», confiesa. Y baja la voz y entra en detalles: «Verás: mi novia se quedó embarazada. Como iba a tener un hijo, pasé de la droga, porque después de lo que me ocurrió a mí con mi padre no quería repetir yo la misma historia con mi hijo. Aunque al final no tuve el hijo», relata con tanta candidez como crudeza.

¿Por qué? «Porque no. Yo soy un niño. ¿Y adónde va un niño con un niño? Lo pensamos y al final mi novia abortó.»

A Toma notas en español sobre:

- la apariencia de Javi y su carácter
- los delitos que ha cometido
- su actidud hacia la droga
- su situación actual.

B *Trabajo escrito*

Refiriéndote a tus notas del Ejercicio A, escribe en unas 250 palabras si estás de acuerdo o no con lo que han hecho a Javi.

¡Infórmate!

Delincuencia juveníl

Menores de 15 años
De un total de 1.359 delitos, 1.265 fueron cometidos por hombres y 94 por mujeres.
De 613 casos de fugas de menores, 304 fueron protagonizados por hombres y 309 por mujeres.
De 390 casos de reintegro de menores, 223 fueron hombres y 167 mujeres.
De 139 casos de jóvenes con antecedentes penales, 135 fueron hombers y el resto mujeres.
En establecimiento penitenciario han estado 24 hombres y solamente una mujer, de un total de 25 casos.
En establecimiento tutelar han estado un total de 90 jóvenes, 87 de ellos hombres y tres mujeres.
De 1.066 delitos, 997 fueron cometidos por hombres y 69 por mujeres, todos ellos con domicilio paterno.

Jóvenes de 16 y 17 años
De un total de 2.360 delitos, 2.227 fueron cometidos por hombres y 133 por mujeres.
De 438 casos de fugas de menores, 174 fueron cometidos por hombres y en 264 casos por mujeres.
De 221 casos de reintegro de menores, 79 fueron hombres y 142 mujeres.
De 407 casos de jóvenes con antecedentes penales, 399 fueron hombres y ocho mujeres.
En establecimiento penitenciario han estado 89 hombres y cuatro mujeres, de un total de 93 casos.
En establecimiento tutelar han estado un total de 156 jóvenes, 152 hombres y cuatro mujeres.
De 1.885 delitos, en 1.803 casos fueron cometidos por hombres y 82 por mujeres, todos ellos con domicilio paterno.

5.6 *Dos desapariciones*

Está claro que ciertos delitos son más graves que otros. Uno de los problemas que tiene la policía es cómo establecer el orden de prioridad.

A Escucha el informe, en lo que se cuenta lo que le ocurrió a una joven española, luego decide si las siguientes frases son verdaderas o falsas. Corrige las frases falsas.

1 Melisa vivía con sus padres desde hacía una semana.
2 Su familia no tardó en avisar a la policía de su desaparición.
3 El novio de Melisa nació en Mallorca.
4 Su novio cree saber dónde está Melisa.
5 Melisa había vuelto a Sevilla después de una disputa con su novio.
6 Mario conoce a Melisa.
7 Mario desapareció después de Melisa.
8 La policía sevillana se mantiene optimista.
9 Hay más personas que desaparecen en Sevilla que en la capital de España.
10 La mayoría de los desaparecidos vuelven poco después.

B Escucha otra vez, luego rellena los espacios en las siguientes frases.

1 La policía sevillana ……… la joven Melisa.
2 La muchucha ……… en Palma de Mallorca.
3 Ella tiene plena libertad en casa, y ……… y llevarse también sus cosas.
4 Mario Ruiz, de 26 años, ……… del pasado domingo.
5 El resto ……… la familia no notifica…

¡EXPRÉSATE!

Podrías utilizar estas expresiones:

Es cierto que…
Considero que…
Acepto que…
Yo no (lo) veo así.
Reconozco que…
Estoy totalmente en contra de (que)…

La Policía busca a Ynestrillas por robar pistola en mano en dos bares de Madrid

Suma y sigue. Ricardo Sáez de Ynestrillas no deja de complicarse la vida. Desde hace 48 horas las fuerzas del orden lo buscan intensamente como presunto autor principal de dos robos con violencia e intimidación en bares de copas del casco urbano madrileño.

Según las diligencias policiales, un grupo de tres hombres y dos mujeres entró a la una y media de la madrugada del miércoles al jueves en el pub «Todo Madrid», situado en el centro de la capital. Uno de ellos propinó un puñetazo a un empleado del bar y efectuó un disparo al aire. Mientras tanto, las dos mujeres agarraban fuertemente del pelo a la camarera para reducirla.

El relaciones públicas del local identificó en plena pelea entre los asaltantes al presidente de la Alianza por la Unidad Nacional, Sáez de Ynestrillas.

Uno de los individuos entró por detrás de la barra y se apoderó de 370 euros que había en la caja. Inmediatamente después, huyeron.

Antes habían asaltado otro local del que sólo habían podido sustraer 30 euros.

El hecho fue denunciado y la Policía difundió la matrícula del automóvil. Horas más tarde, era interceptado y tres de sus miembros detenidos. Dos de ellos consiguieron fugarse.

A partir de ese momento se puso en marcha un operativo de búsqueda y captura que hasta ahora no ha dado resultado.

La noche de acción del líder ultraderechista puede complicarle de manera grave sus relaciones con la Justicia, ya que disfrutaba de libertad condicional y, está pendiente la resolución por parte del Tribunal Supremo de un recurso de una pena de siete años de cárcel por intento de asesinato de una joven de 23 en Madrid cuando se negó a proporcionarle cocaína.

C Lee ahora este artículo que trata de una desaparición muy diferente – la de un líder ultraderechista que buscan los agentes de seguridad. Busca en el artículo sinónimos de las siguientes palabras.

1 la policía
2 golpeó
3 tomó
4 robar
5 queda sin éxito
6 rehusó

D Ahora completa las siguientes frases según el contenido del artículo.

1 No es la primera vez que Ricardo Sáez de Ynestrillas…
2 Un grupo de cinco personas cometió…
3 No fueron detenidos…
4 Aunque la policía busca a los asaltantes…
5 Como Ynestrillas había intentado asesinar a una joven, es posible que el líder ultraderechista…

E Los verbos de la tabla se utilizan en el artículo. Escribe el sustantivo que corresponde a cada uno de ellos.

	verbo	sustantivo
1	golpear	
2	buscar	
3	entrar	
4	propinar	
5	huir	
6	asaltar	
7	denunciar	
8	detener	
9	fugar(se)	

F *Trabajo escrito*

Ahora imagina que eres un(a) policía y escribe dos comunicados oficiales para la prensa, cada uno de 120 palabras, sobre estos casos.

G *Debate dirigido*

Los dos casos ¿son de la misma importancia? Discute con un(a) compañero/a a qué caso la policía debería dar prioridad y por qué.

CONSOLIDACIÓN

Estudia: Pluperfect, p. 202

Lee otra vez el cuarto párrafo del artículo sobre Ynestrillas, que empieza "Uno de los individuos...". Mira los verbos: entró, se apoderó, había, huyeron, habían asaltado, habían podido. ¿Por qué se usa el pluscuamperfecto en los dos últimos casos? Escribe frases en el pasado, incluyendo las palabras de abajo. Debes hacer claro el orden de los acontecimientos, como en el párrafo del artículo.

1 dos chicos madrileños, robar coche, detener
2 prisionero peligroso, escapar de la cárcel, capturar por la policía
3 ladrón, liberar, cometer otro delito
4 presentador, terroristas, declarar alto el fuego, anunciar
5 político, ya dejar el coche, bomba explotar

¡EXPRÉSATE!

Puedes utilizar estas expresiones para dar tu opinión:

En mi opinión...
Te doy toda la razón.
Tengo que decir que...
No acepto que...
Yo creo que...
No comparto tu opinión.
A mi me parece que...
Yo no lo veo así.
(No) estoy de acuerdo contigo porque...

5.7 *El papel de la policía*

Vas a escuchar a varias personas que hablan sobre la policía en su país. Copia y completa la tabla con los nombres correctos. Lee las frases con cuidado antes de escuchar las entrevistas. ¿Quién dice que...

Opinión	Nombre
1 ...en su país tienen un sistema represivo?	
2 ...los policías representan una corrupción establecida?	
3 ...el trabajo de la policía es muy difícil?	
4 ...hay que guardar a la policía mucho respeto?	
5 ...sin la policía la sociedad sería más violenta?	
6 ...la policía no es un ejemplo, sino el contrario?	
7 ...la policía debe concentrarse más en delitos de violencia y drogas?	
8 ...la policía puede ser muy dura con la gente?	
9 ...la policía modifica el reglamento como casi nadie lo conoce?	
10 ...la policía armada es una buena idea?	
11 ...uno puede pasar una noche encarcelado si no tiene documentación?	

5.8 *Les dan miedo los terroristas*

Uno de los papeles de la policía es proteger a los ciudadanos contra el terrorismo. Cuando sucede un incidente como el siguiente, ¿tenemos razón en echarles la culpa o deberíamos echársela al gobierno? Lee este artículo del periódico *El Mundo*.

María, de 49 años, dice que no tiene miedo, pero ha eludido hacer sus compras en grandes almacenes desde que oyó el rumor de que ETA podía atentar allí. «Me lo dijo una amiga que trabaja en el Ministerio y hasta mi profesor de autoescuela me avisó.» Dice que camina tranquila por la calle —vive en la Ribera del Manzanares, la zona de Madrid más castigada por el terrorismo—, pero no puede evitar el sobresalto cuando se interrumpe su paseo y pide a la periodista que se identifique si quiere que conteste a unas preguntas. «Porque, ¿quién me dice a mí que no es usted una terrorista buscando información?»

Dice que no vive alerta, pero confiesa que más de una vez, mientras toma un vino con unos amigos, interroga el rostro de los que la rodean en busca de «uno de ellos». Y se atribuye el poder de distinguirlos con sólo mirarlos a los ojos. Todavía no se ha cruzado con ninguno.

Sentada en una cercana parada de autobús, Dolores, de 60 años y casada con un militar, no pone velos al pánico: «Miedo, mucho, mucho miedo. Eso es lo que tengo.» Cincuenta metros más abajo, Antonio, de 46 años, regenta un bar. Él no tiene lazos familiares con las Fuerzas de Seguridad del Estado y no se siente objetivo de ETA, pero cambia de acera cuando ve «un coche sospechoso». Sus reacciones son el reflejo de un estado de alarma y preocupación generalizada ante el miedo a sufrir un atentado. María, Dolores y Antonio son víctimas de la psicosis generada por el terrorismo. Más de 1.000 agentes forman parte de un dispositivo especial desplegado estos días en Madrid.

Los fantasmas presentes en la calle no encuentran alivio en la opinión de expertos como Ángel Ponce de León, psiquiatra y

profesor de Criminología en la Universidad Complutense, quien apela a la sensatez y hace ver que la probabilidad de que uno se encuentre en el momento y en el lugar del atentado es realmente pequeña. «Hay más posibilidades de que te atropelle un coche por la calle que de que explote a tu lado una bomba.»

Que las estadísticas le sean favorables tampoco consuela a Carmen, ama de casa de 41 años, quien, tras darle vueltas a la idea durante unos segundos, espeta: «Sí, ¿pero quién me dice a mí que el coche aparcado enfrente del colegio de mi hija no está cargado de explosivos?»

En el bar que Antonio y Agustina regentan en las cercanías de Manzanares no hacen falta rumores que desencadenen el miedo. Hasta detrás de su barra se ha colado en nueve ocasiones «ese ruido inconfundible» que anuncia que ha explotado una bomba.

Llevan 18 años en el barrio y si hay una máxima que rige sus vidas es la desconfianza. Valga un ejemplo. Un chico de entre 25 y 30 años, con barba, ropa de *sport*, zapatillas deportivas y cazadora —retrato que coincide bastante con el que difundía *Interviú* esta semana en el *Manual de seguridad personal contra ETA* como el de un posible terrorista— toma un café en la barra.

Cuenta Antonio que su miedo es fundado porque a él le llegan soplos «de los policías que desayunan aquí». Su mujer, Agustina, sale airada de la cocina: «¡Cállate. Eso a ti ni te va ni te viene!» En esos momentos el joven abandona el local y Agustina justifica su desplante: «Pero ¿es que no lo habéis visto? No lo conocemos, es la primera vez que viene aquí y tenía una actitud sospechosa, como metiendo la oreja en la conversación. ¿Quién os dice que no es un terrorista?»

A Completa las siguientes frases según el contenido del texto. No debes copiar frases enteras, sino utilizar tus propias palabras.

1 María está nerviosa porque…
2 Cuando alguien que no conoce le habla, María cree…
3 Lo que tienen en común María, Dolores y Antonio es…
4 Según el experto hay más posibilidades de que te atropelle un coche en la calle que…
5 En cuanto a la opinión del experto, Carmen…
6 Se puede comprender el miedo de Antonio y Agustina porque…
7 En vista de sus experiencias Antonio y Agustina no…
8 Antonio y Agustina pensaban que uno de sus clientes era un terrorista porque…

B Explica con tus propias palabras, en español, lo que significan las siguientes frases, tal como se usan en el artículo.

1 interroga el rostro de los que la rodean
2 se atribuye el poder de
3 no pone velos al pánico
4 cambia de acera
5 abandona el local

C Rellena los espacios en blanco con una palabra según el contenido del texto. Puedes utilizar palabras del texto o tus propias palabras.

Para muchos madrileños, el temor del terrorismo es **1**……… Aunque se les **2**……… que no corren **3**……… peligro, no quieren **4**……… la opinión de los expertos. Las estadísticas no **5**……… a muchas **6**……… que viven en la **7**……… de España. Cuando ven a **8**……… que no **9**………, tienen sospechas **10**……… él.

D Escucha las entrevistas y contesta en español a las siguientes preguntas.

1 ¿Qué tipo de coche habían utilizado los terroristas?
2 ¿Qué sabe la policía de su carga?
3 ¿Dónde habían conseguido los terroristas el coche?
4 ¿Durante cuánto tiempo tenían los terroristas el coche?
5 ¿Por qué lo abandonaron?
6 ¿Cuál problema tuvieron los artificieros?
7 ¿Cuál fue el resultado de la detonación?
8 ¿Cuál fue el destino probable del coche?

E *Trabajo escrito*

¿Cómo tranquilizar al gran público cuando casi cada día se habla de un atentado cometido por uno u otro grupo político?
Escoge uno de los dos temas.

1 Escribe una carta de unas 200 palabras al periódico *El Mundo*. Simpatizas con los entrevistados del artículo y quieres sugerir algunas medidas que se podrían tomar contra el terrorismo.
2 Crees que el miedo de los entrevistados no se justifica. Escribe una carta de unas 200 palabras para tranquilizarlos.

5.9 *Delitos – las víctimas hablan*

Stella, Jorge, Andrés y Olga hablan sobre sus experiencias como víctimas de delitos. Escucha lo que cuentan y contesta a las preguntas.

1 ¿Qué es un *tirón*?
2 ¿Qué perdió Stella como resultado del tirón?
3 ¿Qué iba a hacer unos pocos días después del robo?
4 ¿Qué habría podido hacer para prevenir el robo?
5 ¿Cómo se siente ahora?
6 ¿Qué le pasó a Jorge?
7 ¿Qué fue el resultado?
8 ¿Cómo se sintió Jorge después?
9 ¿Qué le pasó a Andrés?
10 ¿Qué hicieron los ladrones para que la familia quedara dormida?
11 ¿Cómo entraron en la casa?
12 ¿Qué robaron de la casa?
13 ¿Cómo se sentía la familia la mañana siguiente?
14 ¿Cuál fue el resultado?
15 ¿Cómo se sentía Andrés después?
16 ¿Qué le pasó a Olga?
17 ¿Cómo se escapó?
18 ¿Cuál fue la actitud de la policía?

5.10 *Los presos del Reino*

Como es normal, las víctimas no se compadecen de los delincuentes. Pero ¿qué tenemos que sentir por los que están encarcelados en un país que no es el suyo?

1 A los extranjeros de la cárcel de High Downs, al sur de Londres, los dejaron plantados el día de San Valentín. No fue una cuestión de amor, pero sí una promesa incumplida. Para ellos, las tres horas de actividad social previstas para la fecha no fueron más que un anuncio en vano apuntado la víspera en la cartelera de la prisión.

2 Alguien tenía que pagar las consecuencias de la falta de personal de High Downs. Como las autoridades carcelarias no vieron posible que las actividades sociales de todos los internos se desarrollaran simultáneamente, la mala fortuna cayó sobre los casi cincuenta extranjeros de la prisión, en su mayoría latinoamericanos. "Nos dejaron encerrados como unas reverendas madres", recuerda Henry Cárdenas, colombiano retenido por narcotráfico. "A los otros (los presos locales), en cambio, sí les dieron sus tres horas completas. ¿Qué les costaba darle una hora a cada grupo?"

3 A la mañana siguiente iniciaron una huelga de hambre que se extendió durante una semana. Con los días más pudo el instinto que la voluntad y varios se retiraron. Al cabo de una semana la protesta había fracasado. Y la sensación de que en las cárceles del Reino Unido imperaba el racismo seguía flotando en el ambiente.

4 Para los expertos, el asunto no puede tomarse a la ligera. Durante los últimos años, el presupuesto destinado por el Gobierno británico para las prisiones resultó insuficiente, pues el promedio de reclusos hasta el año 2000 no fue de 45.000, como inicialmente se calculó, sino que superó los 50.000.

5 Por eso muchas cárceles se quedaron sin personal suficiente para atender a los internos. Las consecuencias han sido muchas, pero la que más afecta el día a día de los reclusos es, precisamente, el incremento de las horas de encierro en los pabellones, con lo cual las oportunidades de llamar a sus familias se frustran, al igual que las posibilidades de actividad social.

6 La crisis, sin embargo, no admite comparación con la

A   ¿En cuál de los párrafos numerados del artículo se tratan los siguientes puntos?

a difícil contactar a los suyos
b acusaciones de discriminación
c prisioneros encarcelados como monjas
d es peor en otra parte
e no hay bastante dinero
f decepción
g mismo crimen – condena distinta
h diferencias culturales

B   Ahora, explica con tus propias palabras en español lo que significan las siguientes expresiones, tal como se usan en el artículo.

1 iniciaron una huelga de hambre
2 más pudo el instinto que la voluntad
3 el asunto no puede tomarse a la ligera
4 el presupuesto . . . resultó insuficiente
5 el incremento de las horas de encierro

C *Trabajo escrito*

Eres el amigo/la amiga de un(a) latinoamericano/a que está encarcelado en el Reino Unido. Escribe una carta a la embajada de su país, explicando la situación de tu amigo/a, y proponiendo medidas que se podría tomar para mejorarla.

que se vive en las cárceles de la mayoría de los países de América Latina. Por lo pronto, las limitaciones en el Reino Unido se ven reflejadas especialmente en la restricción de algunos beneficios, como las posibilidades de estudio y rehabilitación, y no tanto así en la vulneración de los derechos fundamentales de los internos.

7 Uno de los aspectos que más difícil hace la vida de los internos extranjeros es enfrentarse a un sistema distinto al de sus países, más aún cuando no se habla el idioma local. "Cuando uno intenta pedirle algo a los guardias, ellos se desesperan porque no entienden", dice un interno de High Downs. "Casi siempre piensan que uno les está diciendo groserías."

8 Otra puede ser la historia respecto a los juicios. Según estudios del Middlesex Probation Service, hay una tendencia a que las penas impuestas a los extranjeros sean más severas que las impuestas a delincuentes locales por el mismo delito.

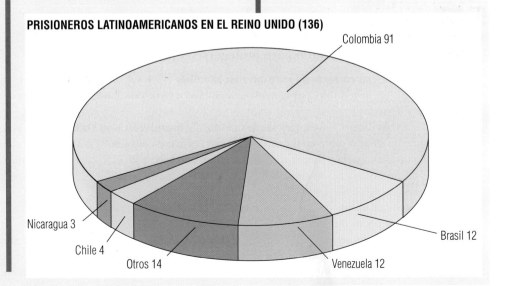

PRISIONEROS LATINOAMERICANOS EN EL REINO UNIDO (136)

Colombia 91
Nicaragua 3
Chile 4
Otros 14
Venezuela 12
Brasil 12

5.11 *Cómo reducir el nivel de delincuencia*

¿Preocupado por la delincuencia? ¿Inquieto porque tu vecindario no es tan seguro como te gustaría que fuese? Siguiendo una serie de pasos sencillos y trabajando con otros miembros de la comunidad, se puede reducir la delincuencia y aumentar la seguridad. Ese es el objetivo de la campaña «Unidos contra la delincuencia».

A Lee las siguientes líneas de texto. Las líneas 1, 5 y 14 están en el lugar correcto, pero las otras están mezcladas. Tienes que ponerlas en orden para reconstruir un breve artículo.

1 Al protegerse unos a otros y ayudar a resolver los
2 de situación.
3 vendedores de drogas, han reducido la violencia y
4 y el entusiasmo de los jóvenes, han echado a los
5 Las comunidades que se unieron para trabajar juntas
6 oportunidades positivas para aprovechar la energía
7 atención infantil para antes y después de la escuela.
8 violencia, drogas y otros delitos.
9 necesidades de toda clase de personas en todo tipo
10 albergues seguros para los niños, han creado
11 han ayudado a las escuelas a crear programas de
12 han recuperado las aceras de manos de los
13 problemas comunes de su vecindario,
14 La prevención del crimen puede abarcar las
15 delincuentes, han convertido a los parques en
16 verdaderamente se puede reducir el nivel de

B

1 Los siguientes verbos se utilizan en el texto del Ejercicio A o de la casilla ¡Infórmate!. Escribe el sustantivo que corresponde a cada uno de ellos.

proteger   reducir
ayudar   convertir
resolver   crear

2 Ahora escribe seis frases, utilizando en cada una *uno* de los sustantivos que acabas de descubrir. Las frases deben estar relacionadas con el tema del texto.

¡Infórmate!

La prevención del crimen

El Consejo Nacional para la Prevención del Crimen (NCPC) es una organización privada, sin fines de lucro, cuya misión principal es ayudar a las personas a prevenir el crimen y crear comunidades más seguras y atentas. NCPC publica libros, paquetes de materiales, afiches y reportes de información sobre temas variados de prevención del crimen y creación de comunidades. Además, administra programas de demostración y desempeña un papel importante de liderazgo en la prevención del crimen juvenil.

www.ncpc.org/espanol

5.12 *Ser sensato en la calle*

¿Qué puede hacer el individuo para protegerse contra la delincuencia?

Averigüe cuál es su cociente de «sensatez en la calle»

1 ¿......... o .... usted solo, por la mañana temprano o tarde por la noche, cuando las calles están tranquilas y desiertas?

2 ¿......... usted su dinero, llaves, tarjetas de crédito, chequera, etc. en su bolso y luego lo deja completamente abierto sobre un mostrador, un escritorio o en el suelo? ¿......... usted su billetera en su bolsillo de la chaqueta y luego .... ésta en un perchero o la .... sobre una silla?

3 Mientras .... o .... su automóvil ¿......... usted que su mente .... distraídamente sobre su trabajo o las muchas cosas que .... hacer?

4 ¿......... usted que es una pérdida de tiempo .... su automóvil con llave si .... a estar de vuelta dentro de pocos minutos?

Si ha respondido a cualquiera de las anteriores preguntas con un «sí», tendrá que cambiar varias costumbres. Incluso si ha contestado a todas negativamente y ha obtenido el cociente máximo, continúe leyendo. Dedicar unos minutos a este panfleto ahora le evitará inconvenientes más adelante.

A Lee la primera sección de la página web de la página anterior.
Rellena los espacios con la forma correcta del verbo correspondiente.
Los verbos pueden usarse más de una vez.

abandonar caminar cerrar colgar conducir correr deber dejar divagar ir pensar poner

B Ahora lee la segunda sección "Al ir a pie". Rellena estos espacios
con la forma imperativa del verbo correspondiente.

asegurarse cambiar caminar cruzar dejarse denunciar distraerse entregar evitar gritar hacer llevar
mantenerse observar ostentar pedir poner quedarse resistirse sentirse tener tratar usar utilizar

Al ir a pie – día y noche

1 ……… por calles bien iluminadas y transitadas. ……… acortar camino pasando por áreas boscosas, estacionamientos o callejones.
2 No ……… alarde de tener grandes sumas de dinero, ni ……… otras posibles tentaciones, tales como joyas o ropa cara.
3 ……… el bolso pegado al cuerpo y no colgando. ……… la billetera en un bolsillo interior de la chaqueta o en un bolsillo delantero del pantalón.
4 ……… de usar las máquinas dispensadoras de dinero durante el día. ……… su tarjeta a mano.
5 No ……… calzado ni ropa que restrinjan sus movimientos.
6 ……… a mano la llave del automóvil o de la casa antes de llegar a la puerta.
7 Si piensa que alguien lo está siguiendo, ……… de dirección o ……… la calle. ……… hacia un negocio que esté abierto, un restaurante o una casa iluminada. Si tiene miedo, ……… pidiendo ayuda.
8 Si tiene que trabajar hasta tarde, ……… de que haya otras personas en el edificio y ……… a un compañero o a un guardia de seguridad que lo acompañe hasta su automóvil o la parada del autobús.

En autobuses y trenes subterráneos

9 ……… paradas que estén bien iluminadas y transitadas.
10 ¡……… alerta! No se ……… ni se ……… dormido.
11 Si alguien lo molesta, no ……… incómodo y ……… bien fuerte «¡……… en paz!»………. Si esto no surtiera efecto, ……… el dispositivo de emergencia.
12 Al descender, ……… quién deja el vehículo con usted. Si se siente intranquilo, ……… directamente hacia un lugar donde haya más gente.

Si alguien intenta robarle

13 No se ……… ……… sus bienes, no ……… su vida.
14 ……… el crimen a la policía. ……… de describir a su atacante con precisión. Su denuncia puede ayudar a prevenir que otras personas se conviertan en víctimas.

C *Trabajo escrito*

Inspirándote en una de las frases, describe en unas 250 palabras un
incidente – verdadero o imaginario – en que una(s) de estas
sugerencias fue útil.

5.13 *Reacciones y redacciones*

Escribe 250 palabras sobre uno de estos temas. Tienes que referirte a
contextos españoles o latinoamericanos.

1 Drogadictos – ¿víctimas o criminales?
2 "Se debe armar a la policía." ¿Estás de acuerdo o no?
3 ¿Qué se debe hacer para reducir el nivel de delincuencia?

unidad 6
El medio ambiente: perspectivas hispánicas

Espańa: país de contrastes impresionantes – y chocantes. Una playa de Asturias, hermosa y limpia – y la Costa del Sol estropeada por la contaminación. El aire puro de una reserva natural en los Pirineos – y una ciudad atestada de tráfico. ¿Qué pueden hacer los ecologistas contra los problemas que amenazan al medio ambiente español?

En esta unidad vamos a consolidar tu conocimiento de los siguientes puntos gramaticales:

■ pretérito pluscuamperfecto de subjuntivo *(pluperfect subjunctive)*
■ condicional perfecto *(conditional perfect)*
■ expresiones impersonales *(impersonal expressions)*
■ pasivo *(passive)*
■ preposiciones *(prepositions)*
■ adjetivos *(adjectives)*
■ futuro *(future)*
■ el uso de "se" *(use of "se")*

6.1 *¿Qué pensamos? Y ¿qué hacemos?*

Antes de buscar soluciones a los problemas que ponen en peligro el medio ambiente, hay que darse cuenta de que son muchos. Escucha este diálogo entre dos españolas – una madrileña y una gallega – sobre los problemas que han observado.

A Escribe una lista de palabras relacionadas con el medio ambiente y después de escuchar el diálogo apunta otras palabras relacionadas con este tema que aparecen en el diálogo.

B Recoge toda la información que puedas de la conversación con referencia a los problemas medioambientales que afectan a Madrid y La Coruña.

Nosotros los sucios

¿Cómo reaccionaría usted si le pillaran tirando un papel al suelo? Este periódico hizo la prueba en un paseo de tres horas por el *kilómetro cero* de la suciedad. Cuando encontró a un ciudadano que acababa de tirar una colilla, un panfleto de propaganda o una bolsa vacía de pipas, le preguntó por qué lo hacía. Casi todos respondieron echando la culpa a otros de la porquería que se sufre.

▶ **El que arroja el cigarrillo.** Lemmert, un turista holandés de 27 años, consiguió lanzar su colilla de rubio americano dibujando una parábola con las piedras de la plaza Mayor como destino.
—¿Por qué ha tirado el cigarrillo?
—Porque se desintegra todo, salvo el filtro.
—El filtro, no. ¿Hace lo mismo en su país?
—Sí. Cuando no tengo un cenicero a mano (hay muchas papeleras bajo los soportales de la Plaza Mayor), lo hago. Todo lo demás lo guardo en el bolsillo, incluido el celofán, porque en un medio urbano eso es dañino.

▶ **El que tira la bolsa de pipas.** Un hombre corpulento volcó el contenido de un paquete de pipas sobre su mano en la Puerta del Sol. Tiró la bolsa de plástico vacía en la acera.
—¿Por qué la ha tirado?
    José, un vendedor ambulante de 31 años, respondió:
—Eeeee ... Es que tienen todo hecho una porquería.
—¿No es de aquí?
—Sí, soy de Madrid. Pero lo que tendrían que hacer es vigilar más a los perros. Uno ha de caminar mirando hacia abajo. Yo he vivido en Canarias y América. Allí está todo más limpio. Además ... mire, si hubiera visto una papelera cerca, no la habría tirado al suelo.

▶ **La que se deshace del panfleto.** La mano de Paloma fue una de las cien que se quedó con el panfleto azul de Arenal Informática cuando subía las escaleras del metro de Sol frente a la pastelería La Mallorquina. De 25 años, se dirigió hacia la calle del Arenal. Plegó la propaganda y ya no sería más grande que un par de sellos cuando, en la calzada, la arrojó.
—¿Por qué?
—Perdone, es que llego tarde a trabajar.
—Bien, ¿pero por qué lo ha hecho?
—No, no ... Si yo he estado haciendo cursos de medio ambiente y eso ... Es que voy con mucha prisa. Perdone, ¿eh?
    En diez minutos, doce personas imitaron a Paloma.

▶ **El dueño del perro que orina.** La paseante no sorprendió a ningún perro depositando boñigas en la acera, pero sí fue viendo cacas caninas. Javier, de 35 años, guiaba a su animal de compañía por la calle de Lope de Vega. El chucho se limitaba a mojar lo que le venía en gana.
—Mi perro lo ha hecho ya en el césped. Yo lo suelo llevar al lado del Jardín Botánico porque hay tierra y, además, no me pueden decir nada, ya que es un paso de animales, ¿sabe usted? Es que hay que enterarse. También le enseño a hacerlo en las alcantarillas. Para mí, lo peor es que la gente deje las basuras en la calle.

C Un periódico español preguntó a varios ciudadanos madrileños por qué ensuciaban las calles. Lee sus respuestas y completa la tabla.

D Haz una lista de todas las maneras en las que, según este artículo, se ensucian las calles de Madrid.

¿Cuál de las cuatro personas . . .	Lemmert	José	Paloma	Javier
1 . . . culpa a los perros de la suciedad?				
2 . . . deja caer un folleto?				
3 . . . no quiere esperar?				
4 . . . no es español(a)?				
5 . . . se considera consciente del problema de la contaminación?				
6 . . . vive en la capital?				
7 . . . no le preocupa en dónde echa el pitillo?				
8 . . . hace algo por rutina?				

E Aquí tienes varios verbos y sustantivos que aparecen en el texto. ¿Puedes rellenar los espacios con la palabra correspondiente?

Sustantivo	Verbo
1	reaccionar
suciedad	**2**
3	encontrar
filtro	**4**
5	responder
culpa	**6**
7	dibujar
tapón	**8**
9	desintegrar
cuidado	**10**
11	plegar
sello	**12**

Estudia: Pluperfect subjunctive, p. 204, Conditional perfect, p. 203

1 Completa estas tablas.

		Pluperfect subj.		Conditional perfect
Ver	Yo	hubiera visto	**Tirar**	habría tirado
	Tú			habrías tirado
	Él/Ella	hubiera visto		
	Nosotros			habríamos tirado
	Vosotros			
	Ellos/Ellas	hubieran visto		

		Pluperfect subj.		Conditional perfect
Proteger	Yo		**Ganar**	
	Tú	hubieras protegido		
	Él/Ella			habría ganado
	Nosotros	hubiéramos protegido		
	Vosotros			
	Ellos/Ellas			habrían ganado

2 Completa las frases siguientes. Deben referirse al tema de la limpieza de nuestras ciudades o al del medio ambiente.

Por ejemplo: Si hubiera visto una papelera, no lo habría tirado al suelo.

a Si hubiéramos…   **b** Si yo hubiera…   **c** Si ella…   **d** Si vosotros…   **e** Si…

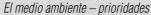

¡Infórmate!

El medio ambiente – prioridades

♦ Para Ud., la conservación del medio ambiente es…

	%
Un problema inmediato y urgente	72
Más bien un problema de cara al futuro	20
Una moda pasajera	1
No le parece un problema	1
NS/NC	5

♦ Le voy a leer otra serie de problemas relacionados con el medio ambiente. Para cada uno de ellos, quisiera que me dijera si, para Ud., es un problema muy importante, bastante, poco o nada importante.

	% muy importante
Los incendios forestales	81
La contaminación de los ríos	73
La contaminación de las ciudades (humos, gases)	71
El almacenamiento de los residuos radiactivos	71
La contaminación de las costas	69
Los vertidos de los residuos industriales	68
La calidad del agua que bebemos	65
La eliminación de las basuras domésticas	56
La falta de espacios verdes	54
La suciedad de las calles	50
El ruido	44

cis.sociol.es

6.2 *El ruido*

Los problemas típicos de las zonas urbanas, como la suciedad de las calles o el ruido, parecen menos serios que otros, según la opinión de los españoles (¡Infórmate! en la sección 6.1). Pero el ruido ya es considerado como "muy importante" por el 44% de los encuestados. ¿Por qué? Lee este texto de Internet.

Nuestro esfuerzo para controlar el ruido ajeno es parte de un esfuerzo mayor para proteger lo que pertenece a la comunidad de la explotación, el abuso y la degradación. Otros esfuerzos para proteger a la comunidad se vinculan con los espacios públicos y los parques; el aire, las rutas aéreas, el agua y las rutas acuáticas; el hábitat, las especies y la biodiversidad. Lo que estos esfuerzos comparten es el reconocimiento de que nuestro bienestar mejora cuando los bienes comunes se utilizan para beneficiar a la mayor cantidad posible de personas, y se deterioran, por el contrario, cuando se utilizan para beneficio de unos pocos.

Algunos individuos y empresas están convencidos de que tienen el derecho o la libertad de usar los recursos comunes como mejor les convenga. Tal vez esta gente está pretendiendo extender erróneamente su derecho a la propiedad privada a aquello que pertenece al público o está a su cuidado. Tal vez no se den cuenta de que la mayoría de nosotros hemos aprendido en el patio de la escuela hace años: que "el derecho de uno termina donde empieza el ajeno". O quizás no reconocen la sabiduría de nuestro reclamo paralelo de que "mi derecho a producir ruido termina en tu oído". En cualquier caso, estas personas actúan como patanes, reclamando derechos y libertades que no les pertenecen mientras degradan los nuestros.

www.eie.fceia.unr.edu.ar

A

1 Haz una lista de los aspectos de la vida pública donde se ha hecho esfuerzos para proteger a la comunidad.
2 ¿Qué características comparten estos esfuerzos?

B Traduce el segundo párrafo al inglés.

C Escucha el informe.

1 Toma nota de algunos ejemplos de ruido que causa efectos perjudiciales.
2 ¿Qué tratan de conseguir grupos como Noise Pollution Clearinghouse?
3 ¿Cuál es el mensaje principal de estos grupos?

6.3 *Cambios del clima: ¿cómo van a afectar a España?*

La basura y el ruido son problemas para los cuales se puede imaginar unas soluciones relativamente sencillas. Pero sabemos que hay otros problemas más graves que amenazan al medio ambiente de modo muy serio. Un estudio publicado por WWF/Adena considera los efectos devastadores del cambio climático en 15 regiones. El estudio sugiere que, si no disminuimos las emisiones, el clima de la Tierra en el siglo XXI será el más cálido en el que haya vivido la especie humana. Una de las regiones incluidas en el estudio es la península ibérica (= España y Portugal).

Cambios del clima en la península

Según este estudio, las temperaturas mundiales promedio aumentarán entre 1,3°C y 4,6°C para el año 2100 (calentamiento de entre 0,1°C y 0,4°C por década). Los escenarios de WWF/Adena sugieren un incremento mundial medio del nivel del mar de entre 2 cm y 10 cm por década; mucho más rápido que el aumento de entre 1 cm y 2 cm por década observado durante el último siglo.

Cambio futuro de temperatura

La península ibérica se calentará al mismo ritmo que la media mundial. El calentamiento será un poco mayor en el sureste de España. En uno de los escenarios WWF/Adena la temperatura anual media de, por ejemplo, Andalucía oriental podría subir casi 6°C para el 2080.

Cambio futuro de precipitaciones

Los escenarios de WWF/Adena sugieren que la precipitación disminuirá sobre la península ibérica entre un 5% y un 15%.

A Lee el texto e identifica las expresiones que significan:

1 will increase
2 global average
3 will get warmer
4 at the same pace as
5 freshwater ecosystem
6 rise in sea level
7 threatened species
8 it is forecast that there will be an increase
9 water resources
10 water supplies

B Traduce al inglés el último párrafo.

C *Debate dirigido*

Trabajando con un(a) compañero/a de clase, haz una lista de los posibles efectos negativos del aumento de la temperatura media en España. Después pon los efectos en orden de gravedad, en vuestra opinión.

Efectos sobre la biodiversidad y los recursos

Los ecosistemas de montaña, costeros y dulceacuícolas se contarán entre los más afectados. Parajes extremadamente importantes como el Parque Nacional de Doñana sufrirán del efecto combinado de mayor temperatura, menor precipitación, elevación del nivel del mar y aumento de la violencia climática.

El nivel del mar contiguo al mencionado Parque Nacional aumentó durante el siglo XX en 20 cm, y los escenarios de WWF/Adena predicen una elevación suplementaria de entre 20 cm y 110 cm para finales del siglo XXI.

Las especies amenazadas sufrirán asimismo una crisis adicional. El lince ibérico (considerado el felino más amenazado del planeta, con una población actual mundial de alrededor de 500 individuos) podría sufrir una reducción de su ya fragmentado hábitat y una disminución de sus presas fundamentales. Por otra parte, se prevé un aumento de la frecuencia y gravedad de los incendios forestales.

La disminución de precipitación y el aumento de temperatura reducirán los recursos hídricos. Algunas grandes ciudades, especialmente en el sur de España, podrían ver comprometido su suministro de agua para consumo humano. El veloz aumento del nivel del mar podría hacer desaparecer gran parte de las más populares playas turísticas, especialmente las del Mediterráneo español. Un clima más cálido favorece la invasión de la Península por enfermedades tropicales como el cólera y el paludismo.

Para WWF/Adena resulta urgente la reducción real de las emisiones. La inacción conduce indefectiblemente al perjuicio grave del desarrollo económico y el progreso humano. El Gobierno español tiene una especial responsabilidad, por estar aumentando sus emisiones en un contexto europeo de reducción global. Por otra parte, WWF/Adena cree firmemente que la energía nuclear no es la solución. No puede curarse la enfermedad con el suicidio.

6.4 *10.000 siniestros por año*

El estudio sobre los cambios de clima (sección 6.3) prevé "un aumento de la frecuencia y gravedad de los incendios forestales". En España, estos incendios son un problema muy importante: con nada menos que 10.000 siniestros de media anual, España se ha colocado a la delantera de los países europeos en cuanto a número de incendios forestales se refiere.

TODOS CONTRA EL FUEGO

En verano, una plaga que por repetida casi se ve como normal, vuelve a asolar a la ya maltratada naturaleza. Se trata de los incendios forestales, una auténtica tragedia para nuestros montes y zonas arboladas. Nada menos que 10.000 siniestros se han registrado de media anual en los bosques españoles durante los últimos años. España es el país europeo con mayor número de incendios forestales.

Para esta temporada de verano se anuncian desde los organismos oficiales nuevos sistemas de detección y extinción, pero todos nosotros, cuando vamos al monte, podríamos poner nuestro granito de arena si conociéramos las causas que los provocan.

Así, a pesar de que las autoridades desconocen las causas que originan casi la mitad de los incendios veraniegos, se sabe que un 35% son intencionados, un 16% se achacan a diversas negligencias, un 4% a basureros incontrolados y otro tanto a causas naturales. Del 45% restante no se tiene noticia.

EXTREMAR LAS PRECAUCIONES

Causas naturales de los fuegos pueden ser el rayo de una tormenta y también la concentración de rayos de sol en un cristal en el suelo. Sin embargo, si nos acostumbramos a no abandonar desperdicios en el campo y mucho menos si no son biodegradables a corto plazo —como ocurre con el cristal— se reducirán las posibilidades de que comience un incendio.

Por otra parte, aunque todos nos creamos los más diestros "fogoneros" a la hora de hacer una lumbre para la paella o el asado, las precauciones deben ser siempre extremas, incluso cuando estemos en nuestra propia parcela. Una simple chispa puede causar un tremendo desastre ecológico. De igual forma puede ocurrir con un cigarrillo mal apagado. Ya que intentamos respirar aire puro, lo mejor sería no fumar en el monte y dejar esta actividad para la ciudad.

Los incendios son provocados por motivos económicos —para especular con los terrenos liberados de árboles—, y por los pirómanos, personas a quienes no se puede considerar locos, pero cuya enfermedad hace que encuentren una especial satisfacción en preparar y observar el desarrollo de un incendio. Quienes padecen este trastorno mental suelen ser personas con un coeficiente de inteligencia normal o bajo y a menudo tienen una historia personal con rasgos antisociales.

A Las siguientes frases resumen – más o menos – el artículo, pero en cada una faltan varias palabras. ¿Puedes completarlas de acuerdo con el texto?

1 Se ven casi como normales los incendios forestales porque .... durante los últimos años.
2 Ningún otro país europeo .... como España.
3 Todo el mundo podría hacer .... si supiera cómo se provocan estos incendios.
4 Las autoridades no conocen .... ciento de los incendios que ocurren en verano.
5 Dos actividades que pueden provocar incendios son .... en el campo.
6 Los pirómanos, responsables ...., suelen tener actitudes antisociales.

B ¿Con qué otras palabras se dicen las siguientes expresiones y frases?

1 verdadera
2 desastres
3 hacer algo para ayudar
4 el cincuenta por ciento
5 no se sabe nada
6 residuos
7 los riesgos
8 de la misma manera
9 más valdría
10 donde ya no existen

C En el texto ¡Infórmate! faltan varias palabras. ¿Puedes rellenar los espacios con palabras de la siguiente lista? ¡Ojo! No vas a necesitarlas todas.

arboladas	caer	cantidad	caro	cuenta	diablo	embargo	hombre	llamas	mitigar
nuevo	ocasión	papel	peligro	quemado	queman	soltar	sumarse	tras	útil	vez

D Escucha ahora esta historia personal de incendios forestales. ¿Cuáles de las siguientes frases se relacionan con lo que cuenta Ester en la primera parte de la conversación, y cuáles no? Escribe "sí" o "no".

1 Estuvo a punto de morir.
2 Vive en un bosque.
3 Su familia siempre ha vivido bajo la amenaza de los incendios forestales.
4 Muchos árboles han sido destruidos.
5 El medio ambiente le importa casi tanto como su novio.

¡Infórmate!

Nuevas tecnologías

Por unas y otras causas, cada año se **1** ……… en España una media de 100.000 hectáreas de bosques y zonas **2** ……… Las zonas más afectadas, año **3** ……… año, son las de Galicia, Comunidad Valenciana, Andalucía, Cataluña y el Sistema Central.

El Instituto para la Conservación de la Naturaleza (ICONA) **4** ……… con un presupuesto de 15 millones de euros para **5** ……… en lo posible los incendios. Esa **6** ……… da para mantener en funcionamiento unos 90 hidroaviones, capaces de transportar y **7** ……… sobre las **8** ……… un total de 165.000 litros de agua en los meses de julio, agosto y septiembre.

Este año, un nuevo sistema vendrá a **9** ……… a este esfuerzo, en el que por supuesto juega un **10** ……… fundamental y muchas veces también peligroso, la mano del **11** ……… Sin **12** ……… el sistema, denominado "Bosque", está basado en la más avanzada tecnología militar. Es **13** ………, pero sus inventores aducen que cuesta más reforestar un bosque **14** ……… Puede que en esta **15** ……… la tecnología sea la mejor aliada de la naturaleza.

E En la misma parte de la conversación, ¿cómo dice Ester las siguientes frases y palabras…?

1 You can say that again!
2 it's very hard for me
3 since we were children
4 unprecedented
5 or rather

F Ahora escucha la segunda parte de la conversación y haz un resumen en inglés (100–150 palabras) de lo que dice Ester con respecto a…

1 la diferencia entre los incendios forestales del pasado y los del reciente verano.
2 lo que hizo su novio y lo que le sucedió.
3 las consecuencias del incendio para la economía local.
4 las consecuencias para el medio ambiente de la región.
5 las autoridades.

G

Persona A: Eres un(a) habitante de una región continuamente amenazada por los incendios forestales. Ves a un(a) turista que está a punto de encender una barbacoa. Le adviertes del peligro de lo que está haciendo.

Persona B: Eres el/la turista. No crees que haya ningún peligro. No aceptas los argumentos de A.

6.5 *Lobos en España –* ¿amenazadores o amenazados?

Los incendios forestales son una de las muchas amenazas a las que se tienen que enfrentar los 2.000 lobos que todavía sobreviven en los montes de los bosques españoles. Debería lograrse un equilibrio entre la protección de las cosechas familiares y la de los lobos.

Será elaborado por el sindicato Xóvenes Agricultores y la Facultad de Veterinaria de Lugo

Un plan director tratará de compaginar la conservación del lobo y la ganadería

El sindicato Xóvenes Agricultores y la Universidad de Santiago, a través de la Facultad de Veterinaria de Lugo, van a elaborar un plan director para tratar de solucionar el problema de la compatibilidad de la conservación del lobo con la actividad ganadera en régimen de libertad. El trabajo, que coordinará José Luis Benedito, fijará un proceso de actuaciones que será presentado a la Xunta y a otros organismos. El primer paso será conseguir financiación para el estudio de la población existente.

En una explotación de Friol murieron en el último año más de 25 terneros por ataques de lobos

El sindicato Xóvenes Agricultores y la Facultad de Veterinaria de Lugo colaborarán en la redacción de un plan director de medidas para compaginar la protección del lobo con la actividad ganadera en régimen de libertad o semilibertad, fundamentalmente en zonas montañosas del interior de Galicia. El trabajo estará coordinado por el profesor José Luis Benedito y su misión es buscar una solución razonable al conflicto generado entre las teorías conservacionistas y los ganaderos, que hasta el momento están pagando en solitario las consecuencias, según considera el sindicato.

El primer paso será establecer un plan de trabajo con el fin de presentarlo a las consellerías de Medio Ambiente y Agricultura, así como a la Unión Europea, que tiene establecidas ayudas, con el fin de buscar financiación para hacer un estudio detallado de la población real de lobos. Los autores de la iniciativa consideran que actualmente se baraja un número de ejemplares en Galicia que es una mera especulación, dado que hasta el momento no fue realizado ningún trabajo de campo riguroso.

Según sea el resultado de este estudio preliminar, la solución variará. En caso de que la población fuese excesiva, podrán ser propuestos planes de control. Si, por el contrario, quedan pocos ejemplares y muy concentrados, la propuesta tendrá que ser muy diferente, según afirma Jorge Vázquez, matizando que, precisamente, ese será el objetivo del trabajo.

A Busca sinónimos para las siguientes palabras que aparecen en el texto y en la casilla ¡Infórmate!

1 compaginar
2 se baraja
3 medidas legislativas
4 minimicen
5 corrales

6 predación
7 vagabundos
8 batidas
9 camadas
10 coloquios

B Traduce al inglés el primer párrafo del artículo.

C Contesta a las siguientes preguntas.

1 ¿Para qué quieren buscar financiación?
2 ¿Cuál es la situación actual?
3 ¿Qué van a hacer en caso de una población excesiva?

D *Trabajo escrito*

Escribe una carta a un periódico denunciando la situación de peligro y amenaza a una de las especies que han aparecido en la unidad. Explica aspectos como:

• situación actual
• número de ejemplos que sobreviven
• amenazas
• soluciones posibles para favorecer su protección

¡Infórmate!

Propuestas del grupo ecologista Ciconia

Propuestas para asegurar la supervivencia de la especie a largo plazo siempre integrando a las poblaciones humanas que convivimos con él.

Medidas legislativas

1 El lobo debe ser incluido en el Catálogo de Especies Amenazadas a nivel nacional como Especie Vulnerable (categoría no desarrollada actualmente pues no hay ninguna especie catalogada como tal). El Ministerio de Medio Ambiente es el responsable de esta inclusión.

2 El principal objetivo debería centrarse en adoptar medidas que minimicen la presión del lobo sobre el ganado.

3 Deberían ayudarse a los ganaderos a poner en marcha medidas como:

• Adquisición o mantenimiento de perros mastines
• Construcción de corrales adecuados
• Complementación alimenticia del lobo
• La intensidad de la predación sobre la ganadería se reduce en gran medida en aquellas zonas donde el lobo dispone de otros recursos tróficos alternativos. Deben ponerse en marcha medidas que aseguren la existencia de suficientes poblaciones de grandes ungulados (ciervo y corzo principalmente) a través del control de la caza de estas especies, mejora del hábitat y, en su caso, repoblaciones.

Otras medidas de conservación del lobo

1 La caza ilegal es responsable del 80% de los lobos que mueren cada año en nuestro país. Es necesario perseguir los actos de caza o muerte ilegal.

2 La administración deberá adoptar medidas drásticas destinadas al control de perros vagabundos por medio de batidas, retirada de camadas, etc., siempre de forma muy controlada y con presencia constante de miembros de la guardería.

3 Para cambiar la actual imagen negativa que tiene el lobo, principalmente, en el mundo rural, es necesario poner en marcha campañas de sensibilización e información, como:

• Campañas divulgadas desde los medios de comunicación
• Publicación y distribución de información y material educativo
• Promoción de actos públicos, charlas, coloquios y reuniones apoyadas con material audiovisual
• Promoción de un turismo especializado en zonas apropiadas para ello.

www.cronos.pair.com

CONSOLIDACIÓN

Estudia: Impersonal expressions, passive, p.206

1 Busca en el texto ¡Infórmate!
   a frases que incluyan las expresiones impersonales compuestas de "es necesario" + infinitivo
   b frases pasivas que incluyan el verbo "deber" o "deberse" + infinitivo

2 Escribe las expresiones en las otras formas.

Por ejemplo: "una campaña debe ser puesta en marcha" se cambiaría en "una campaña debe ponerse en marcha" y en "es necesario poner en marcha una campaña".

6.6 *Una perspectiva europea*

La organización Ciconia (ver ¡Infórmate! 6.5) hace algunas recomendaciones con respecto a la educación y la publicidad sobre el medio ambiente. Escucha ahora un breve diálogo que trata del mismo tema.

A Escucha el diálogo. Corrige las siguientes frases, según lo que oigas. Empieza cada respuesta con las palabras "No – se dice que...".

1 España ya hace lo suficiente para proteger el medio ambiente.
2 Todos los niños españoles estudian el medio ambiente en el colegio.
3 Hay demasiada información sobre el medio ambiente.
4 Es muy raro de ver a un niño tirar basura en la calle.

EL DESAFÍO PARA EUROPA

Hoy corremos una carrera contrarreloj. La necesidad de una política decidida para proteger el medio ambiente está universalmente reconocida, tanto en Europa como fuera de ella.

El progreso social y la prosperidad económica se han basado en actividades que agotan los servicios del planeta y contaminan. Los productos que necesitamos y los servicios vitales que utilizamos, desde el transporte a los sistemas sanitarios, usan estos recursos, y como subproductos crean residuos y contaminación.

La notable capacidad regeneradora de nuestro planeta ha sido capaz hasta ahora de absorber el impacto ambiental de la actividad humana. Pero hoy esta capacidad está siendo desbordada y es necesario restablecer el equilibrio lo antes posible.

Nuestro medio ambiente está amenazado de muchas formas, a veces interrelacionadas, para las que no existen respuestas parciales. Para reflejar esta realidad, la UE ha preparado una estrategia global e integrada.

¿Cuáles son las amenazas principales? El calentamiento global y los consiguientes cambios climáticos, que podrían transformar en áridos desiertos las zonas templadas del planeta e inundar las regiones bajas al derretirse los hielos polares, es una de las perspectivas de degradación ambiental que se ciernen sobre la humanidad. Su origen está en la liberación a la atmósfera de gases de efecto invernadero, principalmente dióxido de carbono (CO_2) producido al quemar combustibles fósiles. Otra de las consecuencias puede ser un fuerte aumento de los cánceres de piel por la disminución de la capa protectora de ozono en la atmósfera alta por efecto de productos químicos sintéticos.

El medio ambiente está también amenazado por la lluvia ácida (que azota sobre todo a los bosques y lagos de las regiones septentrionales de la UE), la destrucción de las selvas tropicales y la extinción de muchas especies vegetales y animales.

La calidad del agua, tanto potable como de baño, es otro de los problemas que están agravándose. Es necesario hacer más para controlar la contaminación agrícola. A la vez, el abastecimiento de agua dulce está causando problemas en algunas zonas de la UE.

Eliminar los miles de millones de toneladas de residuos que produce nuestra sociedad de consumo es otro gran reto. Sólo en la UE hay que tratar anualmente más de 21 millones de toneladas de residuos tóxicos.

B La Unión Europea hace esfuerzos para educarnos sobre el medio ambiente y los graves problemas con que nos enfrentamos. Por ejemplo, el texto "El desafío para Europa" ha aparecido en un folleto publicado por la UE. ¿Cuál es el significado de las siguientes frases del artículo? Explícalas en inglés. El contexto puede ayudarte a entenderlas.

1 hoy corremos una carrera contrarreloj
2 como subproductos crean residuos y contaminación
3 la capacidad regeneradora
4 esta capacidad está siendo desbordada
5 respuestas parciales
6 la capa protectora de ozono en la atmósfera alta
7 las regiones septentrionales de la UE
8 la calidad del agua, tanto potable como de baño
9 el abastecimiento de agua dulce
10 otro gran reto

C *Presentación oral*

¿Quién debe hacer qué para proteger el medio ambiente? Prepara y haz una presentación (tres minutos) en la cual haces sugerencias prácticas sobre lo que deben hacer:

- los gobiernos internacionales (la UE)
- los gobiernos nacionales (de tu país o España, por ejemplo)
- los gobiernos locales
- el sistema educativo
- los padres
- los jóvenes
- tú mismo

¡Infórmate!

Esfuerzos comunes

◆ Las decisiones en materia de medio ambiente, ¿tienen que ser tomadas por el gobierno nacional o en común a nivel de la Unión Europea?

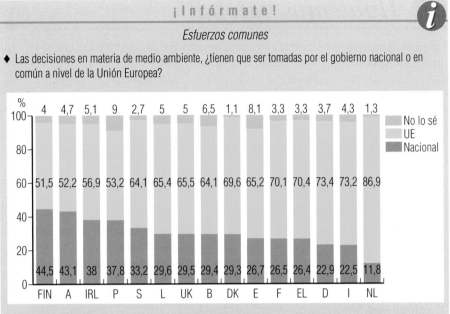

%	FIN	A	IRL	P	S	L	UK	B	DK	E	F	EL	D	I	NL
No lo sé	4	4,7	5,1	9	2,7	5	5	6,5	1,1	8,1	3,3	3,3	3,7	4,3	1,3
UE	51,5	52,2	56,9	53,2	64,1	65,4	65,5	64,1	69,6	65,2	70,1	70,4	73,4	73,2	86,9
Nacional	44,5	43,1	38	37,8	33,2	29,6	29,5	29,4	29,3	26,7	26,5	26,4	22,9	22,5	11,8

◆ ¿Es una prioridad hacer esfuerzos comunes para proteger mejor el medio ambiente?

Los daneses (94%), los suecos (93,7%) y los holandeses (90,8%) se manifiestan ampliamente favorables a esta cuestión y son los ciudadanos más movilizados de la Unión con índices de respuesta «No lo sé» (0,8%, 1,9% y 1,4% respectivamente) muy por debajo de la media europea (5,2%).

Alemania, España, Finlandia, Francia, Grecia, Irlanda, Luxemburgo y el Reino Unido se ajustan con diferencias mínimas a la media europea (82,9%). Sólo Bélgica (72,7%), Portugal (75,8%) y Austria (76,5%) se sitúan por debajo de dicha media, presentando también la movilización menos fuerte, e índices respectivos de 6,4%, 10,1% y 8,3% de respuestas «No lo sé». En este último aspecto, Irlanda se une a ellos con un 8%.

Programa de Información para el ciudadano europea, 1997

CONSOLIDACIÓN

Estudia: Prepositions, p. 208

Identifica la preposición que falta en cada espacio en blanco. Haz la tarea sin mirar el artículo; después, míralo para comprobar si tus respuestas son correctas.

1 la necesidad .... una política
2 una política .... proteger el medio ambiente
3 la prosperidad se ha basado .... actividades que contaminan
4 los servicios, ... el transporte .... los sistemas sanitarios
5 nuestro planeta es capaz .... absorber el impacto
6 muchas formas, ... las que no existen respuestas
7 CO_2 producido .... quemar combustibles fósiles
8 un aumento de los cánceres de piel .... la disminución de la capa de ozono
9 el medio ambiente está amenazado .... la lluvia ácida
10 es necesario hacer más .... controlar la contaminación

6.7 *Hablemos "global"*

¿Qué se hace para remediar los problemas de la contaminación, y quién lo hace?

A Escucha la conversación. Para cada frase, escribe V (verdadera), F (falsa) o N (no se dice).

1 Algunas especies de pájaros han cambiado sus hábitos de migración.
2 La temperatura del polo sur aumenta.
3 Los países cerca del Ártico serán los más perjudicados.
4 Los gobiernos empiezan a conceder más importancia a la cuestión "verde".
5 El gobierno español refleja la actitud de su población en cuanto al medio ambiente.
6 En el sur de España se critican las medidas que se han tomado contra la sequía.
7 Los países pobres no tienen tantos problemas con respecto al medio ambiente.
8 Los alemanes son conscientes de sus responsabilidades con respecto a los países pobres.
9 Los americanos consumen demasiada energía.
10 Los gobiernos no quieren tomar medidas contra las multinacionales porque éstas son más ricas que ellos.

B Haz un resumen de 100–150 palabras en inglés de los puntos clave de la conversación.

6.8 *¿Estamos "en camino" de conseguir transporte verde?*

Acabamos de considerar el papel de los políticos con respecto al medio ambiente – pero ¿cuál es el del comercio? Un coche "verde", ¿será posible algún día?

A Utilizando tus propias palabras y sin copiar el texto, responde en español a las siguientes preguntas.

1 ¿Cuándo se crearon los Estados Unidos?
2 ¿Hasta qué punto han tenido razón los pronósticos de *Life*?
3 ¿Qué se creía con respecto al helicóptero?
4 ¿Qué opinas de lo que se escribió en *Life* en cuanto a los aviones?
5 ¿Por qué se dice que "la realidad casi siempre supera a la ficción"?

B Traduce al inglés la sección del artículo que empieza "El transporte aéreo" y termina "los vuelos sin escala."

C Escucha lo que dice Nuria sobre unos países de Latinoamérica. Haz un resumen en inglés de los puntos clave de la grabación (100–150 palabras).

El vehículo ecológico, un viejo sueño

El coche eléctrico, en opinión de los españoles, es como los documentales de televisión, que casi todos aplauden pero muchos menos ven. Así lo confirma una reciente encuesta: el 91% cree que este tipo de automóviles representa el futuro del transporte, aunque muy pocos se muestran dispuestos a ponerse al volante de uno de ellos. En realidad, el vehículo ecológico es una vieja aspiración hasta ahora frustrada. Ya en 1954, la revista «Life» pronosticaba para el último cuarto del siglo XX un vehículo eléctrico.

En 1954, los responsables de *Life* se dieron cuenta de que sólo faltaban 22 años para 1976, año en el que los Estados Unidos celebrarían (celebraron) su segundo centenario. Con este motivo, la revista editó un número especial sobre el futuro que se atisbaba en aquellos momentos. En uno de sus reportajes, *Life* especulaba sobre los transportes que usarían los ciudadanos en el último cuarto de siglo: el automóvil eléctrico —que estos días ha comenzado a introducirse en España— y el helicóptero eran sus dos grandes apuestas.

«Aunque cabe pronosticar que en 1976 tendremos —puede leerse en las ahora amarillentas páginas— trenes más ligeros y mayor número de automóviles y autobuses, no podemos decir en qué forma evolucionará el vehículo automotor. Si se descubriera un método de almacenar la energía eléctrica en una batería 20 veces menos pesada que el actual acumulador de plomo y con la misma capacidad de recuperación que éste, podrían fabricarse automóviles más sencillos, eléctricos, capaces de competir con los de gasolina.»

Propuesta

El transporte aéreo, sin embargo, era el gran sueño a mediados de los cincuenta. Y el helicóptero estaba considerado como el vehículo del futuro para moverse por las ciudades. La propuesta era clara: «Un modelo bimotor, que pueda volar con uno solo de sus motores, tal vez resuelva el problema del transporte rápido y seguro.» Otros vaticinios, sin embargo, fueron más acertados: «Londres y Los Ángeles quedarán apenas a tres o cuatro horas de Nueva York. Los aviones de reacción, volando por encima de las nubes a cerca de 1600 km por hora, ofrecerán servicio regular, cómodo y seguro de una costa del país a la otra. Al aumentar al número de pasajeros y el de aviones disponibles, menudearán los vuelos sin escala.»

Menos afortunados fueron los augurios de *Life* sobre el transporte espacial: «No entran en nuestros cálculos los viajes a la Luna en cohetes interplanetarios y otros devaneos». Lo que demuestra que la realidad casi siempre supera a la ficción.

D *Debate dirigido*

Trabajando con un(a) compañero/a de clase, usa los puntos que acabas de notar y prepara una entrevista para un programa de radio sobre las ventajas y los inconvenientes de los coches "verdes".

Persona A es el/la entrevistador(a) y tiene algunas dudas.

Persona B es un(a) experto/a en este tema y es entusiasta.

Prepara al menos cinco preguntas y respuestas y graba la entrevista.

¡Infórmate!

El coche "verde"

La normativa medioambiental europea es cada vez más estricta y el sector tendrá que adaptarse a los nuevos tiempos.

Los fabricantes ya han tomado nota y en la última década se han reducido las emisiones de óxido de nitrógeno en más de un diez por ciento.

- **Inyección directa:** Otra alternativa para conseguir un coche *verde* consiste en la utilización de sistemas de inyección directa y válvulas de control variable en los motores de combustión de gasolina y diesel. Los expertos creen que mediante este sistema es posible reducir el consumo en un veinte o en un treinta por ciento y recortar las emisiones de gases nocivos.
- **Híbridos:** Utilizarían de modo combinado un motor de combustión y otro eléctrico o de gas.
- **Hidrógeno:** Ante el agotamiento del petróleo, carbón o gas, el hidrógeno surge como elemento suministrador de energía, ya que, combinado con el agua, puede convertirse en un recurso ilimitado. El gas emitido sería simplemente vapor de agua. Pero el hidrógeno se obtiene mediante la electrolisis, para lo que se necesita electricidad. De este modo, si la corriente se genera en una central eléctrica convencional se perderían las ventajas medioambientales, por lo que los expertos creen que esta técnica sólo aportaría ventajas ecológicas si el hidrógeno se produce a través de la energía eólica o a partir de la biomasa.

6.9 *Energías renovables*

Con respecto a las energías renovables, tanto el mundo de los negocios como el de la política comparten el mismo interés. En España, ya se han hecho muchos progresos – pero ¿son suficientes?

No echan malos humos ni ensucian y su objetivo es igual al de las centrales nucleares o el petróleo: encender una bombilla o hacer funcionar una fábrica. Las energías renovables son la forma más natural de producir la electricidad que mueve nuestro mundo.

Lo más natural

SON la panacea de la humanidad, afirman muchos de los mejores científicos del planeta. No en vano, las energías renovables presentan numerosas ventajas frente a otras más tradicionales como el carbón o la peligrosa radiactividad: son más limpias, ya que no generan residuos tóxicos, y utilizan para producir electricidad materias primas inagotables y baratas, como el viento, el agua o el calor del sol.

Sin embargo, estas fuentes naturales de energía, llamadas a desempeñar un gran papel en el futuro, no pasan precisamente ahora por uno de sus mejores momentos; y el medio ambiente es una de las primeras víctimas de esta situación.

SOLAR, LA VIDA

Está claro: el sol es vida y por ello el ser humano, desde sus orígenes, ha utilizado siempre el calor de sus rayos para procurarse bienestar.

La ciencia ha encontrado valiosos dispositivos capaces de concentrar la fuerza del sol y, aún más, almacenarla para usarla cuando convenga. Gracias a estos adelantos técnicos, muchas viviendas se abastecen para sus necesidades únicamente de energía solar y, en un futuro próximo, se espera que también lo hagan ciudades enteras. Mientras tanto, España cuenta con una de las principales plantas solares experimentales, construida en Almería, y existen grandes expectativas de futuro respecto a esta forma de energía.

MINIHIDRÁULICA, LA FUERZA FLUVIAL

El hombre descubrió hace miles de años un principio físico fundamental: el agua, en su fluir por la superficie terrestre, tiende, por la fuerza de la gravedad, a ocupar las posiciones más bajas, produciendo así en su descenso gran cantidad de energía. Precisamente es esta energía la que se genera al construir presas con grandes desniveles en los cauces de los ríos. A las más pequeñas de estas obras de ingeniería civil se las denomina «centrales minihidráulicas» y, si se las compara con la construcción de enormes pantanos que destruyen valles y pueblos, se comprende que sean consideradas positivamente ecológicas. España, segundo país europeo más montañoso, está a la cabeza comunitaria en la utilización de esta energía, con un total de 853 plantas en funcionamiento, repartidas por toda la Península.

BIOMASA, LA ENERGÍA VEGETAL

Todas las plantas de este planeta necesitan transformar los rayos del sol en energía para poder asimilar los nutrientes químicos que contiene el suelo. Pues bien, el hombre utiliza este método al revés. Corta la materia vegetal, en la mayoría de los casos ramas secas o matorrales, y extrae la energía que aquélla almacena. Esta forma de conseguir calor para calefacción o para mover una máquina, por ejemplo, se llama «biomasa» y es en nuestro país, desde el punto de vista de la cantidad, la energía renovable más utilizada.

EÓLICA, EL REINO DEL VIENTO

La energía eólica, la que aprovecha la fuerza del viento, está ya demonstrando ser muy rentable. El calentamiento desigual del globo terráqueo origina zonas de altas y bajas presiones, que provocan, a su vez, el desplazamiento continuo del aire que nos rodea, y da lugar al viento – una energía en movimiento que intentan recoger los grandes molinos que el hombre ha ido construyendo antes incluso de que Don Quijote cabalgara. Hoy, esas enormes aspas, más modernas, han cambiado su fisonomía y hasta su nombre: ahora se llaman «aerogeneradores». España tiene el mayor parque eólico de Europa, situado en Tarifa, en pleno Estrecho de Gibraltar. Además existe un gran potencial eólico en Galicia, Canarias y el norte de Valencia y Cataluña. ■

A   Identifica los sustantivos que acompañan a los siguientes adjetivos en la primera mitad del artículo (hasta "esta forma de energía"). Después, traduce al inglés las frases que resultan. Fíjate en el orden de las palabras en español.

Cuando traduzcas, ¡no te olvides del contexto!

Por ejemplo: renovables: energías renovables
              renewable sources of energy

1 malos		**12**	primeras
2 nucleares		**13**	humano
3 natural		**14**	valiosos, capaces (de)
4 mejores		**15**	técnicos
5 numerosas		**16**	solar
6 limpias		**17**	próximo
7 peligrosa		**18**	enteras
8 tóxicos		**19**	principales, solares,
9 primas, inagotables, baratas			experimentales
10 naturales		**20**	grandes
11 gran			

B   Aquí tienes un resumen del artículo, pero faltan algunas palabras. Complétalo con palabras de la casilla.

Las energías renovables **1** .... más limpias y menos **2** .... que los combustibles tradicionales. Sus fuentes son **3** .... como el agua, el viento y el sol. No **4** ...., hoy en día no se las emplea mucho y esto es muy peligroso para el medio **5** .... Es posible concentrar la **6** .... del sol lo bastante para hacer funcionar viviendas y quizá hasta ciudades **7** .... mediante su energía. También, el agua puede **8** .... para producir electricidad y no hace **9** .... a los pueblos y valles como los pantanos **10** .... Utilizando además la energía **11** .... en materia vegetal y la fuerza del viento, se puede **12** .... toda la electricidad que se necesita de una forma barata, limpia y segura.

almacenada ambiente baratas buscada caso
comprar conseguir daño eléctricos enteras
están eternas fuerza importa materias
matorrales mundo obstante raya son tóxicas
usuales utilizarla utilizarse

C   *Trabajo escrito*

Escribe una carta a un periódico español, describiendo las ventajas y desventajas de las varias formas de energías renovables y da tu opinión sobre cuál sería la más útil para el futuro.

CONSOLIDACIÓN

Estudia: Adjectives, p. 190

Aquí tienes varios adjetivos, cada uno encabezando una lista de sustantivos. Debes decidir si el adjetivo va delante o detrás del sustantivo en cada uno de los casos y explicar el porqué.

gran	**eólicas**	**mejores**	**vegetal**
experto	energías	profesionales	sustancia
caso	tecnologías	energías	
país		aspectos	
globo		tecnologías	
científico			
renovables	**verdes**	**químicos**	**más importantes**
energías	frutos	elementos	aspectos
tecnologías	tecnologías	nutrientes	países
originales	**principal**	**grande**	**natural**
profesionales	experto	país	vida
aspectos	sustancia	globo	sustancia
tecnologías	caso		
primer	**vuestros**	**muy valioso**	**terráqueo**
experto	países	caso	globo
caso	expertos	tesoro	
norteamericano			
científico			

6.10 *Participación ciudadana*

Pero ¿qué puede hacer el ciudadano individual? A primera vista, parece imposible, pero cuando muchos se unen, el efecto puede ser dramático. En Cuautitlán Izcalli, en México, una gran parte de la ciudadanía colabora en jornadas de limpieza.

Hacia un rescate ecológico del Lago de **Guadalupe**

Restaurar el equilibrio ecológico o ayudar a mantenerlo es una prioridad en nuestros días, ya que todos dependemos de la naturaleza.

Ante esta preocupación, en el municipio de Cuautitlán Izcalli – el más joven del Estado de México – se ha desarrollado una serie de actividades en beneficio de la naturaleza, principalmente del Lago de Guadalupe, proyecto que es encabezado por Fernando Alberto García Cuevas, presidente municipal, y en el que es auxiliado por la mayoría de los pobladores de dicha localidad.

"El rescate ecológico del lago es una obligación de la comunidad entera", palabras del señor García Cuevas durante una entrevista realizada en el Palacio Municipal, en la que manifestó el entusiasmo y decisión, por parte de él y de la ciudadanía, por convivir con la naturaleza, respetarla y cuidarla a través de las llamadas "Jornadas de limpieza".

Este proyecto cuenta con el apoyo económico del Gobierno del Estado de México, así como de los presidentes municipales de Atizapán, Villa Nicolá Romero y Cuautitlán Izcalli, cuyo objetivo común es encontrar soluciones inmediatas y eficaces para salvar la zona.

Una de las jornadas más significativas fue la de la limpieza de las playas y la extracción del lirio acuático que cubría una gran parte del lugar. En ella participaron cerca de cinco mil habitantes convocados por los Consejos de Participación Ciudadana y por las organizaciones sociales. "El resultado fue muy positivo, puesto que en tan sólo ocho horas se limpiaron cerca de 10 kilómetros", comentó el señor García Cuevas.

Pero los esfuerzos no sólo se han enfocado a este sector, sino que también se han desarrollado actividades de forestación. En la Sierra de Guadalupe,

por ejemplo, se plantaron diez mil arbolitos en dos horas con la participación de ocho mil personas. También en los alrededores del Lago de los Lirios se plantaron cinco mil más y el lago se repobló con cincuenta mil carpas plateadas. Cada semana se efectúa la limpieza de las colonias.

Con respecto a la colaboración ciudadana, el presidente municipal explicó: "La gente está ávida de participar; lo que necesita es encontrar el espacio adecuado, y que se la organice, para poder de esta forma canalizar la energía y la fuerza de esa comunidad . . . nuestra mayor fuerza como Gobierno municipal está en la gente."

García Cuevas fue tajante acerca de las industrias y fábricas que podrían contribuir al deterioro del ambiente en la comunidad: "No queremos empresas contaminantes en Cuautitlán Izcalli; no hay permiso para tales compañías", reflejando con estas palabras su compromiso con la ecología y la naturaleza.

Sobre los planes futuros que se llevarán a cabo durante su gestión, el titular habló de la construcción del primer parque microindustrial netamente ecológico y que tiene como objetivo impulsar al pequeño comerciante en el Estado de México. "Se demostrará que el desarrollo y el progreso no se logra pisoteando a la naturaleza, sino conviviendo con ella", dijo.

A   Sin copiar del texto, contesta a estas preguntas.

1 Según el artículo, ¿por qué es tan importante mantener el equilibrio ecológico?
2 ¿Quién es Fernando Alberto García Cuevas y qué ha organizado?
3 ¿Qué supone una «Jornada de limpieza» para Cuautitlán Izcalli?
4 Explica cómo se organizó la limpieza de las playas.
5 ¿Qué más se ha hecho durante estos días?
6 ¿Hay muchas compañías contaminantes en Cuautitlán Izcalli? ¿Por qué (no)?
7 Explica lo que piensa hacer el señor García Cuevas en el futuro.

B   Traduce al inglés los últimos tres párrafos del artículo, desde "Con respecto a la colaboración…".

C   Aquí tienes la continuación del artículo, pero faltan algunas palabras. ¿Puedes rellenar los espacios en blanco con palabras de la lista?

1 ……… de que concluyera la charla Fernando Alberto García **2** ……… un elocuente mensaje a la ciudadanía: "No **3** ……… la oportunidad tan maravillosa que tenemos de dirigirnos a la naturaleza con **4** ………, porque el **5** ……… que el hombre puede ocasionar es irreparable."
    Si **6** ……… contaminando el medio ambiente, **7** ……… cada vez más las posibilidades de un **8** ……… favorable para las generaciones que nos seguirán. Todo el bien que **9** ……… a la naturaleza que no sea por obligación, **10** ……… por compromiso con la vida.

antes	cual	daño	después	dirigió	disminuimos	futuro	gusto	habló	hacemos
hagamos	manera	perdamos	perdemos	pero	respeto	seguimos	sino		

D   Trabajas como voluntario para una organización medioambiental. Les interesa a tus compañeros lo que hace la gente en esta región de México. Haz un resumen del artículo en inglés (unas 100–150 palabras).

CONSOLIDACIÓN

Estudia: Future, p. 202; Passive, p. 206

En el texto hay dos casos de verbos en futuro y en la forma pasiva. Búscalos y luego pon los infinitivos que siguen a continuación en el mismo tiempo y forma.

Por ejemplo: sembrar (trigo) – se sembrará trigo/ será sembrado trigo

1 destruir (una casa)
2 regar (un campo)
3 plantar (unos árboles)
4 rescatar (un río)
5 proteger (muchas especies animales)

CONSOLIDACIÓN

Estudia: "Se", p. 207

1 Haz una lista de todos los ejemplos de "se" que hay en el texto.
2 Imagínate que eres el alcalde de un pueblo donde se están llevando a cabo unas jornadas ecológicas por iniciativa popular. Cuenta a un periodista las acciones que forman parte de vuestro programa. Utiliza el "se" tantas veces como puedas.

6.11 *Acción individual –*
La protesta

Las medidas tomadas por individuos o por grupos consisten algunas veces en protestas. ¿Opinas que éstas son eficaces? ¿Qué te parece la protesta de la que habla el siguiente artículo?

Piden que se instale una cadena para impedir el paso a vehículos de motor que podrían degradar el entorno

Un grupo ecologista corta el acceso a un castro asfaltado en Chantada

Miembros del colectivo ecologista Xevale cortaron ayer con piedras y troncos el acceso al castro de San Amaro, en Chantada, por la pista que recientemente asfaltó el Ayuntamiento. Los activistas protestaron así contra una obra municipal que afecta al entorno protegido de la ermita de San Lucas y no cuenta con el necesario visto bueno de la Consellería de Cultura.

La iniciativa emprendida ayer por Xevale es la primera de una serie de acciones con las que la asociación exigirá al Ayuntamiento de Chantada la colocación de una cadena para impedir el acceso de vehículos de motor al conjunto patrimonial de San Amaro. De no ser así, los ecologistas aseguran que seguirán taponando periódicamente esta pista.

Mientras esperan conocer detalles del informe del arqueólogo de Patrimonio sobre los posibles daños causados en el castro por la obra, los ecologistas insisten en que «el asfaltado de la pista va a incrementar la presencia de vehículos, que encerrarán el castro completamente, y provocarán una destrucción continua del entorno y de su riqueza paisajística y ecológica, así como cultural».

El asfaltado del acceso al castro de San Amaro fue denunciado por este mismo colectivo la semana pasada. La delegación provincial de la Consellería de Cultura confirmó entonces que no tenía conocimiento de la obra realizada por el Ayuntamiento y el propio delegado explicó que el gobierno local de Chantada debería haber solicitado permiso antes de su ejecución, sobre todo teniendo en cuenta que la ermita de San Lucas, que corona el castro, consta en el registro de Patrimonio como uno de los monumentos protegidos de la provincia de Lugo.

A   Sin copiar el texto, contesta en español a las siguientes preguntas.

1 ¿Contra qué ha protestado el colectivo ecologista?
2 ¿Cuál fue el efecto inmediato de la protesta?
3 ¿Qué temen los ecologistas?
4 ¿Cuál fue la reacción de la Consellería de Cultura?

B *Presentación oral*

¿Crees que la protesta del grupo ecologista está justificada? ¿Es un buen modelo de protesta en defensa del medio ambiente? Prepara una exposición de tres minutos sobre tu opinión con respecto a las protestas. A continuación, discute el tema en grupo.

6.12 *¿Somos ciudadanos verdes?*

Hemos examinado varias maneras de luchar contra los problemas tocantes al medio ambiente, pero el más grande es cómo cambiar nuestra rutina diaria y nuestras costumbres para protegerlo. Aquí tienes algunas ideas desde una perspectiva española.

El ciudadano verde

Consejos para conseguir sin gran esfuerzo que la vida cotidiana sea más respetuosa con el medio ambiente.

en casa
un uso racional de la calefacción, los grifos y los electrodomésticos ahorrará más de un disgusto al medio ambiente y al bolsillo

- Suena a obviedad; pero hay mucha gente que aparentemente sigue sin caer en la cuenta. Es absurdo tener la calefacción a tope y después abrir la ventana para que entre fresco. Lo que se escapa es dinero.

- Utilizar bombillas eficientes y de bajo consumo; son más caras, pero duran ocho veces más y consumen apenas un 20% de la electricidad que necesitan las convencionales. Una buena inversión a largo plazo.

- Unos pequeños-grandes trucos para ahorrar energía: apagar el televisor, el aparato de radio, la cafetera y demás artefactos eléctricos cuando no se estén utilizando. Apagar las luces de las habitaciones que no se estén ocupando.

en la compra
es mejor acudir a la tienda con un poco de sentido común

- Para evitar el consumo excesivo de bolsas de plástico conviene acudir a la tienda o supermercado con la propia bolsa de tela o carrito de la compra (una sana costumbre que casi se ha perdido totalmente en las grandes ciudades). En su defecto, aprovechar las bolsas que den en la tienda para usarlas en casa para echar la basura.

- Rechazar los productos con demasiado envoltorio. Un paquete muy aparente no tiene por qué ser sinónimo de calidad.

- Limitar la contribución a la cultura de usar y tirar procedente de la compra de pañuelos o servilletas de papel, papel de cocina, vasos y cubiertos de plástico o cámaras fotográficas de un solo uso. También los objetos tienen su alma.

A Busca en los textos "en casa" y "en la compra" las expresiones españolas que tienen los siguientes significados.

1 central heating
2 domestic appliances
3 it may seem obvious, but
4 energy-efficient lightbulbs
5 in the long term/overall
6 some small but significant things
7 to switch off
8 a sensible habit
9 if you don't have one
10 too much packaging
11 the throw-away culture
12 disposable/single-use

en la ciudad

con transporte público, limpieza y respeto a las zonas verdes se logran urbes más civilizadas

- Utilizar el transporte público. Cada viajero de un coche privado necesita 50 veces más espacio y 15 veces más energía que el del transporte público.

- Los paseos a pie o en bicicleta (siempre que haya condiciones en la ciudad, con carriles-bici; tampoco se trata de poner en peligro la integridad personal) para trayectos cortos contribuyen a mejorar la salud y disminuir la contaminación atmosférica y acústica.
- Valorar aspectos como el consumo de gasolina y tiempo, la dosis de ruido ambiental y el gasto en productos no deseados al comprar en grandes superficies o centros comerciales. ¿Por qué no volver al tendero de la esquina, por lo menos de vez en cuando?

en vacaciones

el turismo rural y el respeto por la naturaleza donde se vaya marcan las pautas del ocio verde

- La práctica de deportes al aire libre (senderismo, escalada, parapente, piragüismo, etcétera) debe conjugar al máximo el disfrute personal con la conservación del entorno salvaje.
- La ciudad y sus alrededores están llenos de lugares donde empaparse de naturaleza y ecología: jardines botánicos, parques y jardines públicos, museos de ciencias naturales, librerías especializadas, algunos zoológicos (otros muchos no respetan ni conservan en condiciones a los animales), exposiciones...
- Durante los meses de calor hay que extremar las medidas para no provocar un incendio (no tirar colillas o cerillas al suelo, no hacer fuego en ningún caso, no quemar rastrojos).

Si sales de "picnic", no dañes el medio ambiente

Compórtate de forma que los que lleguen detrás de ti también puedan disfrutar de la naturaleza.

Al llegar el buen tiempo las salidas al campo se convierten en una actividad muy apetecible. El contacto directo con la naturaleza es muy beneficioso, tanto para el cuerpo como para la mente. Pero, ¡cuidado!; si no tenemos una actitud respetuosa con el medio ambiente, podemos hacer mucho daño a la naturaleza. Por lo tanto, debemos tener en cuenta ciertas normas básicas de comportamiento ecológico.

- Utiliza medios de transporte poco contaminantes, como el tren o la bicicleta y, siempre que puedas, recorre los trayectos cortos a pie. Ten en cuenta que los coches, además de contaminar el ambiente, destrozan los caminos vecinales y alteran la paz del campo.
- Incluye en tu mochila una bolsa para guardar la basura. Hay que evitar que el campo quede sembrado de desperdicios.
- No tires las anillas de metal ni el plástico que mantiene unidas las bebidas de lata. Muchos animales pequeños se pueden ahogar al meter la cabeza en ellas, y otros pueden engancharse las patas.

- Puedes dejar, en lugares no visibles, restos de productos que, por ser materia orgánica, pueden servir de alimento a insectos y pájaros: piel de fruta, pan ... Pero nunca debes tirar latas, bolsas de plástico, papeles, vidrios, colillas u otros desperdicios que la naturaleza no puede absorber.

- Recuerda que las plantas y los árboles, incluso los más pequeños, son beneficiosos para el medio ambiente, ya que nos aportan oxígeno, además de embellecer el paisaje. Infórmate a través de las diversas guías que edita Icona y los departamentos de Medio Ambiente de las comunidades autónomas sobre parques nacionales, reservas naturales, rutas a pie o a caballo.

B   Aquí tienes unas palabras relacionadas con los dos artículos. ¿Puedes hacer frases completas? Pero...

- no puedes cambiar ni la forma ni el orden de las palabras
- tienes que consultar los dos textos.

1 usamos – recursos naturales – gastaremos
2 ahorrar – apagamos – utilizamos
3 coche – autobús – gastar
4 verano – tiran – cuidado – apagadas
5 coches – daño – caminar – largo
6 animales – comer – se dejan

C Escucha la grabación y completa la transcripción con las palabras que faltan.

Blanca ¿Y .... qué hace ...., o sea la persona individual, para el medio ambiente? ¿Qué es lo que hace la gente para ayudar ....?

Llorenç Bueno, la gente primero .... que estamos viviendo y buscar información. Podrían dirigirse a su ayuntamiento o contactar organizaciones como "Greenpeace", "Amigos de la Tierra"; y buscar .... que puedan usar en casa, como el ...., de papeles, utilizar cosas que tenemos en casa: ropas viejas, antiguos libros, para reciclar y obtener nuevos materiales; ...., utilizar energías que puedan ser reciclables, todo este tipo de cosas. ....

Blanca Yo creo de todos modos que .... en España, no hay mucho, pero a nivel de ayuntamientos, ... están haciendo bastante, están produciendo material, información, campañas publicitarias para ....

Llorenç Sí, claro, hay mucha información y solamente hay que ir a buscarla, salir a la calle, buscarla y concienciarse sobre el problema y buscar una solución. Todos podemos ayudar.

Blanca Y, ..., ¿qué otras cosas puede hacer la gente?

José Yo creo que es también .... del tipo de vida que se lleva en la sociedad occidental, una sociedad muy consumista que lo único que pretende es .... El tipo de .... los .... que se sirve todo en contenedores de plástico y .... incluso en los cafés, que antes tomabas tu café en tu taza de porcelana, ahora en muchos sitios .... Cosas de ese tipo debiera tomarse conciencia y decidir, a lo mejor, no visitar esos sitios; o, también, tener un tipo de vida más acorde con el medio ambiente: .... o apagar luces en las habitaciones cuando no estás, analizar un poco más .... para ver cómo se puede mejorar y cómo podemos ahorrar energía. Y, sobre todo, no considerar que el tipo de vida que llevamos es así y que ...., sino realmente ver lo que se puede cambiar.

Llorenç Sí, cuando vamos a la playa .... o cuando salimos al campo no dejar basuras; y, además, ... para que no haya . . . no provocar incendios forestales, que en verano son muy peligrosos, y todos estos incendios que hay en el Amazonas o incluso en Europa o en cualquier continente ....

¡Infórmate!

Millones de ecologistas

Hace 23 años un grupo de pacifistas y ecologistas gritó: «Queremos paz y queremos que sea verde.» El grito se oyó en todo el mundo y hoy son más de cinco millones los que, bajo el signo de Greenpeace, se declaran «guerreros defensores de un planeta llamado Tierra».

Países miembros: Greenpeace tiene sedes en 30 países de los cinco continentes. La central está en Amsterdam y desde allí se coordinan las oficinas repartidas por todo el mundo y los barcos, parte fundamental de la organización.

Greenpeace España: Tiene 70.000 socios, una sede en Madrid, una oficina de información en Barcelona y otra en Palma de Mallorca.

Campañas: Detener el cambio climático; frenar el deterioro de la capa de ozono; terminar con el empleo de la energía nuclear; parar la contaminación por productos tóxicos; impedir el comercio internacional de tecnologías y residuos contaminantes; proteger los bosques y los ecosistemas marinos; detener las pruebas nucleares y proteger la Antártida, el Mediterráneo y el Pacífico.

Trabajo de investigación: Elaboración de informes técnicos y científicos, análisis químicos, actuaciones legales, información, diálogo con empresas e instituciones y elaboración de propuestas alternativas.

Financiación: El principio fundamental es la independencia política y económica, por ello no acepta subvenciones gubernamentales o políticas. Se financia con las cuotas de sus socios. Otros medios: donativos personales, cesión de derechos de autor de canciones, conciertos, venta de material de la organización.

D Haz un estudio, con un grupo de alumnos más jóvenes de tu colegio que estudian español también, utilizando las preguntas del CIS (ver ¡Infórmate! en la página 127). Después, compara tus resultados con los obtenidos por el CIS.

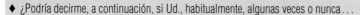

¡ I n f ó r m a t e !

Ecología y medio ambiente

♦ ¿Podría decirme, a continuación, si Ud., habitualmente, algunas veces o nunca…

		%	
	Habitualmente	**Algunas veces**	**Nunca**
utiliza las papeleras públicas para tirar papeles?	80	17	3
utiliza los contenedores públicos para depositar ciertos desechos (vidrio, cartón, papel)?	73	18	10
utiliza diferentes recipientes según el tipo de desecho doméstico de que se trate?	42	26	32
aparca el coche en doble fila?	4	34	62
utiliza el transporte público?	34	36	30
pone en práctica medidas domésticas para economizar agua?	50	32	18
trata de evitar ruidos?	60	31	9
paga las multas de tráfico?	62	25	12
compra productos ecológicos, es decir, no contaminantes para el medio ambiente?	24	42	33
procura colarse y no esperar su turno en una cola?	7	10	83
hace camping o acampadas en zonas no autorizadas?	2	8	89

cis.sociol.es

E *Trabajo escrito*

Utilizando la información de la casilla ¡Infórmate! "Millones de ecologistas" en la página 126, escribe 250 palabras sobre uno de los siguientes temas:

- "Idealismo y realidad: nuestras actitudes hacia los problemas del medio ambiente"
- Prepara un folleto publicitario sobre la naturaleza y las consecuencias de la contaminación en las grandes ciudades. Debes sugerir una solución para cada problema.

¡EXPRÉSATE!

Estas expresiones de los textos que acabas de leer pueden ayudarte.

a largo plano	hay que	recuerda que
contaminantes	la conservación de	respeto por
de vez en cuando	la dosis de	se trata de
disminuir	limitar	suena a obviedad, pero
el consumo excesivo de	materia orgánica	tener en cuenta
es absurdo	necesita (x veces) más energía	un poco de sentido común
es mejor	normas de comportamiento	una actitud respetuosa
es muy beneficioso	para evitar que	una sana costumbre
hacer daño a	por lo menos	usar y tirar
		utilizar

6.13 *¿Vandalismo, arte o libertad de expresión?*

Los grafiti, ¿son una forma aceptable de protestar o son nada más que una forma de contaminación? Lee este artículo sobre los grafiti en Madrid y fórmate tu opinión.

«Grafiti» el grito en el muro

Paredes y vallas de la vía pública son los lugares elegidos por los artistas del «grafiti» para hacer sus pintadas. Esta forma de expresión, importada de Estados Unidos, ha sido plenamente adoptada en España. A finales de los sesenta, Demetrius, un joven norteamericano, tuvo la tenaz iniciativa de escribir su apodo, «Taki», y el número de su casa, el 138, en las paredes, autobuses y monumentos de todo Manhattan. Comenzaba así lo que para algunos se ha convertido en una novísima forma de expresión y para muchos en una pesadilla diaria: los «grafiti». Algunos españoles han seguido el ejemplo estampando su nombre o su marca por todas partes: en vallas, paredes y vagones del Metro.

En España, a pesar de la escasa tradición y de los años de retraso, la moda de la pintada ha visto multiplicados sus frutos hasta llegar a la batalla multicolor que, día tras día, se libra en las calles de nuestras ciudades. No hace mucho tiempo era imposible no encontrar en los muros de Madrid las huellas cromáticas de «Muelle» o «Bleck, La Rata».

Tras estos abanderados del grafito madrileño surgirían pronto numerosos seguidores que intentarían, la mayoría sin conseguirlo, relevar a sus antecesores. Así, nombres tan conocidos como «Rafita», «Snow», «Mode», «Titón», «Macle», «Joselio» o «Clyde», entre otros muchos, comenzaron la ardua tarea de conseguir un muro en exclusiva o un hueco en las atestadas paredes del Metro. La preferencia por los vagones del ferrocarril metropolitano es obvia: no hay nada mejor para propagar el nombre que un dibujo móvil. Entra, además, aquí en juego la directriz principal de los «grafiti», dejarse ver. No en vano, y a pesar de que la calidad de las firmas es crucial, la profusión de la misma por todos los rincones produce mayores efectos.

Pero no todo es color. Una parte considerable del presupuesto que el Ayuntamiento concede para la limpieza viaria se gasta en borrar pintadas. Unas 120 personas, entre capataces, conductores y operarios, luchan en dos turnos diarios contra los aerosoles. A pesar de los esfuerzos realizados, los espacios vacíos se ven rápidamente rellenos como si sus autores hicieran gala de un «horror vacui» exacerbado.

No obstante, debemos analizar, para no caer en generalizaciones, que frente a la mayor o menor preocupación cromática y estética de algunos autores, aparecen otras firmas de inferior calidad y con pretensiones muy distintas. Tal es el caso de las miles de firmas monocromas que se han adueñado del Metro de forma salvaje y que evidencian más que una búsqueda estética y un reconocimiento personal, un esporádico vandalismo de pésimo gusto pictórico.

Como opina el señor Freire, del departamento de servicios especiales de la delegación de limpieza urbana, «Hay pintadas y pintadas. Si en un paredón antiestético pintan algo, bienvenido sea: pero esto es diferente a pintar bigotes a la estatua de Juan Valera.»

De esta forma, las técnicas ensayadas sobre las estatuas de los museos o sobre la Puerta de Alcalá distan mucho de los «grafiti» de la Plaza de España, donde aún se conservan las aspiraciones artísticas de sus realizadores. En éstos, aún aparecen los elementos que caracterizan los «grafiti». Así, junto a un nombre sugerente, aparece siempre una rúbrica alusiva y algún signo de distinción que les aporta un carácter pseudolegal, formando todo ello un conjunto gráfico de gran belleza expresiva.

El caso de «Muelle» es más significativo, ya que la «R» enmarcada en un círculo que acompaña a su firma es ciertamente el registro legal de la «marca» – una marca que está obteniendo multitud de ofertas para ser empleada como emblema de algún producto, a lo que su anónimo dueño responde negativamente con excesivo celo. Y es que ganarse la fama garabateando en la pared cuesta mucho. Aparte, un «grafiti» es algo tan personal como un grito en un muro.

A   Estas frases pueden encabezar los siete párrafos del artículo, pero, ¿cuál es el orden correcto?

1 El arte en marcha
2 Una diferencia muy grande
3 Una moda nueva
4 Gamberrismo en el Metro
5 Una marca personal
6 Una batalla constante
7 Una forma de expresión gráfica
8 La guerra de los colores

B   Las siguientes frases aparecen en la primera parte del artículo. ¿Las puedes volver a escribir sin utilizar las mismas palabras?

1 a pesar de la escasa tradición
2 numerosos seguidores que intentarían … relevar a sus antecesores
3 la ardua tarea de conseguir un muro en exclusiva
4 no hay nada mejor para propagar el nombre

C   Haz un resumen en inglés de los puntos clave del artículo (100–150 palabras).

D   Traduce al español el siguiente texto.

Nevertheless, not all graffiti is of an aesthetic quality. In the Metro, much evidence of unaesthetic vandalism can be seen, and there is a great difference between this type of painting and the graffiti in the Plaza de España. Here, the artistic aspirations of its creators form a combination of personal expression and graphic beauty.

E   *Presentación oral*

¿Qué piensas tú sobre los «grafiti»? ¿Es una forma de agresión al medio urbano o una expresión artística? Explica tu opinión en unas 250 palabras.

6.14 *Reacciones y redacciones*

Escribe 250 palabras sobre uno de estos temas. Tienes que referirte a contextos españoles o latinoamericanos.

1 "Como individuo, no puedo hacer ningún impacto en la protección del medio ambiente. No vale la pena hacer un esfuerzo." ¿Es verdad o no?
2 "Para proteger el medio ambiente, la violencia está justificada." ¿Estás de acuerdo?
3 ¿Cómo se puede reconciliar el turismo con la protección del medio ambiente?
4 "El desarrollo y el bienestar de los humanos son más importantes que la supervivencia de todas las especies – de todos modos, es natural que algunas especies desaparezcan." ¿Estás de acuerdo?

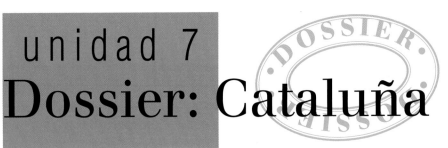

unidad 7
Dossier: Cataluña

7.1 *Bienvenidos a Cataluña*

En esta unidad vamos a consolidar tu conocimiento de los siguientes puntos gramaticales:

- expresiones con infinitivo *(expressions with the infinitive)*
- adverbios *(adverbs)*
- pretérito indefinido *(preterite)*
- "por" y "para"

| Us donem la més cordial benvinguda a Catalunya | Le damos la más cordial bienvenida a Cataluña |

Catalunya és un país petit de 6 milions d'habitants, amb més de mil anys d'història i una cultura i una llengua pròpies que han anat configurant la seva personalitat.

Ara, Catalunya és una comunitat autònoma dins d'Espanya i ocupa una superfície de 31.930 km².

Cada any milions de turistes es concentren al litoral català, sense adonar-se que a l'interior, molt a prop d'aquest mar Mediterrani tan lluminós, hi ha altres llocs d'interès artístic, monumental o paisatgístic que també mereixen ser visitats.

Amb aquestes pàgines ens proposem presentar-vos, en trets generals, tots aquells aspectes que poden ajudar vos a ampliar i a fer més ria la vostra visita a Catalunya.

Cataluña es un país pequeño, de 6 millones de habitantes, con más de mil años de historia, y una cultura y una lengua propias que han ido forjando su personalidad.

Ahora Cataluña es una comunidad autónoma dentro de España y ocupa una superficie de 31.930 km².

Cada año, millones de turistas se concentran en el litoral catalán sin darse cuenta de que en el interior, muy cerca de este mar Mediterráneo tan luminoso, hay otros lugares de interés artístico, monumental o paisajístico que también merecen ser visitados.

En estas páginas nos proponemos presentarle, en términos generales, todos aquellos aspectos que pueden ayudarle a ampliar y a hacer más rica su visita a Cataluña.

A Aquí tienes el mismo texto en dos idiomas: castellano y catalán. Mira las diferencias y lo que tienen en común.

B Lee otra vez la "bienvenida" en castellano, y lee también el texto sobre las fiestas populares de Cataluña (casilla ¡Infórmate! en la página 131). Contesta a las siguientes preguntas.

1 ¿Cuántos millones de habitantes tiene Cataluña?
2 ¿Cuál es la zona preferida por los turistas?
3 ¿Hay muchas fiestas populares en Cataluña?
4 ¿Quiénes son los "Castellers"?
5 ¿Qué significado tiene la "Danza de la Muerte"?
6 ¿Qué es característico de la noche de San Juan?

C Escucha lo que dice Jordi sobre la identidad catalana. Después, mira las frases abajo y empareja la primera parte de cada frase con la continuación que le corresponde.

1 Su abuela solía contarle
2 Los niños no podían
3 La abuela de Jordi había comprado
4 El catalán es una lengua oficial
5 La sardana es
6 Los ciudadanos pueden
7 Cataluña tiene
8 El Barça simboliza

a y se enseña y se aprende en las escuelas.
b la danza regional de Cataluña.
c expresarse libremente en la lengua que deseen.
d ser bautizados con nombres catalanes.
e historias de la época de la dictadura de Franco.
f una bandera de Cataluña ilegalmente.
g el orgullo y la identidad de Cataluña.
h una gran influencia política y social en España.

¡Infórmate!
Las fiestas de Cataluña

En Cataluña cada pueblo tiene sus días de Fiesta y sus costumbres tradicionales. Por ejemplo…

- En las comarcas de Tarragona los "castellers" levantan espectaculares torres humanas.
- La "Patuma" de Berga es una fiesta inolvidable con raíces paganas y cristianas trasmitida de padres a hijos.
- La "Danza de la Muerte" recorre las calles del pueblo de Verges el Jueves Santo, en memoria de las terribles epidemias medievales.
- La noche de San Juan (24 de junio) se encienden grandes fogatas en las calles y plazas. La verbena transcurre entre cohetes y fuegos de artificio, se come la tradicional "coca", y se celebra el solsticio de verano hasta el amanecer.
- En las Fiestas Mayores y otras celebraciones populares podrá admirarse el desfile y baile de gigantes rodeados de los satíricos cabezudos.

También en Cataluña se celebra el Carnaval y son especialmente alegres y multicolores los de Solsona, Sitges y Vilanova y la Geltrú.

D Escucha a Jordi otra vez y toma notas de lo que dice sobre la situación de Cataluña durante la dictadura franquista. Resume la información de acuerdo con los siguientes aspectos:

- Lengua
- Danzas
- Nombres
- Bandera

¿Cómo se dice …?
El catalán y su influencia

Escucha a Jordi que va a leer el texto de bienvenida en catalán y en español. Cuando escuchas la versión española, observa cómo su pronunciación y entonación están muy influidas por el catalán.

¡Infórmate!
Las comunidades autónomas

Cataluña es una de las 17 **comunidades autónomas** de España. Cada una de ellas tiene su propio órgano de gobierno.

Las 17 comunidades autónomas son:

1 País Vasco	**10** Aragón
2 Cataluña	**11** Castilla – La Mancha
3 Galicia	**12** Islas Canarias
4 Andalucía	**13** Navarra
5 Principado de Asturias	**14** Extremadura
6 Cantabria	**15** Islas Baleares
7 La Rioja	**16** Comunidad de Madrid
8 Región de Murcia	**17** Comunidad de Castilla–León
9 Comunidad Valenciana	

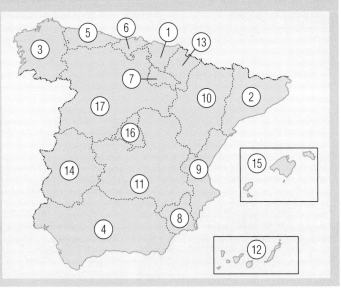

7.2 ¿Cómo es Cataluña?

¿Qué es Cataluña?

Situada en el nordeste de la Península Ibérica, Cataluña es, en la actualidad, una de las comunidades autónomas del Estado español, con una institución propia de gobierno, la Generalitat (integrada por el Parlamento, el Presidente de la Generalitat y el Consejo Ejecutivo o Gobierno), y una bandera que consta de cuatro barras rojas sobre fondo amarillo, cuyo origen se remonta a fines del siglo IX. Su población se estima en seis millones de habitantes y su extensión es de 32.000 kilómetros cuadrados, estructurados administrativamente en 41 comarcas. Su economía genera alrededor del 20% del Producto Interior Bruto de España, la mayor parte proveniente del sector industrial.

La posición geográfica de Cataluña ha facilitado, desde la antigüedad, vínculos culturales, comerciales e históricos con el mundo europeo. Este factor y el desarrollo de una lengua y cultura propias han ido configurando una personalidad propia. Es en la Edad Media cuando podemos hablar propiamente ya de Cataluña como país, cuando los Condes de Barcelona rompen sus vínculos con los reyes francos en 988 y afirman, de este modo, su independencia. A partir de esa fecha, son numerosos los documentos que señalan puntos decisivos en el proceso formativo del país, numerosas leyes civiles, comerciales y marítimas, promulgaciones reales, tratados políticos. Pronto se desarrollan las Cortes Catalanas, unas de las primeras de Europa.

Las Cortes, en un principio, tenían un carácter itinerante (la delegación real las convocaba en un lugar distinto cada vez), pero en 1359 se instaura una delegación permanente, la Generalitat. Esa Generalitat es el origen de la actual institución de gobierno, la cual no ha cesado en sus funciones en todo este largo período histórico excepto en dos ocasiones, la primera después de la derrota de Cataluña en la Guerra de Sucesión a manos de las tropas de Felipe V y posterior política centralista (1716–1931), y la segunda con motivo de la Guerra Civil y la dictadura franquista (1936–1979).

Las aportaciones de los catalanes al mundo científico y cultural han alcanzado, en ocasiones, importancia mundial. Basta nombrar, entre algunos, a Pau Casals, Antoni Gaudí, Joan Miró, Josep Trueta, Joaquím Barraquer, Joan Oró, Montserrat Caballé y Josep Carreras.

¿Cómo es Cataluña?

La belleza natural del país viene dada, en parte, por la diversidad de sus paisajes: de costa o de montaña, secos o rebosantes de vegetación, alpinos o planos.

Entre las zonas montañosas, la cordillera de los Pirineos es, sin duda, la primera en merecer mención. Altos picos, bosques de abetos, prados, lagos y magníficos ejemplos del arte románico catalán en aisladas iglesias y ermitas ofrecen un espectáculo de gran belleza, a que, para los deportistas, se añade la posibilidad de practicar deportes de alta montaña: montañismo y escalada o deportes de nieve en invierno. Desde un punto de vista turístico, esta zona es bien conocida por sus centros de esquí alpino y nórdico.

Es imposible ignorar el litoral catalán, con sus 400 km de costa. La Costa Brava, desde la frontera con Francia hasta Blanes, es una área rocosa, con multitud de calas y roquedales, pero también con extensos pinares prácticamente aferradas a los acantilados y tranquilos pueblos de pescadores.

Desde Blanes a Barcelona se extiende la Costa del Maresme, de perfil mucho más regular, con largas y soleadas extensiones de playa. Es una costa mucho más apropiada para la práctica de deportes náuticos y que atrae a un gran número de turistas. Lo mismo puede decirse de la Costa Dorada, sin duda llamada así por sus doradas arenas y soleadas aguas.

Dejando la costa atrás y adentrándonos en el interior, mucho menos poblado, nos encontramos con la Depresión Central. Esta zona, en el pasado, tuvo gran importancia política y económica, y de ello son prueba sus extraordinarios monumentos artísticos e históricos. En nuestros días produce vinos, frutas y aceite de oliva de gran calidad.

Barcelona, la capital de Cataluña, es una ciudad cosmopolita. La Barcino de los tiempos romanos, tuvo un papel remarcable en el comercio alrededor del Mediterráneo. Hoy en día, mantiene todavía una intensa vida comercial y cultural. El siglo XIX fue testigo del desarrollo de una clase burguesa muy importante, la cual, además de crear una infraestructura industrial decisiva, patrocinó las artes e hizo posible la edificación del Liceu, el primer teatro de ópera de España.

Tarragona, con su puerto, es la segunda ciudad catalana en orden de importancia. Esta importancia viene dada, en parte, por su papel central en tiempos de la colonización romana. Se pueden hallar restos históricos y arqueológicos prácticamente en cada esquina, aunque cabe destacar las murallas, el anfiteatro, el circo y el foro.

El pasado medieval de Gerona, en el norte, y situada a orillas de los ríos Ter y Onyar, es uno de sus más marcados rasgos. Es una ciudad con más de 2.000 años de historia, con una gran personalidad.

Y para finalizar, Lérida, en el interior, es conocida por su rica huerta y ferias agropecuarias. Construida en los márgenes del río Segre, en ella se encuentran restos de arquitectura árabe y románico-gótica.

A   Lee la primera parte del folleto "¿Qué es Cataluña?" y decide si estas frases son verdaderas o falsas. Corrige las frases falsas.

1 Casi toda Cataluña está rodeada por el mar.
2 La Generalitat es la junta directiva de Cataluña.
3 La bandera catalana es de diseño moderno.
4 El sector industrial está muy poco desarrollado en Cataluña.
5 Los Condes de Barcelona fueron los primeros en declarar la independencia de Cataluña.
6 Cataluña tiene su fundación en la época medieval.
7 Hoy en día Cataluña sigue siendo un país totalmente independiente del resto de España.
8 Pau Casals y Joaquím Barraquer son catalanes conocidos en todo el mundo.

¡Infórmate!

Cataluña en cifras

Superficie	32.000 km²
Población	c. 6.000.000 habitantes
Costa	400 km
Principales ciudades (habitantes)	
Barcelona	1.700.000
Tarragona	112.000
Lérida	111.000
Gerona	70.000
Comunicaciones	
Autopistas	600 km
Carreteras nacionales	10.500 km
Ferrocarriles	1.400 km
Aeropuertos	8
Vehículos (por 1.000 habitantes)	460
Alojamientos	
Hoteles y pensiones	c. 3.000
Campings	300
Residencias-casa de payés	100
Turismo	
Visitantes extranjeros	16 mill.
Áeras de esquí alpino y nórdico	18
Campos de golf	17
Casinos	3

B   Aquí tienes un resumen del texto "Cataluña en cifras" (casilla ¡Infórmate!). A ver si puedes rellenar los espacios en blanco.

Cataluña tiene unos seis **1** .... de habitantes. Casi una **2** .... parte de ellas vive en Barcelona. Toda la comunidad tiene una excelente red de **3** .... con miles de kilómetros de **4** ...., carreteras y autopistas, y más o menos la **5** .... de la población tiene algún **6** .... propio. Cataluña es, además, un gran centro turístico. Hay **7** .... en hoteles, pensiones y campings, y para los aficionados a los deportes hay dieciocho estaciones de esquí, y más de quince **8** ....

D   *Debate dirigido*

Escucha la grabación. Después de escuchar las palabras de Jordi, lee la siguiente opinión y haz un debate con tu compañero/a en el que uno de vosotros tiene que defender esta opinión.

"El nacionalismo es un medio de manipular a las personas apelando su sentimentalismo y hacer que un grupo de símbolos (una lengua, una bandera) muevan a los pueblos a proclamar que son diferentes y superiores."

Puedes tratar algunos de los siguientes aspectos:

- Derecho de los pueblos a expresar su identidad nacional
- Diferencia entre separatismo y nacionalismo
- Derecho a la independencia política
- Integración de las personas que no pertenecen a esa cultura
- Políticas de apoyo del gobierno
- Actitudes del resto de España hacia los nacionalismos, en este caso el catalán

C   Lee el texto "¿Cómo es Cataluña?". A continuación, escribe una frase para resumir lo que se dice sobre cada uno de estos lugares.

- Cataluña
- Los Pirineos
- La Costa Brava
- La Costa del Maresme
- La Costa Dorada
- La Depresión Central
- Barcelona
- Tarragona
- Gerona
- Lérida

¡EXPRÉSATE!

Trata de utilizar algunas de estas frases:

Está claro que...
Indiscutiblemente...
No cabe duda alguna que...
Lo que es cierto es que...
Es indudable que...

7.3 *Vamos a Barcelona*

Barcelona es la principal ciudad de Cataluña y es una ciudad de muchas facetas: centro comercial, artístico, marítimo y turístico. Lee el siguiente texto para aprender un poco sobre ella.

Barcelona

Barcelona es la ciudad más europea de España y, con una población de unos dos millones de habitantes, rivaliza en importancia con Madrid. Esencial nudo de comunicaciones terrestres, aéreas y marítimas, con el puerto más importante de la costa mediterránea española, Barcelona es un centro cultural, artístico y político de gran dinamismo; un dinamismo que ha llevado a sus habitantes a buscar la proyección mundial de la ciudad a través de la celebración de los Juegos Olímpicos de 1992.

Emplazada a los pies de las montañas de Montjuic, Tibidabo y Vallvidrera, esta ciudad está constituida por una población que, aunque proceda en buena parte de otras regiones españolas, es fundamentalmente catalana en su carácter y en sus formas de expresión. Barcelona es capital de la comunidad autónoma catalana y sede de su gobierno, la Generalitat, institución que simboliza el espíritu de la nación catalana, formada mucho antes de que existiera el Estado Español como se conoce actualmente.

El nacionalismo y la pujanza tradicionales de la población catalana han contribuido a que la ciudad sea un centro cultural, comercial y tecnológico de primer orden, un lugar donde tienen cabida los movimientos más vanguardistas de cuantos se dan en España. Asimismo, la vocación marítima de los barceloneses y la magnífica situación de su puerto llevaron a Cataluña a convertirse en una de las potencias comerciales del Mediterráneo en el siglo XIV. Aunque el descubrimiento de América le restó poder en beneficio de otros puertos, el vigor de la clase mercantil le permitió a la ciudad hacer frente a la crisis y desarrollar otros sectores. De modo que, mientras el resto de España continuaba con sus viejas estructuras feudales, Barcelona se industrializaba y alcanzaba su apogeo a mediados del siglo XIX. Esta marcada diferencia de carácter tiene también como seña de identidad el idioma. Aparte del castellano, Cataluña habla el catalán, lengua que ha conservado a pesar de las prohibiciones y persecuciones que han sufrido los catalanes por expresarse en ella. Esta lengua, íntimamente ligada a las de Oc y Provenza es, al igual que el castellano, el francés y el italiano entre otras, una lengua romance derivada del latín que hablaban los romanos.

Barcelona atrae al visitante no por su espectacularidad sino por la serena belleza que han ido configurando sus habitantes a lo largo de los siglos. No es el bullicio ni la estridencia, ni tampoco la monumentalidad lo que caracteriza a esta ciudad, sino su colorido estilo mediterráneo resultado del paso de varias culturas a lo largo de su historia. Es asimismo una ciudad llena de contrastes. Las calles de su Barrio Gótico han cambiado poco desde la Edad Media, pero sólo salir a él, amplias calles y avenidas la equiparan a las más modernas capitales europeas. Destacan los edificios modernistas de arquitectos como Gaudí, Domenech Muntaner y Puig Caldafalch, entre otros.

A Busca la palabra en el texto que se corresponda con los siguientes significados:

1 compite con
2 cruce
3 vitalidad
4 situada
5 es originaria de
6 esencialmente
7 centro
8 fortaleza
9 quitó
10 auge
11 que tiene sus orígenes en
12 igualan

B Indica cuáles de las siguientes afirmaciones se sugieren en el texto. Escribe ✓ o ✗.

1 Barcelona se parece mucho a otras ciudades europeas.
2 Es una ciudad donde hay mucha actividad en todos los terrenos: comercial, artístico, cultural.
3 El número elevado de inmigrantes resta algo de carácter a Barcelona.
4 Barcelona no tiene gobierno propio.
5 El nacionalismo es un obstáculo para el crecimiento de la zona.
6 Barcelona siempre se ha caracterizado por ser una potencia marítima.
7 En la época de la conquista de América Barcelona tuvo su auge.
8 El idioma no es una de las señas de identidad de los catalanes.
9 Puede decirse que Barcelona es una ciudad con mucha energía.
10 El clima de Barcelona es extremo.

C Haz un resumen en inglés de los puntos clave del texto (100–150 palabras).

D Vas a escuchar una conversación entre Jordi, catalán, y Felipe, castellano. Antes de escucharla, lee las siguientes frases y trata de adivinar quién expresa cada una de las opiniones. Después, escucha la conversación y comprueba si tus predicciones eran correctas.

1 Cataluña es una fuerza muy importante en la economía del país.
2 Al igual que con Franco, Cataluña está utilizando la imagen de un equipo de fútbol para promover sentimientos nacionalistas.
3 El Barça es el mejor equipo del mundo.
4 No hay equipo del mundo con mayor apoyo, ni con mayor número de socios que el Barça.
5 Al Barcelona le llaman el Ajax.
6 Los otros equipos españoles se han dedicado a contratar a los jugadores catalanes.
7 A la selección española le llaman la selección catalana porque más de la mitad de los jugadores son catalanes.
8 Es más importante la calidad de los jugadores que la cantidad de los socios.

E Escribe un párrafo (100 palabras) explicando las características del Barça.

CONSOLIDACIÓN

Estudia: Expressions with the infinitive, p. 198

Mira las siguientes frases del texto:

...un dinamismo que **ha llevado a** sus habitantes **a buscar** la proyección mundial de la ciudad
...la vocación marítima de los barceloneses y la magnífica situación de su puerto **llevaron a** Cataluña **a convertirse** en una de las potencias comerciales del Mediterráneo
...el vigor de la clase mercantil **le permitió a** la ciudad **hacer frente** a la crisis y desarrollar otros sectores

Traduce las siguientes frases al español, utilizando expresiones con infinitivo.

1 His interest in computers led my brother to change his career.
2 The death of Franco allowed Spain to establish better links with the rest of Europe.
3 The influx of people from all over the world has led London to become a lively, cosmopolitan city.
4 The teacher allowed his students to develop their skills to the full.

¿Cómo se dice ... "ll" y "y"?

Fíjate en cómo se pronuncian la "ll" y la "y" en el texto. Escucha cómo se pronuncian las siguientes palabras y luego repítelas.

orgu**ll**o	**y**egua
lleva	**ll**anto
yo	ca**y**ó
e**ll**os	cue**ll**o
llover	**y**eso

7.4 *Antoni Gaudí*

Quizás has escuchado algo sobre el arquitecto catalán Antoni Gaudí. ¿Quién fue exactamente esta a veces controvertida figura?

Antoni Gaudí i Cornet, uno de los arquitectos europeos más innovadores de su tiempo, se cuenta, hoy en día, entre las figuras catalanas más prestigiosas a nivel mundial.

ANTONI GAUDÍ (1852–1926)

Gaudí nació en Reus, en 1852. En su infancia, fue un muchacho débil y enfermizo, aquejado de fiebre reumática, lo que no deja de asombrar dada la enorme capacidad creativa que demostró en su vida adulta. Se licenció en 1878 en Barcelona, ciudad que atravesaba un período muy propicio para aquéllos con ambiciones artísticas o intelectuales: *la Renaixença* (movimiento de renacimiento político y cultural) se hallaba en su punto álgido. Gaudí recibió la influencia de las teorías de Viollet-le-Duc y Ruskin, así como de las ideas de la generación modernista, el movimiento catalán correspondiente al Art Nouveau que se formó en Barcelona alrededor de la Exposición Universal de 1888. Sin embargo, el arquitecto no tardó en formular su propia estética y desarrollar su inclasificable estilo, que algunos, dada la ferviente religiosidad del artista, describen como propio de un espíritu visionario.

Un rasgo a destacar en la biografía de Gaudí fue su relación con el influyente industrial Eusebi Güell y su familia. Gaudí fue aceptado en el círculo de los Güell cuando era un recién licenciado, lo que resultó crucial para su carrera profesional. Pronto recibió encargos para proyectos arquitectónicos en sus propiedades y disfrutó del prestigio social que su apoyo suponía.

En su tiempo, a Gaudí no le faltaron ni admiradores ni críticos, para los cuales su audacia y originalidad era una muestra de genio o de exceso, respectivamente. En nuestros días, tras un relativo olvido, su fama a nivel mundial se ha afianzado y, de entre sus obras, los edificios de la Casa Milá ("La Pedrera") y el Palacio Güell, así como el conjunto del Parque Güell, son reconocidos por la UNESCO en su lista de obras del patrimonio mundial.

A Las siguientes frases son falsas. ¿Cómo se sabe? Identifica las oraciones del artículo que las refutan.

Por ejemplo: **1** No. En su infancia fue un muchacho débil y enfermizo, aquejado de fiebre reumática.

1 Gaudí era un chico muy deportivo.
2 Cuando Gaudí era joven, no había mucha creatividad artística en Barcelona.
3 Gaudí no se interesó por las ideas de otros países.
4 Durante muchos años, Gaudí imitó simplemente el estilo de otros modernistas.
5 Cuando era viejo, Gaudí conoció a un industrial llamado Güell.
6 Todo el mundo estaba de acuerdo sobre la obra de Gaudí.

B Las siguientes frases resumen la biografía de Gaudí. ¿Las puedes completar? Cada espacio en blanco corresponde a una sola palabra.

1 Antoni Gaudí .... 1852.
2 Fue en Barcelona .... sus ambiciones artísticas.
3 Las .... de Viollet-le-Duc .... Gaudí.
4 La estética de Gaudí hizo que su .... fuera difícil de clasificar.
5 Gaudí recibió .... de los Güell.
6 Hoy en día Gaudí es .... conocido.

Casa Batlló (P. de Gràcia, 43). El edificio existente fue totalmente reformado en 1905–07, tanto el exterior como el interior. Uno de sus rasgos más destacables son los balcones, caprichosamente ondulados y semejantes a estructuras óseas. La superficie de la fachada está cubierta con delicadas cerámicas en las que un sabio juego tonal (pálidos azules, pinceladas de distintos blancos y rosáceos) se impone. La orgánica fachada, las escamas y la cruz en el tejado y las formas óseas parecen ser referencias simbólicas a la leyenda de San Jorge, patrón de Cataluña.

Parque Güell (c/ de Olot). Es prácticamente la fantasía que muchos soñaron de niños. Situado en una ladera en las afueras de Barcelona, los distintos niveles del terreno permitieron a Gaudí crear una infraestructura de caminos y accesos casi mágica. Cabe destacar la laberíntica plaza de columnas, las estructuras hechas como con pasta de caramelo, los bancos casi colgando en el vacío y la decoración a base de "collages" de cerámica. Fue encargado por Eusebi Güell y es desde 1922 parque municipal.

Pabellones Güell (Av. de Pedralbes). Otro ejemplo de remodelación de un edificio ya existente, en este caso las caballerizas de una antigua finca de los Güell. Se aprecia claramente que pertenece a un período en el desarrollo artístico de Gaudí en el cual la arquitectura oriental (cúpulas y bóvedas sobre todo) es una de las principales influencias. Con la voluntad de hacer del jardín una metáfora del mitológico Jardín de las Hespérides, un prodigioso dragón de hierro forjado guarda la gran reja de la entrada.

Casa Milà, llamada "La Pedrera" (P. de Gràcia, 92). La Pedrera carece de la ornamentación y el color predominantes en otros edificios gaudinianos. De hecho, el arquitecto se propuso casar su estilo con una máxima funcionalidad. Sirva como ejemplo el hecho de que, según el diseño original, quería construir en la azotea un aparcamiento de coches, lo que hubiera resultado una innovación a nivel mundial. Situada en una esquina, rompe sabiamente la aparentemente necesaria angularidad con una suave y extensa ondulación que recuerda a los efectos de la erosión en la piedra. Se avanza a la arquitectura expresionista y a la escultura abstracta.

La Sagrada Familia (Pl. de la Sagrada Familia). Gaudí se hizo cargo del proyecto en 1883. Debido a su carácter de centro expiatorio, es financiado por las donaciones de los creyentes solamente, y ello explica el lento avance de su construcción. Es una muestra del carácter algo megalómano del arquitecto, dada la grandiosidad y perfección planeada, equiparable a la de los grandes maestros del gótico. En los últimos años de su vida, Gaudí vivió en una pequeña estancia en su interior, totalmente dedicado a su trabajo. Su saber arquitectónico es patente en todos los detalles, incluyendo la decoración. Sin embargo, Gaudí sólo pudo terminar por completo el ábside, la Fachada del Nacimiento y las torres-campanario. El polémico avance de las obras desde 1952 a nuestros días se basa en los pocos dibujos y maquetas salvados durante la Guerra Civil. El perfil de la Sagrada Familia, con sus características torres, es ya un símbolo de la ciudad.

C Lee las descripciones de los monumentos de Gaudí. ¿Cómo se dicen estas expresiones?

1 both the outside ... and the inside
2 with the intention of
3 we need only draw attention to
4 it points towards
5 (he) took charge
6 (it) is obvious

D Algunas de estas frases contienen errores. ¿Cuáles son? ¿Puedes corregirlas?

1 La Casa Batlló contiene elementos simbólicamente relacionados con la leyenda de San Juan, patrón de Cataluña.
2 Un prodigioso unicornio de hierro forjado guarda la gran reja de la entrada a Pabellones Güell.
3 El Parque Güell se avanza, en sus detalles escultóricos, al expresionismo.
4 El Parque Güell está en el centro de Barcelona.
5 Los azulejos juegan un papel importante en la Casa Batlló y en el Parque Güell.
6 La fachada lateral de la Casa Milà ("La Pedrera") es conocida como la "Fachada del Nacimiento".
7 Gaudí no completó su proyecto de construir un templo expiatorio.

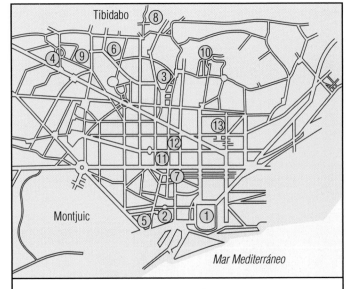

Obras de Gaudí en Barcelona

1 Parque de la Ciudadela	7 Casa Calvet
2 Farolas	8 Casa Bellesguard
3 Casa Vicens	9 Finca Miralles
4 Portería y Caballerizas	10 Parque Güell
de la Finca Güell	11 Casa Batlló
5 Palacio Güell	12 Casa Milà ("La Pedrera")
6 Colegio Teresiano	13 Sagrada Familia

E Traduce el siguiente texto al español.

Nowadays, Gaudí has become a figure of great prestige, although there was a time when he was almost unknown. He graduated in Barcelona, and it was there, at a time of economic growth and prosperity, that he developed his own style. He was helped by the patronage of the Güell family who commissioned several works from him. Putting his ideas into practice, however, was often difficult, and the solutions he found to his problems were both admired and criticised.

CONSOLIDACIÓN

Estudia: Adverbs, p. 192

Los siguientes adverbios aparecen en las descripciones de los edificios. Búscalos y examina cómo el uso de adverbios mejora la descripción.

totalmente	sabiamente
caprichosamente	aparentemente
claramente	solamente
prácticamente	sólo

7.5 *El paisaje catalán*

Ahora vamos a salir de la ciudad y descubrir el paisaje. Cataluña tiene una fantástica variedad de paisajes: montaña, bosques, lagos, ríos y una costa a la vez hermosa y espectacular. Escucha la entrevista con una representante de la Oficina de Turismo de Cataluña.

A   Agrupa la información bajo los siguientes epígrafes:

- Atractivos turísticos
- La montaña
- Vegetación
- Edificaciones

- Playas y costas
- Ríos
- Deportes

B   Imagina que trabajas para una agencia de viajes. Utilizando la información de la entrevista organiza un itinerario para una pareja que visita Cataluña y describe la belleza de los enclaves turísticos que van a conocer.

¿Cómo se dice... "í"?

Palabras con "í"

Fíjate en las palabras que tienen acento sobre la í. Practica la pronunciación de las palabras de la lista.

esquí	raíces
típico	allí
así	país
masía	complacería
sí	característica

7.6 *Un pueblo histórico*

El pueblo de Cardona, en el interior de la provincia de Barcelona, sirve de portada a la historia catalana, con sus iglesias románicas, antiguos molinos, montañas salinas y numerosas rutas apenas transitadas.

Visto del pueblo de Cardona desde el castillo fortaleza, desde 1976 parador nacional.

Tras las Huellas de
Wifredo el Velloso

CARDONA SE ENCUENTRA a sólo 80 kilómetros de Barcelona, pero, a pesar de su proximidad, la comarca es una de las grandes desconocidas incluso por los propios catalanes, pues el turismo se orienta más hacia la Costa Brava en detrimento de un interior plagado de historia. Tomando como referencia este histórico pueblo, dominado en su alto por una fortaleza que data del año 886, hoy convertida en parador, el viajero tiene la oportunidad de realizar diversos recorridos ya históricos, ya gastronómicos, ya deportivos.

En el mismo pueblo de Cardona encontramos ya un curioso lugar digno de ser visitado: las montañas de sal. Se trata de unas formaciones que tienen la friolera de 40 millones de años. Los movimientos tectónicos plegaron los estratos y formaron esta inmensa mole. Lo curioso es que esta montaña, llamada diapiro salino, aumentaba a medida que se extraía de ella el mineral, hasta 38.000.000 toneladas. En 1900 empezó la explotación subterránea y hacia 1970 ya se accedía a los mil metros de profundidad. En el interior de la mina llegaron a trabajar 500 personas a temperaturas de 40 a 45° por lo que adelgazaban entre cuatro y seis kilos cada día. La mina se clausuró en 1990 y actualmente hay visitas guiadas para los turistas. Además, el Ayuntamiento cardonés ha puesto en marcha la idea, avalada por la Diputación de Barcelona, de recuperar todo el entorno minero con el fin de mostrar las condiciones de trabajo y la extracción de minerales a todos los interesados.

Rutas románicas

Encontrar las huellas del románico por la zona no es difícil. En el desvío de las cuatro cruces, llegamos a la torre d'en Bofill, una casa de payés totalmente restaurada y acondicionada ideal para hospedarse. De camino al conjunto románico lombardo del siglo X, Sant Pere de Graudescaldes, río arriba y por escabrosas pistas, encontramos el monumento a Guifré el Pilós, más conocido como Wifredo el Velloso, "padre" del independentismo catalán. En el año 878, el rey Luis II, en pago a sus servicios, entregó a Wifredo el condado de Barcelona-Gerona. Wifredo, junto a sus hermanos, impulsó la repoblación de la zona, construyó nuevos condados, como el de Ausona, que precisamente limitaba al oeste con Cardona y al sur con Montserrat, fundó monasterios y convirtió sus dominios en una gran zona de influencia que sobrevivió su muerte en el año 897.

Modernismo en Olius

Realizamos el descenso por la otra cara en todo terreno para llegar a la austera iglesia románica de San Esteve d'Olius, ya en la comarca del Solsonés. Lo que más sorprende del entorno no es su iglesia sino su cementerio, un camposanto modernista, recoleto, obra del arquitecto Bernardí Martorell fechado en 1916 que es toda una joya influida por el estilo de Gaudí. A escasos kilómetros podemos admirar la caída del pantano de Santa Ponç. Esta zona de Solsona, ya en la provincia de Lérida, quedó totalmente calcinada por un pavoroso incendio el verano pasado. Curiosamente – o milagrosamente, según se mire – quedó a salvo de las llamas el santuari d'el Miracle, un

conjunto de más de 500 años de antigüedad que alberga la iglesia, un monasterio benedictino y una casa de espiritualidad.

Un recorrido original por el interior de esta provincia, una gran desconocida que merece la pena ser descubierta. ■

Un parador lleno de historia

El bellísimo Parador de Cardona es sin duda el punto de encuentro idóneo. Ubicado en un promontorio, cuenta con un recinto fortificado del siglo IX y se divide en varias partes, a cada cual más interesante. El castillo fue reconstruido por Wifredo el Velloso en el año 886; más tarde perteneció al Gran Condestable Don Ramón Folch, y en el siglo XIII albergó a la familia Cardona. Cuenta en la actualidad con 62.000 metros cuadrados. La torre Minyona, la más antigua, domina el conjunto, que se amplía con la capilla de San Ramón Nonato, religioso emparentado con la familia Cardona; la colegiata de San Vicente, de mediados del siglo XI, alberga en su suelo una cripta bajo el presbiterio con restos de los santos Sebastián, Ursula e Inés. La familia Cardona también reposa en los sepulcros de la Iglesia; el claustro es de estilo gótico, siglo XIV, si bien se restauró en 1980, así como el patio del castillo, también reformado. El parador, todo de piedra, está rematado con arcos apuntados, enormes lámparas, muebles clásicos, cuadros y retablos, de forma que se respira medioevo por todos lados. Y difícil olvidar la estupenda gastronomía regional que cuida con esmero el actual director, Juan Yepes.

A

Explica con tus propias palabras en español el significado de las siguientes palabras del texto.

1 en detrimento de
2 friolera
3 mole
4 cardonés

5 payés
6 austera
7 calcinada
8 pavoroso

B

Contesta a las siguientes preguntas de acuerdo con la información del texto.

1 ¿Dónde está Cardona?
2 ¿Cuál es el edificio que han convertido en parador y qué importancia tiene para Cardona?
3 ¿Qué se extraía de la mina de Cardona? Señala los detalles que podrían interesar a los turistas.
4 ¿Quién fue Wifredo el Velloso y qué papel jugó en Cataluña?
5 ¿Por qué es sorprendente el cementerio de San Esteve d'Olius?
6 ¿Qué desastre afectó a la zona solsonesa de Santa Ponç el verano pasado?

C

Imagina que eres un(a) guía en Cardona. Con las notas que tienes y sin mirar el texto, explícale a tu compañero/a los principales atractivos del pueblo y cuéntale algunas leyendas y anécdotas que rodean a los personajes que habitaron allí. Puedes seguir el siguiente esquema:

- La fortaleza
- Las minas de sal
- Wifredo el Velloso
- Ruinas románicas y construcciones modernistas

CONSOLIDACIÓN

Estudia: Preterite, p. 200

Según la información de los textos, describe qué sucedió en las siguientes fechas, utilizando el pretérito.

Por ejemplo: **1** En el año 886 fue reconstruida la fortaleza de Cardona por Wifredo el Velloso.

1	886	6	1900
2	878	7	1916
3	897	8	1976
4	siglo IX	9	1980
5	siglo XI	10	1990

7.7 *El turismo: a favor y en contra*

No es sorprendente que una región tan pintoresca y variada atraiga a muchos turistas. Pero el turismo puede llevar tantos problemas como beneficios.

A Escucha a Jordi, que habla del turismo en Cataluña, y escoge la opción correcta de acuerdo con lo que dice.

1 Los turistas
  a se dan cuenta en seguida de quién es nacionalista y quién no.
  b no entienden las diferentes actitudes ante la cuestión del nacionalismo.
  c creen que todos son separatistas porque hablan otro idioma.

2 Los turistas ingleses
  a dejan mucha basura pero también traen bastantes ingresos.
  b se emborrachan y arman escándalos, pero también se interesan por la cultura catalana.
  c son unos gamberros.

3 Es importante
  a divertirse.
  b saber apreciar los valores y diversiones de otro país.
  c reconocer los problemas.

4 Si no hubiera turismo
  a habría un gran vacío en Cataluña.
  b no sería un lugar cosmopolita.
  c la economía se vería afectada.

5 Entre las medidas que se deberían tomar hay que mencionar
  a la cárcel y penas de prisión para los infractores.
  b la expulsión de los gamberros.
  c el refuerzo de las disposiciones que hoy existen al respecto.

6 Hay que potenciar
  a la expulsión de los turistas.
  b otros tipos de turismo.
  c el transporte de los gamberros al monte.

Turismo en Cataluña

Rafael, 50 años

En mi opinión el turismo ha sido muy bueno para el país. Yo soy de un pueblo muy pequeño, del interior, y gracias al desarrollo del turismo he visto muchas mejoras. Por ejemplo, el turismo ha hecho que gente de la capital se interese por las iglesias y monumentos de valor artístico que hay en mi pueblo y cercanías, y que compre casas muy antiguas y las restaure. Gracias al turismo, las autoridades mejoraron, treinta años atrás, el sistema de alcantarillado y suministro de agua potable. Y, además, ha creado muchos puestos de trabajo, en una zona agrícola poco productiva.

Regina, 35 años

El turismo me asusta. Soy madre de dos niñas pequeñas y vivimos en una urbanización en la costa. En invierno, éste es un lugar ideal, pero en verano . . . con los turistas nos llegan los ruidos, la delincuencia, las drogas . . . No se puede vivir tranquilo. La policía hace lo que puede, pero . . . claro, no van a detener a cada turista que sale de juerga, bebe demasiado y arma un escándolo . . . A veces pienso en mis hijas, y en lo peligroso que será cuando crezcan la tentación de las drogas . . . porque, en verano, parece que es algo que todo el mundo toma sin darle importancia . . .

B Lee el artículo y completa la tabla.

C Haz una lista de todas las palabras y frases que indican sentimientos positivos y negativos.

Por ejemplo:

positivo	negativo
ha sido muy bueno	*El turismo me asusta*

D *Trabajo escrito*

1 Haz una lista de ventajas y desventajas que el turismo puede tener para un país.

2 Investiga el tema del impacto que tiene el turismo en el medio ambiente de una región o de una ciudad española. Escribe 250 palabras, considerando los siguientes aspectos:

- Tipo de turismo
- Restricciones en el número de turistas
- Leyes que contribuyan a la conservación del medio ambiente
- Aportación a la economía del país
- Turismo alternativo

¿Quién dice que . . .	Rafael	Regina	Judit	Laura	Teresa
1 . . . tiene miedo del turismo?					
2 . . . solía estar a favor del turismo?					
3 . . . mucha gente ha encontrado trabajo a causa del turismo?					
4 . . . el turismo ha ocasionado un aumento en el número de delitos?					
5 . . . la gente echa la culpa al turismo demasiado fácilmente?					
6 . . . le gusta conocer a gente de otros países?					
7 . . . ha habido más interés cultural a causa del turismo?					
8 . . . debería haber más leyes respecto a lo que se puede hacer en nombre del turismo?					
9 . . . el coste de vida no tiene nada que ver con el turismo?					
10 . . . el turismo ha traído consigo una actitud más moderna y abierta?					

Judit, 20 años

Para los jóvenes de mi pueblo, el verano es algo con lo que soñamos el resto del año. Llegan todos los extranjeros, el pueblo se anima . . . Nos lo pasamos de miedo. No quiero ni imaginarme cómo sería mi pueblo en la época de mis padres, ¡o de mis abuelos! El turismo ha abierto la mentalidad de las gentes de este lugar, se han aceptado otras costumbres y los jóvenes ya no estamos ligados a la vieja moral, a las viejas tradiciones. Eso es muy bueno, sobre todo para las chicas.

Laura, 55 años

Mi marido fue uno de los principales promotores del turismo en la zona de donde procedemos los dos, aunque ahora vivimos en Barcelona. Él creía de verdad que el fenómeno del turismo era lo mejor que le había pasado en toda su historia a nuestra comarca, y que todos nos podríamos beneficiar. Siempre estuvimos a favor, sin embargo, de un control sobre los permisos para edificar y para la desforestación, por ejemplo. Hasta que nos dimos cuenta de que la máquina no había quien la parara, y de que el Gobierno de la época no se preocupaba para nada del daño ecológico, o de la degradación urbana. Fue cuando se concedió el permiso para destruir un bosque milenario muy famoso en la comarca, cuando mi marido dijo que no quería tener nada más que ver con el asunto. Los que se han enriquecido de verdad son los que no tuvieron escrúpulos . . . el resto, todos, todos, hemos perdido.

Teresa, 45 años

Yo, la verdad, no entiendo a qué vienen todas estas quejas. Creo que la gente exagera. El turismo no es algo tan malo. Lo que sí ha destruido el medio ambiente es el desarrollo industrial, que se ha producido en todas las partes del mundo . . . ése es el causante real de la contaminación de los mares, de los ríos, del aire que respiramos . . . También es verdad que la vida se ha encarecido mucho, pero . . . ¡por favor, no culpen al turismo de eso! Es sólo un efecto de la mejora económica . . . Todos los países de Europa se han encarecido también desde los años sesenta . . . ¿o no?

7.8 *Visita comercial a Barcelona*

Cataluña, sobre todo Barcelona, es un centro muy próspero del comercio no solo catalán y español sino también europeo e internacional, visitado cada año por miles de hombres y mujeres de negocios. Vamos a seguir a un visitante, Marcelo, durante su visita a Barcelona. El contacto de Marcelo en Barcelona es Nuria Balcells. Antes del viaje, él recibió esta carta.

PUIG i ROVIRA, S. A.
Carretera del Norte, s/n
08402, Barcelona.
Tel. 93 413 13 85
Fax 93 413 13 36

Barcelona, 27 de abril

ALTALÉ, S.A.
(a la atención del Sr. Marcelo Ruiz)
c/ Aragón, 114
28518 Madrid

Apreciado Sr. Ruiz:

Por la presente, nos complace confirmarle los detalles de su visita.

Le esperamos en el vuelo de Iberia IB435, que tiene prevista su llegada a las 17:30. Mi secretaria irá a recibirle al aeropuerto y le conducirá al Hotel Bonanova, donde tiene reservada una habitación doble con baño para tres noches, del martes 9 de mayo al viernes día 12.

Le informamos que su programa de trabajo durante su visita ha quedado organizado de la siguiente manera:
Miércoles, 10 de mayo Reunión con la junta directiva. Cena de trabajo en el restaurante Casafreda.
Jueves, 11 de mayo Reunión con nuestro director comercial, D. Pedro Cuesta, a las 16:00 horas.
Viernes, 12 de mayo Reunión a las 9:00 horas con nuestro director comercial y director adjunto para concretar estrategias de cooperación. Almuerzo en el Hotel Villa Aurora. Salida para el aeropuerto desde nuestras oficinas a las 16:30.

Sin otro particular, le deseamos un muy buen viaje. Esperamos que disfrute de su estancia, y que ésta contribuya a establecer una relación más estrecha y provechosa entre nuestras respectivas empresas.

Atentamente,

N. Balcells

Nuria Balcells,
Directora general

A Lee la carta de Nuria y busca la siguiente información.

1 Nombre de la empresa de la Sra. Balcells
2 Nombre de la empresa del Sr. Ruiz
3 Adónde va el Sr. Ruiz
4 Cómo va
5 Hora y fecha de llegada
6 Duración de su visita
7 Manera de trasladarse a su alojamiento
8 Alojamiento (tres datos)
9 Citas de negocios (tres datos)
10 Otros compromisos (dos datos)

B Marcelo se alegró al recibir la carta. Sin embargo, pensó que no iba a tener suficiente tiempo para conocer Barcelona. Por eso decidió quedarse unos cuantos días más y llamó por teléfono al Hotel Bonanova para cambiar su reserva.

Persona A: Tú eres Marcelo. Explica al/a la recepcionista lo que quieres y pregúntale cuánto te va a costar.
Persona B: Eres el/la recepcionista. Desafortunadamente, el cambio no va a ser fácil porque el hotel está casi completo, y la habitación está reservada para todo el mes. Sin embargo, hay posibilidades: cambiar la reserva para toda la estancia a otra habitación más pequeña/sin baño/más cara/etcétera; o estarse tres días en la habitación ya reservada y los demás en otra. Intenta llegar a un compromiso con el Sr. Ruiz.

C Cuando lo tenía todo arreglado, Marcelo escribió a Nuria, dándole las gracias por su carta e informándola de los cambios que había hecho en el programa. A ti te toca escribir la carta. A ver la sección "Study Skills", página 184, para ayudarte.

D *Trabajo escrito*

Imagina que eres el director/la directora de una empresa y que tienes que escribir una carta a un colega que va a visitar tu empresa. Con la siguiente información elabora una carta, usando el estilo formal (ver los consejos en la página 184).

- Sr. Augusto Santos
- C Gran Vía 44
  28014 Madrid
- Vuelo BA344 9:00–12:00
- Hotel Ritz
- Martes: Visita a la empresa
             Reunión 16:00
- Miércoles: Comida con directivos 14:00
             Reunión 16:00
- Jueves: Visita a la ciudad
             Salida 16:00

7.9 *Una cena en Barcelona*

Nuria y Marcelo fueron a cenar juntos. Escucha sus comentarios sobre la cocina catalana.

A Después de escuchar su conversación, contesta a las siguientes preguntas.

1 ¿Por qué ha llevado Nuria a Marcelo a este restaurante?
2 ¿Cuál es la opinión de Marcelo sobre la cocina de un lugar en relación con su cultura?
3 Además de comida, ¿qué aparece en el menú?
4 Explica con tus propias palabras lo que son:
   a Esqueixada de bacallà
   b Pà amb tomàquet
   c Romesco de peix
5 ¿Por qué cree Marcelo que los catalanes y los gallegos tienen mucha suerte?
6 Según Marcelo, ¿cuál es la diferencia entre la cocina de la costa y la del interior?
7 ¿Qué dice Nuria sobre la calidad de los postres catalanes?
8 ¿Qué sugiere Marcelo que deberían tomar al terminar la cena?

B ¿Cómo se dice en el texto...?

1 espero que Ud. no esté decepcionado
2 una cosa muy usual
3 postres muy buenos
4 eso es imprescindible

C Las cosas que aparecen en la tabla se mencionan en la conversación entre Nuria y Marcelo. Pero... ¿qué son exactamente?

		Carnes y embutidos	Pescados y mariscos	Legumbres y verduras	Salsas y condimentos	Postres	Vinos
1	bacalao						
2	ensalada de tomates						
3	cebolla						
4	pimienta						
5	aceite de oliva						
6	jamón serrano						
7	alcachofas						
8	aceitunas						
9	bistecs de ternera						
10	sofrito de tomate y cebolla						
11	setas						
12	rape						
13	almejas						
14	langostinos						
15	romesco						
16	callos a la madrileña						
17	cocido						
18	chorizo						
19	crema catalana						
20	cava						

D Lee el texto y rellena los espacios. En cada caso se necesita "por" o "para".

El arte culinario en Cataluña

El interés **1** .... la gastronomía en Cataluña ha sido, ya desde la Edad Media, algo compartido **2** .... eruditos, literatos, clases populares y aristócratas. Uno de los primeros testimonios de importancia proviene del filósofo y escritor Francesc Eiximenis, el cual, en el siglo XIV, después de haber estudiado en las principales universidades europeas de su tiempo, escribe sobre la importancia dada **3** .... los catalanes a los alimentos tanto a nivel nutritivo como dietético, sobre sus costumbres en la mesa, sobre su rechazo **4** .... el uso de ingredientes superfluos en la composición de los platos . . . También de esta época se conservan los primeros tratados de cocina, los cuales muestran el uso de gran diversidad de especias e ingredientes.

La riqueza de la cocina catalana viene dada **5** .... la privilegiada situación geográfica del país (país de costa e interior), **6** .... su historia (Cataluña se extendía hasta tierras del actual sur francés) y **7** .... su gran tradición mercantil marítima. Ello la convierte en una cocina muy diversificada e incluso contradictoria a veces. Junto a platos tan sencillos como el pan untado con tomate, aliñado con aceite y sal, y combinado con las magníficas anchoas que la costa produce o con tradicionales embutidos, se encuentran platos de elaboración complicada y gran originalidad, donde se pueden apreciar influencias variadas. Basta con nombrar la sabrosa lubina a la flor de tomillo **8** .... pensar en la aromática cocina provenzal o el conejo con almendras **9** .... ofrecer un ejemplo de la gran variedad de productos (el azafrán y la canela entre los más exóticos) aportados **10** .... el contacto comercial y cultural con países árabes durante la Edad Media. Todo ello, no hace falta decir, complementado **11** .... una tradición popular de antiquísimo raigambre.

También los vinos catalanes ofrecen una gran variedad y calidad, garantizada ésta **12** .... sus denominaciones de origen. Los vinos espumosos de cava, de sabio cultivo y enriquecimiento, figuran entre los primeros productos de la exportación catalana actual.

La repostería, **13** .... otro lado, muy ligada a las fiestas tradicionales, ofrece un repertorio de dulces de todo tipo, cuya sofisticación y cuidada elaboración tiene mucho que agradecer a la temprana introducción del azúcar en tierras catalanas. ■

E Lee el texto y luego completa las frases siguientes.

1 Los primeros libros .... se remontan a la ....
2 Muchos .... tienen una .... sencilla.
3 ...., sin embargo, muestran .... originalidad y diversas ....
4 .... representa una de las exportaciones más .... de Cataluña.
5 Para postres, hay también un gran surtido de .... catalanes.

F Busca sinónimos a las siguientes palabras provenientes del texto.

1 alimentos
2 superfluos
3 privilegiada
4 mercantil
5 complicada
6 aromática
7 ligada

7.10 *Una exposición de arte*

Mientras iba de camino a la oficina de Nuria un día, a Marcelo le dieron un folleto sobre una próxima exposición de arte, escrito por un lado en castellano y por el otro en catalán. Escucha la conversación que Marcelo mantuvo con Nuria poco después.

FUNDACIÓN
"CAIXA DE VIL.LA VELLA"
(Caja de Ahorros de Vil.la Vella)
Avenida de Bernat Metge, 18.
Barcelona

MIRÓ
"LAS TRAMPAS DE LA IMAGINACIÓN"

LAS OBRAS DE MADUREZ
Dibujos y esculturas provenientes de diversas colecciones privadas

Del 15 de mayo al 31 de julio.
Abierto de martes a domingo. Lunes cerrado.

Horario: días laborables, de 10 de la mañana a 8 de la tarde; domingos, de 10 de la mañana a 2 de la tarde.

Reserva de entradas: en las oficinas de la Caixa de Vil.la Vella o llamando al teléfono 93 246 58 20.

Exposición en el centro de la Fundación "Caixa de Vil.la Vella"

Metro L2, estación Fonolleres (enlace con L5, L1)

FUNDACIÓ
CAIXA DE VIL.LA VELLA
Avinguda de Bernat Metge, 18.
Barcelona

MIRÓ
"ELS PARANYS DE LA IMAGINACIÓ"

LAS OBRAS DE MADUREZ
Dibuixos i esculptures provenients de diverses collections privades

Del 15 de maig al 31 de juliol.
Obert de dimarts a diumenge.
Dilluns tancat.

Horari: dies feiners, de 10 del matí a 8 de la tarda; diumenges, de 10 del matí a 2 de la tarda.

Reserva d'entrades: a les oficines de la Caixa de Vil.la Vella o trucant al telèfon 93 246 58 20.

Exposició al centre de la Fundació Caixa de Vil.la Vella Metro L2, estació Fonolleres (enllaç amb L5, L1)

A Aquí tienes un resumen de la primera parte de la conversación (hasta "Fundación Miró, en Montjuic"), pero contiene varios errores. ¿Los puedes corregir?

Nuria empieza diciendo que espera que Marcelo lo esté pasando bien en Barcelona: tiene mucho tiempo libre para poder visitar la ciudad. Le pregunta si ha visto el centro de la ciudad. Marcelo contesta que sí, pero sus amigos le han aconsejado que evite varias cosas, la Sagrada Familia entre ellas.

Nuria le pregunta si le gusta la arquitectura o el arte y Marcelo contesta afirmativamente: le interesan las obras de Gaudí y quiere comprar una pintura de Dalí, si no cuesta demasiado. También ha ido esta mañana a una exposición de Miró. Nuria no sabe nada de la exposición pero dice que tiene entradas para la Fundación Miró en Montjuic.

C Explica con tus propias palabras en español:

1 tiene un programa de trabajo bastante apretado
2 queda un poco alejada del centro
3 después de que la prohibición sobre el catalán se relajara
4 (el) ámbito familiar
5 a duras penas
6 el bagaje cultural de cada uno

B Ahora escucha el resto de la conversación y contesta a estas preguntas.

1 ¿Por qué piensa Marcelo que el catalán es una lengua complicada?
2 ¿Cuál era la situación social y política de la lengua catalana hace unos cincuenta años?
3 ¿Cuál fue el otro motivo que contribuyó a la disminución del uso del catalán en Barcelona?
4 ¿Por qué tenía Nuria dificultades a la hora de escribir en catalán?
5 ¿Qué reconocimiento público tiene la lengua catalana hoy en día?
6 ¿Cuánto se usa el catalán en las escuelas?

Joan Miró
catalán universal

Miró nació en Barcelona, el 20 de abril de 1893. Estudió a la vez arte y comercio en Barcelona y pronto entró a trabajar en una tienda de comestibles, pero, incapaz de adaptarse a tal puesto, enfermó y necesitó una larga convalecencia para recuperarse, que pasó en la masía propiedad de su familia en Montroig, Tarragona. Fue entonces cuando decidió dedicarse por completo a la pintura.

De nuevo en Barcelona, se matriculó en la escuela de arte de Francesc Galí, al tiempo que practicaba dibujando modelos del natural en el Centro Artístico de Sant Lluc. En estas primeras obras, es patente la influencia del fauvismo y de Cézanne; el joven Miró sin duda visitó y estudió detenidamente los frescos románicos del Museo de Arte de Cataluña, cuyo hieratismo nos es recordado en retratos realizados por él posteriormente.

París era una referencia imprescindible para cualquier artista de la época. En 1919, Miró hizo su primer viaje a la ciudad, la cual le impresionó tanto que le impidió trabajar durante su estancia allí. Cuando volvió, fue para quedarse, instalándose en el taller del escultor Pau Gargallo en la rue Blomet, centro de reunión de escritores y pintores de vanguardia. Entre Montroig y París se cierra su etapa realista con una obra maestra, *La masía*. Tras ella, se observa un claro paso adelante hacia un proceso de esquematización, aun cuando los elementos en la composición de sus pinturas no cambian.

Una crisis de expresión importante hizo su aparición a finales de los años 20. Hasta ese momento, el pintor parecía haber estado buscando un centro gravitatorio, oscilando entre el mundo de los sueños y él de la realidad. Fruto de esa crisis es su famosa aseveración "es necesario asesinar la pintura". Experimentaciones con nuevas técnicas tales como el collage o composiciones con objetos encontrados al azar son propias de esta etapa.

La Guerra Civil Española (1936–39) supuso una tragedia de grandes dimensiones que golpeó a todos los estratos sociales del país, a nivel económico, político y cultural. El carácter totalitario del movimiento fascista supuso, además, un fin a la libertad intelectual y artística. Miró manifestó su violento rechazo con el uso de materiales agresivos, tales como el alquitrán o la arena.

En las obras de fin de la década de los 30 y en los años 40, los temas de la mujer, los pájaros y las estrellas aparecen con mucha frecuencia, y perdurarán hasta el final. Por otra parte, en estos años exploró con atención nuevas técnicas, tales como el grabado o la cerámica, la cual desarrolló en todo tipo de formatos, algunos tan inusuales como los murales. Las primeras litografías en color son de 1948 y en 1950 el grabado en boj fue la técnica utilizada para ilustrar el libro *À toute épreuve*, de Paul Éluard.

Alejado de cualquier tipo de directriz artística, Miró fue capaz de evolucionar hacia un estilo marcadamente individual, en el cual el gesto y el grafismo adquirieron progresiva importancia, hasta imponerse como elementos esenciales en su obra a finales de los 50; la técnica, como cabe esperar, pasa a ser más directa desde ese momento. Este proceso de desarrollo artístico fue influenciado, sin duda, por el hecho de que en 1956 el pintor se instaló, definitivamente, en un espacioso estudio en Mallorca, en una atmósfera de gran reclusión.

La última etapa del artista fue extremadamente fructífera e innovativa. Además de la escultura, en la primera mitad de los 70 trabajó el textil: cruce de tapicería, collage y pintura, los *Sobreteixims* iniciaron el camino que culminó en los tapices monumentales. Una faceta poco conocida es su colaboración con el mundo del teatro (decorados, vestuario . . .).

La fundación Miró se abrió al público en 1975, situada en un edificio diseñado por J. L. Sert, gran amigo del pintor. En ella se encuentran gran número de obras donadas por él. Joan Miró murió el 25 de diciembre de 1983 en Palma de Mallorca. Sus imágenes son ya elemento representativo de la realidad catalana de nuestros días. ■

D Las siguientes fechas aparecen en el artículo. Explica con tus propias palabras el significado de cada una.

1 1893
2 1919
3 finales de los 20
4 1936–39
5 1948

6 1950
7 1956
8 principios de los 70
9 1975
10 1983

E Traduce al inglés la primera parte del artículo, hasta "retratos realizados por él posteriormente".

F Lee el resto del artículo. Aquí tienes unas frases que lo resumen. ¿Puedes unir las dos mitades?

1 La primera vez que fue a París...

2 Después de instalarse en París...

3 El predominio de temas oníricos o realistas...

4 Tras su crisis artística más importante...

5 La gama de temas que aparecen en la década de los 40...

6 También experimentó con el grabado en boj, una técnica que...

7 A mediados de la década de los 50...

8 El artista falleció en 1983 cuando...

a ...se fue a vivir permanentemente a Mallorca.

b ...fluctuó constantemente en la década de los 20.

c ...le resultó imposible trabajar.

d ...concluyó su etapa realista.

e ...utilizó para ilustrar libros.

f ...tenía 90 años.

g ...siguió prominente en toda su obra posterior.

h ...empezó a utilizar cosas halladas por casualidad.

7.11 *Reacciones y redacciones*

Escribe 250 palabras sobre uno de estos temas.

1 ¿Cómo se ha desarrollado la economía de Cataluña durante las últimas dos décadas?
2 Antoni Gaudí fue uno de los personajes más influyentes en la historia de Cataluña. Escribe un comentario sobre el impacto de Gaudí en la ciudad de Barcelona.
3 Haz una comparación entre la obra de Antoni Gaudí y la de Joan Miró. ¿Cuál prefieres? Justifica tu respuesta.
4 "No soy europeo, no soy español – soy catalán." ¿Cuáles son las ventajas y los inconvenientes de esta actitud?

El castellano, generalmente llamado el español, es la cuarta lengua del mundo, detrás del chino, el inglés y el hindi. En esta unidad vamos a descubrir un poco sobre algunos de los países donde se habla español.

Mira el mapa de los países hispanohablantes. Prepara unas preguntas sobre ellos. Luego haz las preguntas a un(a) compañero/a de clase.

Por ejemplo:

- ¿Cuáles países no tienen costa?
- ¿Cuál país se encuentra entre Honduras y Costa Rica?
- ¿En qué país vive el mayor número de hispanohablantes?
- ¿Cuál país está al norte de Paraguay?
- ¿Con qué países limita El Salvador?

En esta unidad vamos a consolidar tu conocimiento de los siguientes puntos gramaticales:

- pretérito imperfecto *(imperfect)*
- futuro perfecto *(future perfect)*
- comparación de los adjetivos *(comparatives and superlatives)*
- "ser" y "estar"
- expresiones de duda *(expressions of doubt)*
- sucesión de tiempos en el subjuntivo *(sequence of tenses in the subjunctive)*

¡infórmate!

El "descubrimiento" de América

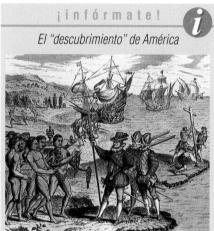

Una de las fechas más significativas de la historia fue la del 12 de octubre de 1492: el día en que Cristóbal Colón "descubrió" América.

Portugal y Castilla (España) estaban muy avanzadas en la exploración de rutas mercantiles marítimas y Sevilla, una rica y populosa ciudad española, era por entonces un importante centro comercial. Sabemos que las rutas africanas permanecían cerradas para Castilla en favor de Portugal. En 1479, por el tratado de Alcaçova, Alfonso V de Portugal renunció a sus aspiraciones sobre Castilla y reconoció los derechos de Castilla en las Islas Canarias, mientras que Castilla reconocía los derechos de Portugal en las Azores, Cabo Verde y Madeira.

El idioma español en el mundo: población de habla español en cada país

MÉXICO (80.000.000)

ESTADOS UNIDOS (22.500.000)

GUATEMALA (9.200.000)

EL SALVADOR (5.200.000)

COSTA RICA (3.100.000)

PANAMÁ (2.100.000)

COLOMBIA (33.600.000)

ECUADOR (10.000.000)

PERÚ (22.000.000)

BOLIVIA (6.900.000)

CHILE (13.600.000)

CUBA (10.800.000)

REPÚBLICA DOMINICANA (7.300.000)

PUERTO RICO (3.500.000)

HONDURAS (4.500.000)

NICARAGUA (3.100.000)

VENEZUELA (18.000.000)

PARAGUAY (4.500.000)

URUGUAY (3.150.000)

ARGENTINA (32.500.000)

ESPAÑA (39.500.000)

Océano Atlántico

GUINEA ECUATORIAL (300.000)

FILIPINAS (2.900.000)

Océano Pacífico

Las Islas Canarias eran una puerta excelente hacia rutas alternativas. Esto es lo que Cristóbal Colón ofreció, y lo hizo a un estado que precisaba de ellas, y que estaba acostumbrado y preparado para este tipo de empresa. La España unificada poseía en 1492 una poderosa maquinaria de guerra, una sólida economía, una proyección exterior, experiencia naval, que incluía la exploración de rutas mercantiles, y un notable potencial científico-tecnológico: matemáticos, geógrafos, astrónomos y constructores navales, que habían sido formados en una mezcla de tres culturas (judía, musulmana y cristiana). La oferta de Colón fue rápidamente aceptada a pesar de sus conocidos errores. Pero durante su viaje a Asia sus carabelas, inesperadamente, tropezaron con el continente americano.

8.1 *Los pueblos indígenas de Latinoamérica*

La historia de Latinoamérica es una historia de rebeliones y resistencia de los indígenas contra los invasores europeos. Su civilización estaba en muchos aspectos muy avanzada con respecto a Europa en el momento de la conquista.

Las civilizaciones precolombinas

Los habitantes originales de América habían llegado de Asia unos 30.000 años antes. Aunque algunos grupos como los Yáganes cambiaron muy poco a lo largo de los siglos, otros pueblos desarrollaron la agricultura. Una vez asentados en la tierra, construyeron las complejas y refinadas civilizaciones que asombraron tanto a los primeros visitantes europeos.

Los mayas fueron una nación de astrónomos y arquitectos y su civilización ya estaba en declive cuando llegaron los españoles. Fueron grandes matemáticos, desarrollaron el concepto de cero antes que todas otras civilizaciones e hicieron cálculos astronómicos de una gran exactitud. Sus decorados templos todavía están siendo rescatados de las junglas de Centroamérica y todavía no está claro qué es lo que provocó que el Imperio Maya experimentara un súbito declive alrededor del año 1000 d.C.

Los incas tenían el mayor imperio precolombino, incluyendo partes del Perú actual, Ecuador, Bolivia y partes de Colombia, Chile, Argentina y Brasil. Su extraordinario nivel de organización social todavía puede verse en los edificios de piedras enormes de Cuzco y Machu Picchu y en los restos de las terrazas de cultivo que dividen en líneas muchos valles de los Andes. En muchos casos, éstas todavía son cultivadas hoy por los descendientes de los incas.

de la actual capital de México, sacrificaron a unos 20.000 prisioneros de guerra en un solo día para honrar a los dioses de la guerra, la lluvia y las cosechas. Su imperio fue construido debido a su insaciable hambre de botines y sacrificios humanos. Los españoles fueron muy hábiles y supieron aprovechar el odio de los pueblos sometidos a los aztecas.

A pesar de su amplia superioridad numérica (Cortés invadió México con solamente 600 hombres contra un imperio azteca que tenía una población de cinco a siete millones) los imperios

Los aztecas, que estaban en el punto más alto de su civilización cuando llegaron a México Hernán Cortés y su banda de conquistadores, vivían permanentemente en pie de guerra. En su capital, Tenochtitlán, emplazamiento indígenas sucumbieron a los españoles. En parte, el éxito de los conquistadores se debió a su superioridad tecnológica. Tenían armaduras, caballos, cañones y armas de fuego contra soldados armados con arcos y flechas. Pero sus mayores aliados fueron los virus que trajeron desde España. Enfermedades tales como la varicela y la gripe, desconocidas en América hasta entonces, diezmaron a los indígenas, debilitando a sus sociedades antes de la masacre de los españoles.

El declive de los indígenas

Los españoles también utilizaron las rivalidades entre los diferentes grupos y la extrema dependencia de los imperios inca y azteca en un solo emperador. Tanto Cortés en México como Pizarro en Perú tomaron primero al emperador como prisionero y lo asesinaron, dejando a los imperios sin líder frente al ataque de los españoles. Y una vez suprimido el símbolo central de poder, los virreyes sustituyeron a los emperadores como la autoridad suprema. Aunque muchos indígenas cayeron víctimas de las enfermedades traídas por los españoles y portugueses y murieron en las minas, plantaciones y campos de batalla, el nivel de explotación económica y de miseria a la que los sometieron los europeos fue en parte la causa de que fueran tan vulnerables a las enfermedades. Literalmente los mataron a trabajar.

Los supervivientes indígenas del continente constituyen el cinco por ciento de su población total y se pueden clasificar en dos categorías distintas. La primera y mayor es la de los indígenas del altiplano, descendientes de los imperios inca, maya y azteca. Los segundos son los de las zonas bajas (llanuras), agrupados en su mayor parte alrededor de la cuenca del Amazonas y Centroamérica. Tanto en Guatemala como en Bolivia más de la mitad de la población es indígena. En Perú y México también viven muchos indígenas, aunque la mayoría de la población es mezclada.

Mientras el número de indígenas del altiplano es de unos 22 millones, los indígenas de las tierras bajas no superan el millón, una cuarta parte de los cuales vive en Brasil. Otros grupos más pequeños viven en la cuenca del Amazonas: Venezuela, Colombia, Ecuador, Perú y Bolivia. Algunos grupos aislados de indígenas de las tierras bajas también sobreviven en países centroamericanos, tales como Panamá, Nicaragua y Honduras.

A   Lee la primera parte del artículo, "Las civilizaciones precolombinas", e identifica…

1 cuál era la más militarista de las civilizaciones precolombinas
2 quiénes estaban armados con arcos y flechas
3 quiénes sabían mucho sobre las estrellas
4 quién tenía menos de mil soldados
5 quiénes tenían mucha pericia agrícola

B   Haz un resumen en inglés de los detalles clave de la segunda parte del artículo, "El declive de los indígenas" (100–150 palabras).

C   Lee otra vez las dos partes del artículo y completa las siguientes frases.

1 Los primeros hombres llegaron a América ……… años.
2 Al principio ……… agricultura.
3 En 1000 d.C. los mayas ……… desconocidas.
4 Los incas se destacaron por su ……… organización.
5 A pesar de su superioridad numérica ……… españoles.
6 Los mayores aliados de los españoles fueron ……… sociedades indígenas.
7 Los aztecas ……… la cosecha.
8 Los indígenas ……… económica.

D *Presentación oral*

Prepara una presentación oral de dos minutos sobre el tema de los grupos indígenas en América y su situación de hoy en día. Grábala en un casete.

CONSOLIDACIÓN

Estudia: Imperfect, p. 201

Forma seis frases con el imperfecto para describir cómo eran los primeros pobladores de América.

Por ejemplo: Entre los mayas había muchos astrónomos y arquitectos.

¡Infórmate!

Rigoberta Menchú Tum

¡Infórmate!

La conquista y la lucha de los indígenas

hacia 30.000 a.C.   Llegada a América de los primeros habitantes, desde Asia, a través del Estrecho de Bering.

1492   Colón llega a América. Recibido por indios arawak.

1519   Cortés invade México con 600 hombres.

1535   Pizarro termina la conquista del imperio inca.

mediados del siglo XVI   La población arawak del Caribe extinta a los 50 años de la llegada de Colón.

1781   Revuelta india: Túpac Amaru sitia Cuzco, la antigua capital inca. Es capturado y ejecutado.

1960s   Funcionarios del gobierno brasileño, del departamento que se ocupa de la población indígena, utilizan veneno, ametralladoras y enfermedades para despoblar tierras para los grandes terratenientes.

1982–83   400 pueblos indios destruidos, 40.000 personas asesinados en operaciones de los Contras en Guatemala.

1992   Grupos indígenas de toda América condenan las celebraciones oficiales del Quinto Centenario de la llegada de Colón a América. Rigoberta Menchú recibe el Premio Nobel de la Paz.

1994   Revuelta zapatista de indios mayas en Chiapas, México. En Ecuador organizaciones indígenas dejan varias ciudades incomunicadas como protesta contra las medidas de ajuste económico.

1996   El gobierno de Guatemala firma un acuerdo sobre derechos de los indígenas con el grupo guerrillero URNG.

Rigoberta Menchú Tum es una activista por los derechos de la gente indígena y recibió el Premio Nobel de la Paz en 1992.

Descendiente de la antigua cultura Maya-Quiché, nació en las tierras altas del norte de Guatemala. Su familia era muy pobre y los hijos tenían que trabajar a edad muy joven; Rigoberta no pudo recibir ninguna educación formal. El padre de Rigoberta, Vicente, era un líder en el movimiento de los campesinos y fue arrestado y encarcelado muchas veces. En 1980, Vicente murió mientras protestaba contra las violaciones y los abusos de los derechos humanos de los indios. En 1981 la madre de Rigoberta fue secuestrada, violada, y asesinada. Después de la muerte de sus padres, Rigoberta continuó su activismo, pero el gobierno de Guatemala la buscaba y tuvo que huir a México. En exilio en México, Rigoberta escribió su libro, *Yo . . . Rigoberta Menchú*, que fue publicado en 1984. En este libro cuenta al mundo su vida y la vida de otros indios. El libro y su campaña abrieron los ojos del mundo sobre la situación entre los indios. Cuando ganó el Premio Nobel de la Paz en 1992, Rigoberta usó 1,2 millones de dólares para establecer una fundación en memoria de su padre para continuar la lucha por los derechos humanos de la gente indígena. Las Naciones Unidas la nombraron Embajadora de Buena Voluntad en el Año Internacional de los Pueblos Indígenas (1993), y es asesora personal del Director General de la Unesco y presidenta de la Iniciativa Indígena para la Paz.

8.2 *La urbanización y el medio ambiente*

En el siglo XX Latinoamérica se convirtió en una región de ciudades grandes. Mientras los campesinos dejaban sus tierras para buscar trabajo y una nueva vida en la ciudad, el campo seguía siendo explotado para sus riquezas naturales.

A   Escucha lo que se dice sobre el siglo pasado en Latinoamérica. Para cada acontecimiento, elige la fecha que le corresponde.

1 El gobierno de Argentina elimina los barrios de chabolas antes de la Copa del Mundo.
2 La cumbre sobre el medio ambiente y el desarrollo tiene lugar en Río de Janeiro.
3 Operación Amazónica comienza.
4 Miles de personas llegan a la región amazónica, buscando oro.
5 Los primeros barrios de chabolas aparecen en Río de Janeiro.

1920   1930s   1960   1966   1976   1978   1980s   1988   1992   1994

B   Explica en español el significado de cada cifra: ¿a qué se refiere?

1 500.000
2 15.000
3 $\frac{3}{4}$
4 40%

5 500
6 12.000
7 65%

C   Haz un resumen en inglés (100–150 palabras) de lo que se dice sobre:

• las ciudades *o*
• el campo

8.3 *Descubrimos la Bolivia de hoy*

Ya hemos mencionado el Altiplano, pero ¿qué sabes de esta región tan singular y del "país del Altiplano", Bolivia? Posiblemente, que es un país muy pobre. Pero es también un país muy hermoso, en el que el turismo sigue aumentando.

BOLIVIA: El País del Altiplano

A Bolivia se la conoce internacionalmente como "El País del Altiplano"; se sabe que tiene la ciudad sede de Gobierno más alta del mundo; que aquí se sitúa el lago navegable más alto del planeta; que se practica el esquí en la pista más elevada de la Tierra. Sin embargo, se desconoce que dos tercios del territorio boliviano están situados en las llanuras tropicales de las cuencas del Amazonas y del Plata, cuya elevación promedio es de 300 m, y mucha gente no se imagina que en el país se encuentren más de una decena de pisos ecológicos con fauna y flora ambientada a múltiples ecosistemas. Bajando desde la región de alta montaña, en rápida sucesión, cobran vida nuevos y cambiantes panoramas dentro de los cuales se incrustan subyugantes paisajes que le invitamos a descubrir.

A medida que se desciende, el aire frío de las altas montañas va haciéndose cada vez más cálido y húmedo dando lugar a un denso poblamiento vegetal. A los pies de la gigantesca mole rocosa, se abre la llanura casi sin fin y por entre medio de esta densa sabana o a la vera de sus ríos se alza majestuosa la densa foresta donde la música de la selva entona melodías salvajes.

Bolivia es cultura, es aventura, es ecoturismo, es esto y mucho más.

GEOGRAFÍA

Bolivia está situada en el centro de América del Sur y tiene un área de 1.098.581 km² (424.194 millas²). Limita al norte y al este con Brasil, al sur con la Argentina, al oeste con el Perú, al sudeste con el Paraguay y al sudoeste con Chile.

HISTORIA

Según las investigaciones realizadas por el método radiocarbono, las primeras civilizaciones del Altiplano boliviano se desarrollaron hacia el año 2.000 a.C. Entre las más importantes citaremos a Wankarani, Chiripa y Tiwanaku siendo esta última una de las principales entre las grandes civilizaciones precolombinas. Posteriormente, tenemos las de los Aymaras y Collas, que fueron dominados por la pujante civilización Inca, hasta la llegada de los españoles. Bolivia milenaria atesora hoy notables tradiciones históricas y culturales en los anales de América y el mundo.

En 1535 los españoles Francisco Pizarro y Diego de Almagro inician la conquista y 10 años después, en 1545, son descubiertos los ricos yacimientos de plata en el Cerro Rico de Potosí. La dominación española tuvo una duración de tres siglos en el Alto Perú, hoy Bolivia.

En 1809 se dio el primer grito libertario en la Real Audiencia de Charcas, hoy Sucre, lanzado por Jaime Sudáñez y Bernardo Monteagudo.

El 16 de julio del mismo año las rebeliones son iniciadas en La Paz por Don Pedro Domingo Murillo, Figueroa, Lanza, Jaén Kramer, Catacora y otros patriotas. Estas rebeliones duraron 15 años para conseguir la independencia americana. La independencia de Bolivia se sella el 6 de agosto de 1825 en la ciudad de La Plata, hoy Sucre, creándose el nuevo estado en honor a nuestro Libertador Simón Bolívar; posteriormente se cambia el nombre de Bolívar por Bolivia a sugerencia del Libertador José Antonio de Sucre, quien divide la República en departamentos.

En 1879 tuvo lugar la guerra del Pacífico que enfrentó a Bolivia con Chile y tuvo como desastrosa consecuencia la pérdida del Litoral.

Varias revoluciones estallaron desde el final del conflicto, la más importante es la revolución de 1952 que llevó a la presidencia a Victor Paz Estensoro. Las minas fueron nacionalizadas con grandes cambios políticos y sociales y la reforma agraria se llevó a cabo.

A Mira la fotografía y describe lo que ves.

- ¿Qué tipo de clima te imaginas en este paisaje?
- ¿Qué tipo de vegetación puedes ver?
- ¿Qué tipo de economía y de habitantes te imaginas?

B De acuerdo con la información del texto, contesta a las siguientes preguntas.

1 ¿Dónde está situada Bolivia?
2 ¿Cuál es el nombre con el que se denomina a Bolivia?
3 ¿Qué tipos de paisaje hay en Bolivia?
4 ¿Qué grandes civilizaciones precolombinas existieron en Bolivia?
5 ¿Cuáles son los principales recursos de la economía boliviana?

C Traduce al inglés los dos primeros párrafos del texto sobre la historia de Bolivia, de "Según las investigaciones" hasta "hoy Bolivia".

D Haz una lista de 10 palabras de la casilla ¡Infórmate! que tengan relación con la economía y luego explica su significado, buscándolas en un diccionario si es preciso.

E Escucha el programa de radio y completa las siguientes oraciones de acuerdo con la información que vas a oír.

1 El AIF y el FMI, con el consentimiento del BID, han acordado...
2 El valor total del alivio asciende a...
3 La evolución económica de Bolivia en los últimos diez años...
4 Aunque el crecimiento ha mejorado a un promedio de 4%, el nivel...
5 La reducción de la deuda tendrá como consecuencia...
6 Algunas de las medidas que se aplicarán para conceder la ayuda son...
7 La meta del programa del gobierno es...

F *Presentación oral*

Haz una presentación de dos minutos explicando por qué Bolivia debería seguir recibiendo alivio del servicio de la deuda. Menciona:

- el estado de su economía
- las reformas del Gobierno

CONSOLIDACIÓN

Estudia: Future perfect, p. 203

Cambia las siguientes oraciones al futuro perfecto.

Por ejemplo: La asistencia se ha proporcionado en forma de donación.
La asistencia se habrá proporcionado en forma de donación.

1 La asistencia se ha entregado en el curso del periodo 1998–2002.
2 La ayuda ha cubierto más del 30% de los pagos.
3 La inflación se ha reducido a menos del 7%.
4 La carga de la deuda externa ha disminuido.
5 La deuda se ha pagado con dinero público.
6 La casa se ha construido con tejas de color marrón.
7 La noticia se ha difundido por la radio.
8 El puente se ha derribado con barreños de pólvora.

¡Infórmate!

La economía de Bolivia

Hasta 1986 la producción de minerales como el estaño, el oro, la plata, el zinc y el plomo constituía la base de la economía boliviana. No obstante, la caída de los precios en los mercados internacionales obligó al Estado a cerrar importantes empresas mineras, a fin de nivelar su balanza de pagos. Actualmente, Bolivia explota riqueza mineral, agropecuaria y agroindustrial. Entre los amplios proyectos existentes se encuentra la extracción de oro, mineral que el país posee en vetas y lavaderos.

Cuenta de igual manera con ricos yacimientos petrolíferos y refinerías que satisfacen las necesidades del país. Usa el gas natural para generar energía y lo suministra a la República de Argentina, logrando acuerdos para exportarlo también al Brasil y Chile. En el aspecto agrícola, debido a sus características topográficas el país obtiene una extensa gama de productos tanto tropicales como de valle y alta montaña. En la faja de los valles templado-cálidos y en las llanuras se cultiva café de óptima calidad que abastece el consumo nacional y en menor cantidad se orienta a la exportación.

Actualmente el turismo constituye una de las principales fuentes de ingresos habiendo sobrepasado a las exportaciones tradicionales y ubicándose en 2° lugar frente a las no tradicionales.

8.4 *Turismo en Bolivia 1: El camino del Takesí*

En Bolivia existe una red de caminos precolombinos. Los turistas de hoy pueden seguirles los pasos a los incas, mientras admiran el paisaje maravilloso de este país de contrastes.

Haciendo ruta por el Takesí

Son las siete de la mañana, la niebla se va disipando con los primeros rayos del sol y la Cordillera se presenta ante nosotros majestuosamente. Nos encontramos en la población de Ventilla, listos para emprender una larga jornada por el camino del Takesí.

El camino del Takesí toma su nombre de un caserío ubicado en la ruta. Esta ruta prehispánica es una de las muchas que unían los diferentes pisos ecológicos, las zonas altas, con las cálidas, transitadas, desde tiempo inmemorial, por personas que intercambiaban productos tropicales con productos del altiplano, donde se asentaban las grandes culturas locales. También constituían vías de inmigración y conquista.

Ubicación geográfica
Ubicado entre las provincias Murillo (Ventilla) y Sud Yungas (Mina Chojlla), el Takesí recorre una distancia aproximada de 45 kilómetros atravesando la Cordillera Real de los Andes en el abra del Takesí, a 4.570 metros sobre el nivel del mar, aproximadamente el punto más alto del camino.

Un tramo de la ruta
El camino del Takesí es una calzada empedrada durante la época precolombina, gran parte de la cual aún se mantiene intacta. Cabe recalcar que esta vía es una de las mejor conservadas en la actualidad. El tramo comprendido entre la mina San Francisco y Mina Chojlla se conoce ahora con el equivocado nombre de Camino del Inca.

El Takesí sólo corresponde a un tramo, de uno mucho más largo, que unía el valle de La Paz con los llanos orientales. Según el arqueólogo Oswaldo Rivera Sundt, este camino tiene tres tramos identificados:

- El primero, que nace en el valle de La Paz, para dirigirse a las alturas de Pampahasi en dirección a Ventilla y/o Mina San Francisco. Este tramo ha sido identificado en sus inicios; el resto o se ha perdido o no ha sido identificado aún.
- El segundo tramo corresponde al camino del Takesí, que parte de las proximidades de Mina San Francisco hasta la localidad de Mina Chojlla y continúa hasta Yanacachi.
- El tercero se inicia en Yanacachi para internarse hacia el pueblo de Chulumani.

En la actualidad, estos últimos tramos se han perdido o permanecen ocultos entre la espesa vegetación; sin embargo, la apertura de caminos en la región de los Yungas ha provocado que éstos entren en desuso. Estos tramos sólo corresponden a una ruta de la red de caminos precolombinos e incaicos que se extendía por varios miles de kilómetros a través del territorio americano. Una idea de lo que puede significar esta extensa ruta descrita se puede admirar en el Takesí, si uno camina observando detalles constructivos.

A   Entre las opciones que se dan, elige la que se corresponda con el significado de las siguientes palabras del texto:

1 disipando
   a desenvolviendo   **b** desapareciendo   **c** formando
2 emprender
   a terminar   **b** iniciar   **c** cubrir
3 calzada
   a zapato   **b** callejuela   **c** ruta
4 recalcar
   a resaltar   **b** olvidar   **c** resumir
5 tramo
   a vía   **b** sección   **c** final
6 en desuso
   a olvidado   **b** inutilizado   **c** explotado

B   Indica si las siguientes afirmaciones son verdaderas o falsas. Corrige las falsas.

1 El camino del Takesí es un camino corto.
2 Esta ruta es un camino prehistórico donde se comerciaba, y servía para facilitar los movimientos de población.
3 Esta ruta ha sufrido muchos cambios en el tiempo.
4 Este camino se divide en tres partes, que unen diferentes poblaciones.
5 En la actualidad parte del camino se ha perdido oculto en la selva y se han abierto tramos nuevos.
6 Las civilizaciones precolombinas no sabían cómo construir caminos.

C   Las siguientes frases forman una continuación del artículo sobre el camino del Takesí. Tradúcelas al inglés.

1 Iniciamos la caminata por un buen camino, que une Ventilla con Mina San Francisco.
2 Llegamos al poblado de Choquekkota, un conjunto de casas construidas en las montañas desde donde se puede observar que la principal actividad económica de los pobladores es la ganadería.
3 Continuamos el recorrido hasta llegar al cruce de Mina San Francisco.
4 Actualmente existe un cartel que nos indica el inicio del camino.
5 A medida que ascendemos, comenzamos a apreciar los primeros restos de los muros que sostienen a las laderas donde se cultivan los productos agrícolas.
6 La subida se vuelve fatigosa. Hace mucho rato hemos superado los 4.200 metros sobre el nivel del mar.
7 El viento sopla a raudales, lo que nos obliga a buscar refugio en una ladera para tomar un merecido descanso.
8 El paisaje se torna incomparable. A cada paso podemos admirar la perfección y los detalles con que los ingenieros construyeron los muros.

8.5 *Turismo en Bolivia 2:* *El Parque Nacional Amboró*

Para los que buscan un destino de vacaciones donde se puede conocer tesoros únicos de la naturaleza, Bolivia tiene mucho que ofrecer. El Parque Nacional Amboró está ubicado al oeste de la ciudad de Santa Cruz.

El Parque Nacional Amboró. Chaco, Yungas y Amazonía

El Amboró, situado en el "codo de los Andes" y geológicamente formado por las montañas de roca arenisca, es fácilmente erosionable por el alto régimen de lluvias. La cubierta vegetal es lo único que previene desastrosos procesos erosivos. El calor y la alta humedad ambiental son elementos constantes en el área del parque, donde los insectos abundan y mariposas de mágicos colores distraen la atención de los visitantes.

Un parque de contrastes

El aguacero, uno de los varios que pueden caer cada día, se extiende más al sur lavando las montañas de arenisca roja de la Serranía de Amboró. Sólo algunas áreas desnudas por la erosión natural se ven al lado de otras muchas

provocadas por la tala, ya que el resto está cubierto de vegetación espesa y variada. Algo más lejos de las áreas desboscadas, se encuentran lugares prácticamente inaccesibles donde los arroyos han formado a lo largo del tiempo estrechos y profundos cañones en los que ahora el agua ha subido en varios metros su nivel. Entre ellos se elevan crestas de montaña, algunas cubiertas por extensas áreas de bambú, otras por árboles con hojas muy oscuras. Poco sol llega a estos lugares casi permanentemente nublados. En las crestas más altas los árboles están invadidos por otras plantas que crecen en sus ramas.

En algunas áreas donde las nubes rozan constantemente las laderas, se extienden bosques de helechos

gigantes que crecen al lado de cedros y maras. Son los bosques nubosos de la región central de Amboró.

La vegetación en su conjunto tiene un intenso verdor en esta región de abruptas montañas, pequeños valles, cañones y cuencas que se entrecruzan, formando un laberinto inescapable aun para los exploradores más diestros. Aquí no hay vestigios de gente, ni caminos ni cultivos. Es la región también conocida como región de yungas, los yungas más meridionales a lo largo de los Andes, y parada obligada de descanso, y alimento para muchas aves migratorias.

Treinta kilómetros al sur, la lluvia cesa bruscamente donde aparecen las primeras montañas desnudas. Muchas de ellas se ven erosionadas, especialmente por el ganado que, aunque en pocas cabezas, se encuentra en todos los bosques y campos de esta región más seca. Los cerros ahora se ven cubiertos de cactos y arbustos espinosos. Los árboles de hojas pequeñas han reemplazado a aquellos de hojas grandes de la zona norte. Áreas de pasto amarillento se dejan ver en las laderas de algunas montañas. Acá de nuevo se advierten caminos y gente, cultivos con riego y casas agrupadas en pequeñas comunidades, algunas de ellas del estilo colonial antiguo, que parecen tener más de un siglo. Es la región de los valles secos o valles mesotérmicos que bordean el sur del Parque Nacional Amboró.

Es el Chaco montano, región de clima fresco y estable, agradable para la gente que acude de muchas partes, sobre todo en el verano, a pasar algunos días de descanso.

El milano es una de las aproximadamente 700 especies de aves residentes y migratorias que habitan este parque de 637 mil hectáreas y sus alrededores. Varias de ellas son raras y algunas únicas en el mundo. La pava de copete de piedra se encuentra actualmente casi exclusivamente en esta zona.

Se sabe que más de 120 mamíferos habitan el parque, algunos de ellos actualmente muy raros en el continente. Éste es el caso del oso de antojeras o jucumarí, único oso sudamericano, que está poco menos que extinguido en su hábitat, que originalmente se extendía desde Venezuela y Colombia hasta Argentina. Otro ejemplo es la pacarana, roedor mediano semejante al conocido jochi pintado pero con cola. Se encuentran poblaciones saludables de monos, venados, chanchos de monte y tapires, así como listas de murciélagos y roedores. Aunque los bordes del parque han sido impactados por las quemas del chaqueo, por la invasión del ganado y por la cacería, un área de aproximadamente 400 mil hectáreas aún permanece virtualmente intacta como hábitat para su rica fauna. Los arroyos todavía corren claros e incontaminados; las especies más sensibles al impacto humano, como las pavas de monte y los grandes mamíferos, son aún abundantes; los bosques ofrecen grandes grupos de árboles de mara, pino sudamericano y otras especies que sólo gracias a lo inaccesible del terreno montañoso se han podido conservar; el cóndor, la arpía y el buitre rey son aún fáciles de observar.

Con nuevos límites, un adecuado sistema de protección, atención dedicada a los pobladores de sus alrededores, se podrá facilitar entonces el acceso ordenado de sus visitantes.

Donde actualmente no existen caminos que lleven a conocer sus áreas vírgenes, se deberán desarrollar los medios necesarios para permitir que el parque sirva para cumplir sus objetivos de educación y recreación. Ya existen planes para la creación de centros de visitantes, senderos interpretativos y áreas de ecoturismo. Muchos podrán verse beneficiados por el parque en el futuro: desde el agricultor que cultiva y vende duraznos y frutilla en sus alrededores, hasta el habitante citadino que lo visitará durante un fin de semana inolvidable.

Los elementos de los procesos ecológicos y la labor de los proyectos de conservación y de apoyo comunitario de diversas instituciones se hacen más y más conocidos por la prensa y la televisión. Y aunque para muchos el futuro del planeta parezca sombrío, ahora es más evidente que nunca que el futuro del Parque Nacional Amboró estará bastante asegurado.

A Agrupa las palabras del texto que son relacionadas con los siguientes temas:

- plantas
- campo y montaña
- clima
- animales y aves

C *Trabajo escrito*

Trabajas para una agencia de viajes ecoturísticos. Escribe un reportaje sobre el Parque Nacional Amboró (200 palabras), explicando por qué sería un buen destino para incluir en el próximo folleto.

B Explica en español lo que significan las siguientes expresiones del texto:

1 es fácilmente erosionable
2 distraen la atención del visitante
3 algunas áreas desnudas por la erosión natural se ven al lado de otras muchas provocadas por la tala
4 se extienden bosques
5 acá de nuevo se advierten caminos y gente . . .
6 la región de los valles secos . . . que bordean el sur
7 agradable para la gente que acude de muchas partes
8 Aunque los bordes del parque han sido impactados por las quemas . . .

8.6 *Chile: país de mitos y leyendas*

Lo que fascina a todos los visitantes a Latinoamérica no es solamente el paisaje sino la historia y la cultura. La magia y las leyendas son dos aspectos muy importantes. Aquí (página 163) vamos a leer sobre algunas leyendas populares de Chile.

A Entre las opciones que se ofrecen elige la que se corresponda con el significado de las siguientes palabras del texto.

La Tirana
1 sumo
  a máximo   **b** último   **c** conocido
2 apuesto
  a dispuesto   **b** indispuesto   **c** de buena presencia

El Trauco
3 muñón
  a pies   **b** extremidades sin dedos   **c** extremidades con pelos
4 rendida
  a dormida   **b** entregada   **c** poseída
5 extraterreno
  a extraño   **b** extraordinario   **c** de otro planeta

La Pincoya
6 menester
  a necesario   **b** maravilloso   **c** triste
7 propósito
  a objetivo   **b** deseo   **c** disgusto

B Completa las siguientes frases de acuerdo con la información del texto. En cada frase, hay que utilizar uno de los verbos de la casilla.

Por ejemplo: **1** La Tirana era una princesa a que llevó como rehén Diego de Almagro.

1 La Tirana era una princesa...
2 La joven princesa consiguió huir y...
3 Al final La Tirana fue...
4 Cuando un evangelizador español descubrió...
5 El Trauco es un hombre pequeño que...
6 Aunque es bastante feo, El Trauco...
7 Cuando nace un niño del Trauco la madre...
8 Cuando la Pincoya baila delante del mar...
9 Si los chilotes naufragan...
10 El espíritu de la Pincoya...

afectar atraer ayudar construir crear habitar indicar llevar morir refugiarse

---

¡Infórmate!

Rapa Nui (Isla de Pascua)

Ubicada en medio del Océano Pacífico, a 3.700 kilómetros de la costa de Chile, la Isla de Pascua o Rapa Nui constituye uno de los lugares del mundo cuya belleza natural, sus enigmáticas figuras talladas en piedra, sus misterios y tradiciones y sus acogedores habitantes, lo han hecho especialmente atractivo para turistas e investigadores, que llegan a ella cada vez en mayor número.

Nacida hace 2 millones de años, producto de erupciones volcánicas, fue habitada en el siglo IV por navegantes provinientes de la Polinesia, cuyos descendientes desarrollaron una cultura propia, dentro de una sociedad estratificada y de gran religiosidad. De ellos provienen las grandiosas esculturas y riquezas arqueológicas que hoy son el motivo de permanentes estudios y de la admiración de sus visitantes.

Conocida por marinos europeos desde el siglo XVIII, en el año 1888 la Isla de Pascua fue incorporada a la República de Chile gracias a la gestión realizada por el Capitán de Fragata don Policarpo Toro.

En la actualidad la Isla de Pascua tiene aproximadamente 2.800 habitantes, de los cuales un 70% son descendientes directos de sus pobladores originales. La mayor parte de la población vive en el pueblo de Hanga Roa.

www.aeroplan.cl

El Norte de Chile
LA TIRANA

Cuentan que, en el otoño de 1535, salió del Cuzco, rumbo a Chile, el conquistador Diego de Almagro, con unos 500 españoles y diez mil indígenas. Entre ellos llevaba, como rehenes, a Huillac Huma, último sumo sacerdote del culto del sol, con su hermosa hija de 23 años, la Ñusta (princesa).
La joven logró huir y se refugió con algunos seguidores en un oasis de la Pampa del Tamarugal, que dominó a sangre y fuego. Ejecutaba sin piedad a todo extranjero o indígena bautizado que cayera en sus manos. La llamaban la "Tirana del Tamarugal".

Hasta que un día apareció un joven y apuesto minero, Vasco de Almeida. La Ñusta se enamoró pérdidamente e inventó la forma de demorar su muerte. Peor aún, en los meses que siguieron se convirtió al cristianismo y él la bautizó. Cuando sus seguidores descubrieron su traición, los mataron a ambos con una lluvia de flechas.

Años más tarde, un evangelizador español descubrió entre las ramas de tamarugos una tosca cruz de madera. Enterado de la tragedia, levantó en el lugar una capilla.

La Isla de Chiloé
EL TRAUCO

El Trauco es un hombre pequeño – no mide más de ochenta centímetros de alto – de formas marcadamente varoniles, de rostro feo, aunque de mirada dulce, fascinante y sensual; sus piernas terminan en simples muñones, viste un raído traje de quilineja y un bonete del mismo material; en la mano derecha lleva un hacha de piedra, que reemplaza por un bastón algo retorcido, el *Pahueldún*, cuando está frente a una muchacha.

Es el espíritu del amor fecundo, creador de la nueva vida, padre de los hijos naturales. Habita en los bosques cercanos a las casas chilotas.

Todo su interés se concentra en las mujeres solteras, especialmente si son atractivas. No le interesan las casadas. Ellas podrán ser infieles, pero jamás con él. Cuando divisa desde lo alto de su observatorio a una niña, en el interior del bosque, desciende veloz a tierra firme y, con su hacha, da tres golpes en el tronco de tique, donde estaba encaramado, y tan fuerte golpea, que su eco parece derribar estrepitosamente todos los árboles. Con ello produce gran confusión y susto en la mente de la muchacha, que no alcanza a reponerse de su impresión, cuando tiene junto a ella al fascinante Trauco, que le sopla suavemente, con el Pahueldún. No pudiendo resistir la fuerza magnética que emana de este misterioso ser, clava su mirada en esos ojos centelleantes, diabólicos y penetrantes y cae rendida junto a él, en un dulce y plácido sueño de amor...

A los nueve meses nace el hijo del Trauco, acto que no afecta socialmente a la madre ni al niño, puesto que ambos están relacionados con la magia de un ser extraterreno.

LA PINCOYA

Adolescente muy hermosa, de larga cabellera dorada, de encanto y dulzura incomparables. Sale desde las profundidades del mar, semivestida con un traje de algas, a bailar en las playas. Cuando realiza su delicado baile mirando hacia el mar, significa que en esas playas y mares abundarán los peces y mariscos; en cambio si lo hace con el rostro vuelto hacia la tierra, indica a los pobladores que, para la temporada venidera, los mencionados productos escasearán y, por tal motivo, será menester salir en su búsqueda a playas y mares lejanos. No obstante, cuando la escasez se prolonga en ciertas regiones por mucho tiempo, por ausencia de la Pincoya, es posible hacerla volver, y con ella, la abundancia, por intermedio de una ceremonia especial.

Cuando los chilotes, eternos vagabundos del mar, naufragan, siempre encuentran junto a ellos a la candorosa Pincoya, que acude pronto a su auxilio. Si por razones superiores no logra su propósito de salvarlos, ayudada por sus hermanos la Sirena y el Pincoy, transporta con ternura los cuerpos de los chilotes muertos hasta el Caleuche, donde ellos revivirán como tripulantes del barco fantasma y una nueva existencia de eterna felicidad. Seguramente, por esta razón, los chilotes jamás temen al mar embravecido, a pesar de que la mayoría de ellos no sabe nadar.

El espíritu de la Pincoya, creado por su imaginación, al velar siempre por ellos les infunde plena confianza durante sus arriesgadas faenas por los océanos del mundo.

C Rellena los espacios con las palabras de la lista. Una palabra sobra.

Isla de Pascua
LEYENDA DE LOS SIETE EXPLORADORES

El mito señala que, precediendo al viaje de su rey y por instrucciones de un **1** ...., siete navegantes llegaron a la isla buscando un lugar adecuado para instalarse y **2** .... ñame (tubérculo base de la alimentación de los inmigrantes). Dos de ellos traían, **3** ...., un moai y un collar de madreperlas, que escondieron y que **4** .... dejaron abandonados **5** .... regresaron a su tierra de Hiva. Sólo un explorador se quedó en la isla. Varios estudiosos han **6** .... de este mito algunos hechos comprobables: que cuando Hotú Matúa llegó a la isla, ya existía en ella el ñame, y que **7** .... había moais.

Otros deducen, además, que los siete exploradores **8** .... a siete generaciones que **9** .... en el lugar; o tal vez a siete tribus inmigrantes, de las cuales sólo una **10** .... y se mezcló con la gente de Hotú Matúa.

además	cuando	habitaron	luego	poblada	rescatado
sembrar	simbolizan	sobrevivió	también	vidente	

D *Trabajo escrito*

¿Qué significado tienen los mitos y las leyendas? ¿Conoces algún mito de tu cultura? Utilizando el esquema del Ejercicio C escribe la historia de un mito que conozcas (100–150 palabras).

E Chile no es solamente un país de tradición, historia y leyenda. Es también un país moderno, con una economía que es una de las más desarrolladas de Latinoamérica. Escucha a Alexis, un joven chileno, y toma notas en español sobre los siguientes puntos.

- la gente chilena
- la vida en el campo
- la vida en la ciudad
- la educación
- las oportunidades para los jóvenes
- la globalización en Chile
- las riquezas minerales del país y los problemas

¡Infórmate!

Comidas y bebidas de Chile

La comida chilena aprovecha bien los dones de la tierra y el mar. El maíz, llamado choclo en el país, es un ingrediente esencial de varios platos típicos. El pastel de choclo, servido en fuentes individuales de greda, es el más característico.

La abundancia de peces y mariscos que ofrece la larga costa de Chile puede convertirse en un menú tentador: desde albacora o corvina a la mantequilla, hasta congrio frito o en caldillo, mariscales, jaibas rellenas, chupes de lapas y erizos con salsa verde.

Respecto a masas, el primer lugar lo ocupa la empanada – de horno o frita – que puede ser rellena con carne y cebolla picadas, con queso o mariscos.

A la hora del aperitivo, lo más frecuente es un "pisco sour", una mezcla de pisco con jugo de limón y azúcar. Para las festividades nacionales se bebe un jugo de uva o de manzana fermentado, la "chicha".

El vino chileno es conocido en todo el mundo por su cuerpo y aroma. La vitivinicultura se formó en el país junto con el desarrollo colonial y republicano. Según los expertos, las primeras cepas llegaron en 1548, traídas por sacerdotes españoles que necesitaban vino para sus misas.

www.geocities.com/folclorechileno

8.7 *Cuba: isla fascinante*

Ahora vamos a descubrir un poco sobre un país hispanohablante muy diferente – Cuba, una isla muy hermosa ¡que ofrece a sus visitantes mucho más que los puros!

¡Cuba!

Ubicación

El archipiélago cubano lo forman la isla de Cuba, la Isla de la Juventud y alrededor de 4.195 cayos e islotes. Está situado en el Mar Caribe, a la entrada del Golfo de México, entre la América del Norte y la del Sur. Abarca una superficie de 110.922 km² y la separan 140 km de las Bahamas, 180 km de la Florida, 210 km de Cancún y 146 km de Jamaica. Posee una población de 11 millones de habitantes. La Habana es la capital del país y en ella habitan casi tres millones de personas.

Ambiente geográfico y clima

Cuba tiene 1.250 km de longitud y 5.746 km de costas, donde se localizan más de 300 playas naturales. Predominan las llanuras y existen tres grupos montañosos: la Cordillera de Guaniguanico, en el occidente; la Sierra del Escambray, al centro, y la Sierra Maestra, en la porción oriental, donde se ubica la mayor elevación del país, el Pico Turquino, con 1.974 metros sobre el nivel del mar. El Río Cauto es el de mayor extensión, con 370 km, y el Toa el más caudaloso; ambos están situados en la región oriental. Tiene un clima tropical sin excesos, refrescado por las gentiles brisas de los vientos alisios. Se distinguen dos estaciones, la de lluvia (de mayo a octubre) y la de seca (de noviembre a abril). Cuenta con un promedio de 330 días de sol al año.

Flora y fauna

Cuba goza de una de las floras insulares más ricas del mundo. Más del 50% es endémica. Sobresalen las palmas reales, los cocoteros, la caña de azúcar y las frutas tropicales, entre otras muchas. Se cuentan 900 clases de peces, 4.000 de moluscos y 300 de aves. Llaman la atención los coloridos tocororos, flamencos y cotorras.

Economía

La caña de azúcar y su industria son la base fundamental de la economía cubana. Otros cultivos tradicionales son el tabaco, los cítricos, el café y los frutos menores.

La minería es renglón básico, especialmente la del níquel, pues Cuba cuenta con los yacimientos a cielo abierto mayores del mundo.

En pleno desarrollo, la industria farmacéutica y la biotecnología se han convertido en una fuente exportable.

La industria pesquera es también importante. Los mariscos y crustáceos cubanos, tales como langostas y camarones, gozan de gran fama y prestigio internacional.

Otros productos primordiales son: el ron, la miel de abejas y el cacao, así como el cromo refractario, el manganeso, la asfaltita y los mármoles.

rock demuestran que Cuba posee un don especial para la música. El país es la cuna de ritmos como el danzón, el bolero, el mambo y el chachachá. En el cine, con directores como Tomás Gutiérrez Alea, fallecido en abril de 1996, Humberto Solás, Juan Carlos Tabío, Santiago Álvarez o Manuel Octavio Gómez, entre otros, el país exhibe ante el mundo ahora una industria cinematográfica nacional, actractivo y subyugante, con más de 30 décadas de existencia.

Cocina cubana

Nace de la confluencia de los factores españoles y africanos. El plato nacional es el ajiaco, un sopón de viandas y vegetales de diversos tipos cocinados con carne de cerdo preferiblemente. El sabor dependerá de las viandas empleadas y las sazones utilizadas.

Otros platos típicos: lechón (cerdo) asado en púa, plátanos verdes fritos (tachinos, chatinos o tostones), frijoles negros, congrí oriental (arroz con frijoles colorados), moros y cristianos (arroz con frijoles negros), picadillo a la habanera, tamales, bacanes o ayacas (confeccionados con maíz tierno).

En pleno desarrollo, también el turismo tiene un fuerte peso en la economía nacional.

Las principales exportaciones de Cuba son azúcar crudo y refino, óxido de níquel, pescados y mariscos, cítricos, rones y alcoholes, tabaco en rama y torcido, mármoles, artículos de cuero.

Cultura

La cultura cubana ha logrado en cinco siglos un espíritu propio que la distingue, por haber podido asentarse en dos caudalosas corrientes: la africana y la española, principalmente.

En el siglo XXI han alcanzado su mayor esplendor manifestaciones como la danza, con el surgimiento de una escuela de ballet nacional, y las artes plásticas, con numerosos pintores cotizados en las principales plazas del mundo. Fortalecida, la literatura cubana actual continúa una tradición que ha dado sus mejores frutos en la poesía, la ensayística y la narrativa, con autores como Alejo Carpentier, Cintio Vitier, Dulce María Loynaz, Eliseo Diego, Fina García Marruz,

José Lezama Lima, Nicolás Guillén y Virgilio Piñera, entre los más notables. La música y el cine son dos de las vías en que la cultura de la isla alcanza la mayor celebridad internacional, al presentar un producto vital y de acabado valor estético, presente en la obra de Amadeo Roldán, Alejandro García Caturla, Leo Brouwer, Harold Gramatges y en voz de cantautores como Pablo Milanés y Silvio Rodríguez. El son, la trova y hasta el

Coctelería cubana

La fama del ron cubano ha hecho preferidos los cócteles cubanos basados en sus distintas modalidades, blanco, oro o añejo. Para tomar solo o con hielo son preferibles los dorados o añejos, mientras para la coctelería los ideales son los blancos. Los más famosos cócteles cubanos que se sirven en la mayoría de nuestros bares son Cuba Libre, Mojito, Daiquirí, Cubanito, Isla de Pinos, Presidente, Saoco y Cuba Bella.

¡ Inf órmate !

Más de 300 playas naturales

Cuba se distingue muy especialmente por sus playas. Baste con saber que existen más de 300. Algunas están muy próximas a ciudades, tales son los casos de Santa María del Mar y las playas del oeste de La Habana. Las hay que se extienden sin interrupción como Varadero, la playa de arena más fina de todo el país. Otras como Santa Lucía y Cayo Sabinal están protegidas por una extensa barrera coralina donde abunda el codiciado coral negro. Contamos también con algunas muy diminutas, aunque no por eso menos hermosas, como Don Lino, en Holguín, reconocida como "la pequeña gran playa", graciosamente adornada de uvas caletas.

¡ Inf órmate !

Historia de Cuba

El 27 de octubre de 1492 llega Cristóbal Colón a la isla de Cuba, que le hizo exclamar: "Es la tierra más hermosa vista por ojos humanos". A principios del siglo XVI se inicia la conquista y colonización por Diego Velázquez, quien funda las siete primeras villas: Baracoa, Bayamo, Santiago de Cuba, Trinidad, Sancti Spiritus, Puerto Príncipe (hoy Camagüey) y San Cristóbal de La Habana.

Al desaparecer la población aborigen comenzó la importación de esclavos africanos, que representan el otro gran componente de la nacionalidad cubana, que nació como tal en el siglo XIX. La historia de la isla se vio así marcada por constantes luchas independentistas, desde las guerras de 1868, hasta las más recientes gestas revolucionarias del siglo XX, que culminaron con el triunfo de la Revolución el primero de enero de 1959. Desde la revolución de 1959, Cuba es un estado comunista gobernado por Fidel Castro Ruz.

A principios de los años 90, la desaparación del bloque comunista sumió a Cuba en una grave crisis económica. Según el gobierno cubano, el PNB de la isla cayó 35% entre 1989 y 1993. Para hacer frente a la crisis, Fidel Castro abrió cautelosamente la isla al capital extranjero, permitió la libre circulación del dólar entre la población e impulsó el turismo, fenómenos que han propiciado la aparición de problemas sociales que estaban desterrados o tenían una baja incidencia en la isla, como la prostitución y la delincuencia. En el plano político, perdura el sistema de partido único, los medios independientes no pueden desarrollarse y las organizaciones internacionales de defensa de los derechos humanos denuncian la situación de los disidentes. Se calcula que un millón de cubanos viven en el exilio.

A Explica con otras palabras en español los siguientes sustantivos.

1 archipiélago	**7** cocotero
2 cayo	**8** cotorra
3 llanuras	**9** yacimiento
4 pico	**10** cuna
5 caudaloso	**11** confluencia
6 molusco	

B Explica por qué Cuba atrae a turistas a quienes les interesan...

1 unas vacaciones al lado del mar, tomando el sol y dando paseos en barco
2 caminar por la montaña, observando plantas y aves exóticos
3 la cultura y la historia de países extranjeros

C *Trabajo escrito*

Utilizando el texto como modelo, haz una breve descripción de otro país hispánico, considerando los aspectos mencionados en el Ejercicio B. Busca información en Internet. Hay una lista de sitios Internet en la página 185.

CONSOLIDACIÓN

Estudia: Comparatives and superlatives, p. 191

Anota a todos los comparativos en los textos (de superioridad, de inferioridad y superlativos) y luego vuelve a escribirlos con tus propias palabras.

Por ejemplo: ...donde se ubica la mayor elevación del país, el Pico Turquino...
El Pico Turquino es la montaña más alta del país.

¿Cómo se dice ... "ía", "ia"?

Fíjate en las palabras en los textos que contienen las vocales unidas "ia" (el diptongo "ia") y haz una lista. Luego escucha la grabación de las palabras. Aquéllas que llevan un acento sobre la "i" nos indican que las vocales van en sílabas diferentes y que, por lo tanto, se pronuncian de modo diferente: por ejemplo, e-co-no-mí-a. Sin embargo, si no llevan acento, las vocales pertenecen a la misma sílaba: in-dus-tria.

8.8 *Relaciones Hispano-Americanas*

La historia de Latinoamérica está estrechamente relacionada con la de España; y no debemos olvidar que viven más de 20 millones de hispanohablantes en los Estados Unidos. Pero ¿hasta qué punto los españoles se interesan por lo que pasa en el otro lado del Atlántico?

◆ ¿En qué medida le interesan los acontecimientos o noticias que provienen de cada una de las siguientes áreas?

	% mucho o bastante
Iberoamérica	69
Los países de la Unión Europea	68
El Norte de África (Marruecos, Argelia, etc.)	54
Europa del Este	54
Estados Unidos	52
El resto de África	49
Asia	45

◆ De los siguientes temas de la política exterior española, ¿a cuál de ellos cree que se debería dar mayor importancia? ¿Y en segundo lugar?

%	Primer lugar	Segundo lugar
Las relaciones con Iberoamérica	40	20
La presencia de España en las Organizaciones Internacionales	27	20
Las relaciones con los países de Europa del Este	6	11
Las relaciones con EE.UU.	5	11
Las relaciones con los países del Norte de África	4	12
Otras respuestas	2	2
NS/NC	16	24
(N)	(2495)	(2480)

◆ ¿Ha viajado alguna vez a un país iberoamericano?

	%
Sí	9
No	91
(N)	(2495)

◆ ¿Cuál fue el principal motivo de su último viaje?
Sólo a quienes han viajado alguna vez a un país iberoamericano

	%
Turismo	57
Razones profesionales	19
Razones familiares	15
Estudios	2
Otras razones	5
NC	2
(N)	(210)

◆ ¿En los últimos cinco años ha mantenido contacto con personas procedentes de países iberoamericanos?

% que han mantenido contacto (permanentemente o con mucha, bastante o poca frecuencia)	
De amistad	36
Profesionales	18
Familiares	17
De vecindad	17
De estudio	11

A *Trabajo escrito*

Lee los resultados de la encuesta, luego contesta a las preguntas. Tienes que explicar tus respuestas. Finalmente, escribe un resumen de unas 200 palabras.

1 ¿Te parece que existe en España un gran interés por Latinoamérica?
2 ¿La gente sigue las noticias sobre ese continente?
3 ¿Cuál es el papel que España ha desempeñado históricamente en relación con Latinoamérica?
4 ¿Cuál es la relación y el interés de España por Europa?
5 ¿Mantienen los españoles contacto con personas latinoamericanos? ¿Principalmente de qué tipo?
6 ¿Cuáles países o regiones del mundo no les interesan tanto?

C *Trabajo escrito*

Describe en un párrafo la vida, la personalidad y los opiniones del Embajador de EE.UU. en España, como si estuvieras escribiendo un artículo periodístico.

D

Vamos a leer un poema del escritor uruguayo Mario Benedetti.

1 Primero, escucha el poema apuntando las palabras que faltan en los espacios en blanco.
2 Explica en inglés la diferencia entre "ser" y "estar" y explica por qué esta diferencia es importante para comprender el poema.
3 ¿Cuál crees es el tema del poema?

B

Escucha esta entrevista con Edward Romero, el primer embajador de Estados Unidos en España de ascendencia española. Busca las palabras que corresponden con las siguientes palabras en inglés.

1 proud
2 support
3 to realise, take on board
4 to build up, reinforce
5 a miracle
6 impressed
7 their enthusiasm for life
8 links

Ser y estar

Oh marine
oh boy
una de tus .... consiste en que no sabes
distinguir el ser del estar
para ti todo es to be

así que probemos a aclarar las ....
por ejemplo
una mujer .... buena
cuando entona desafinadamente
los salmos

y cada dos años cambia el ....
y envía mensualmente su .... al analista
y sólo enfrenta el sexo los .... de noche
en cambio una mujer .... buena
cuando la miras y pones los perplejos .... en blanco
y la imaginas y la imaginas y la imaginas
y hasta crees que tomando un
martini te vendrá el .... pero ni así

por ejemplo
un hombre .... listo
cuando obtiene .... por teléfono
y evade la conciencia y los ....
y abre una buena póliza de ....
a cobrar cuando llegue a sus ....
y sea el momento de viajar en excursión a caprí y a parís
y consiga .... a la giaconda
en pleno louvre
con la vertiginosa ....

en cambio
un hombre .... listo
cuando ustedes
oh marine
oh boy
aparecen en el ....
para inyectarle ....

Mario Benedetti

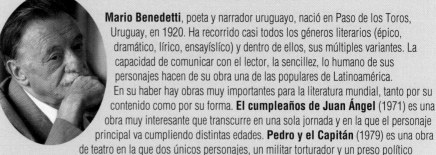

Mario Benedetti, poeta y narrador uruguayo, nació en Paso de los Toros, Uruguay, en 1920. Ha recorrido casi todos los géneros literarios (épico, dramático, lírico, ensayíslíco) y dentro de ellos, sus múltiples variantes. La capacidad de comunicar con el lector, la sencillez, lo humano de sus personajes hacen de su obra una de las populares de Latinoamérica.

En su haber hay obras muy importantes para la literatura mundial, tanto por su contenido como por su forma. **El cumpleaños de Juan Ángel** (1971) es una obra muy interesante que transcurre en una sola jornada y en la que el personaje principal va cumpliendo distintas edades. **Pedro y el Capitán** (1979) es una obra de teatro en la que dos únicos personajes, un militar torturador y un preso político torturado, llevan adelante un diálogo imposible. Los cuatro actos de la obra están situados en una sala de interrogación. Es la historia de un conflicto que va más allá de lo meramente ideológico.

Las historias, poesías y cuentos de Benedetti han sido adaptadas al cine, teatro, radio y televisión. Sus poesías han entrado en el cine de la mano de **Eliseo Subiela**, en aquella maravillosa "El lado oscuro del corazón" y más recientemente en "Espabílate amor".

En **Andamios** (1997), Benedetti narra la historia de Javier, un montevideano que vuelve a Uruguay desde Madrid para vivir su "desexilio", palabra inventada por el autor para tratar de explicar una situación que le es muy cercana. Mario Benedetti vivió exiliado en Argentina, Perú, Cuba y España después del golpe militar de 1973. De su época en Buenos Aires es la anécdota de las "llaves solidarias" descrita por Galeano en **El libro de los abrazos**. Durante ese período Mario siempre llevaba consigo cinco o seis llaves, que correspondían a casas o apartamentos de amigos, donde podía ir de día o de noche, en el momento en que lo necesitase.

8.9 *¿El español global o el spanglish?*

Con tantos hispanoparlantes en el mundo, no es de extrañarse que el español haya llegado a ser uno de los idiomas más importantes de Internet. Pero ¿puede competir con el inglés? ¿O será el ganador un idioma nuevo – el "spanglish"?

El español en la red

El español es una lengua hablada, como queda dicho, por unos 400 millones de personas; en el año 2004 los hispanos serán el segmento poblacional minoritario más grande en Estados Unidos; en cincuenta años la mitad de la población de ese país será de ascendencia hispánica; el español, por decreto legal, ha pasado a ser la segunda lengua en Brasil. No podemos menos que advertir la potencial relevancia del español a las puertas del nuevo milenio. Bill Gates firmó en 1999 un acuerdo con la Real Academia de la Lengua Española en virtud del cual los recursos informáticos de la Academia y su *Diccionario*, cuya próxima edición debe aparecer en el 2001, constituirán la plataforma lingüística de todos los productos de la empresa Microsoft dirigidos al mercado hispano. Con las cosas así parece que el español se apresta, en el siglo XXI, a la reconquista de buena parte de los inmensos territorios virtuales de la red informática ocupados hasta ahora, casi exclusivamente, por la lengua inglesa.

Plantado ya en su segundo milenio, el español reafirma su prestigio de lengua moderna y dinámica, apta para lo que haya menester: la poesía, las ciencias, la economía y la tecnología.

Para esta empresa, España está contando con las antiguas colonias en calidad de socios. Antes que a una guerra cultural, quiero pensar que nos aproximamos a un futuro de influencias recíprocas y transnacionales. Paradójicamente, en tal contexto, los valores nacionales y la diversidad adquieren creciente importancia. Aceptar, con irremediable resignación, que el inglés es y será la lengua franca de Internet sólo significará, a la postre, empobrecimiento económico y cultural tanto para el mundo hispánico como para el angloparlante.

A Lee el texto y contesta a las siguientes preguntas.

1 ¿Cuántas personas hablan español?
2 Dentro de 50 años, ¿qué proporción de la población de los EE.UU. será de ascendencia hispánica?
3 ¿El español es la lengua oficial de Brasil?
4 ¿En cuáles cuatro campos tiene el español un creciente prestigio?
5 ¿Qué significaría, en el contexto del artículo, la "reconquista española"?

B   Lee los dos artículos cortos y contesta a las siguientes preguntas.

1 ¿Quién es Ilan Stavans? ¿Qué trabajo está llevando a cabo?
2 ¿Qué es el spanglish?
3 ¿Dónde se habla y quiénes son sus hablantes?
4 ¿Por qué se necesita un diccionario de spanglish?

"El mundo hispánico hablará spanglish"

El spanglish ha salido de los suburbios hispanos de Miami, Los Ángeles o Nueva York. La nueva lengua, un revoltijo fonético del español y del inglés, se propaga con rapidez por todo Estados Unidos gracias a una pléyade de profetas: raperos, locutores de radio y televisión, periodistas, poetas ... Pronto tendrá su primer diccionario, un compendio de todos los spanglish que se hablan en EE.UU., en América Latina e incluso en España. El artífice de este diccionario es el profesor de español Ilan Stavans, un filólogo mexicano nacido hace 38 años que, desde un pueblo de Massachusetts, define y cataloga las cerca de 6.000 palabras nacidas del choque de dos idiomas: el español y el inglés.

Prohibido el hangyeo

En EE.UU. se encuentran a menudo carteles o instrucciones en castellano. En la estación de autobuses de Springfield, en Massachusetts, un cartel advierte: "Prohibido el hangyeo. Violadores serán juzgados." En Bell Atlantic explican que se necesita una aplicación y dos aidís para dar de alta el teléfono.

Con 31 millones de latinos en EE.UU. hablando decenas de spanglish diferentes, un diccionario se antoja esencial para entender, por ejemplo, que lo que está prohibido en Springfield es el vagabundeo ("hangyeo" viene de "hang out"), que los violadores lo son de la ley, que la aplicación es una solicitud (de application) y que el aidí es un DNI (de las iniciales ID, identification document).

Palabras que incluirá el diccionario:

Aftersheif. Loción de afeitar (de aftershave).
Ancorman. Presentador de televisión (de anchorman).
Brode. Amigo, colega (de brother, hermano).
Cachar. Atrapar (de to catch).
Carpeta. Alfombra (de carpet).
Culísimo. Muy frío (de cool).
Cho. Espectáculo (de show).
Drinquear. Beber (de to drink).
Estore. Tienda (store).
Flipar. Sorprendido, conmocionado (to flip out).
Fri. Gratis (de free).
Grocerías. Comestibles (de groceries).
Guachear. Observar (de to watch).
Lonche. Almuerzo (de lunch).
Mapear o mapiar. Fregar (de to mop).
Taifa. Ladrón (de thief).

C   Vamos a escuchar ahora una entrevista con Ilan Stavans, pero en la grabación oirás todas las preguntas antes de las respuestas. Tienes que identificar, para cada respuesta, la pregunta apropiada. ¿Puedes emparejar una letra a–f con un número 1–6?

1 ¿El spanglish es también el resultado de una falta de reacción del idioma español ante determinadas situaciones?
2 ¿Y se hablará en México, en Bolivia, en Argentina...?
3 ¿El spanglish es el idioma de los hispanos menos cultos?
4 ¿Todos los hispanos en Estados Unidos utilizan el spanglish?
5 ¿El spanglish, pues, es el precio de la supervivencia del español?
6 ¿El spanglish es un idioma?

D   *Debate dirigido*

Persona A: Tú crees que las lenguas deben conservar su pureza. Estás a favor del creciente uso del español en Internet y no te gusta la idea de una lengua mezclada, como el "spanglish".

Persona B: Estás entusiasmado con el "spanglish". Las lenguas tienen que adaptarse a las necesidades de la gente. Por medio de una lengua como el "spanglish" diversas comunidades pueden entenderse mejor.

¿Cómo se dicen ... "ce", "ci" y "z"?

Fíjate cómo se pronuncian la "ce", "ci" y "z" en la entrevista. El entrevistador es español y el entrevistado es mexicano. ¿Puedes extraer la regla de pronunciación de la "ce", "ci" y "z" en España y en Latinoamérica?

Escucha otra vez las siguientes frases de la entrevista y toma nota de cómo se las pronuncian. Después, intenta pronunciarlas de los dos modos.

utili**z**an el spanglish
una falta de rea**cci**ón
determinadas situa**ci**ones
el pre**ci**o de la superviven**ci**a
en pro**ce**so de
que na**ce** de
lo ha**ce**n
medios de comunica**ci**ón
la clase so**ci**al
al prin**ci**pio
ciento veinti**ci**nco esta**ci**ones de radio
Centroamérica

el veinti**ci**nco por **ci**ento
que no tiene a**ce**ntos
una capa**ci**dad de adapta**ci**ón
a diferen**ci**a de
ciento **ci**ncuenta años
desapare**ce**n después de dos genera**ci**ones
empie**z**an a hablar inglés
otra pobla**ci**ón minoritaria
no está desapare**ci**endo, pero tampoco está
    permane**ci**endo en estado de pureza
la ra**z**ón es que

8.10 *Una cultura partida 1: El tango y el rock*

La música de Latinoamérica es conocida por todo el mundo. Todas las regiones tienen sus bailes y canciones típicos, muchos de los cuales han cruzado las fronteras de los países latinos y también el Atlántico para encantar a los europeos. Los latinoamericanos de hoy en día escuchan una gran variedad de música, como vamos a descubrir…

Los comienzos del tango

Aunque sobre el tango y sus figuras son muchas las cosas que se discuten y ponen en duda, es generalmente aceptado que el tango nace en Buenos Aires a finales del siglo XIX. En un hecho de origen popular como el tango y, por tanto, de nacimiento evolutivo, resulta imposible apuntar a una fecha de nacimiento. Sin embargo, lo cierto es que la mayoría de los estudiosos coinciden en dar por buena la década de 1880 como el punto de partida de lo que entonces no era más que una determinada manera de bailar la música. La sociedad blanca donde nace el tango escuchaba y bailaba habaneras, polkas, mazurcas y algún vals, y los

negros, un 25% de la población, bailaban al ritmo del candombe, una forma de danza en la que la pareja no se enlazaba y que se bailaba de una manera más marcada por la percusión que por la melodía. Musicalmente, el tango entronca en su genealogía con la habanera hispano-cubana y es, por tanto, hijo del trasiego mercantil entre los puertos de lengua española de La Habana (Cuba) y Buenos Aires (Argentina).

El origen del nombre no se sabe con certeza. Puede ser una deformación del nombre del instrumento "tambor" que no era fácil de pronunciar para los africanos.

Se comenzó a bailar esta danza a finales del siglo XIX en los prostíbulos. Buenos Aires era a finales del siglo XIX una ciudad en expansión con un enorme crecimiento demográfico sustentado sobre todo en la emigración que procedía de una multitud de países. Había, por supuesto, españoles e italianos pero no eran ajenos a esta corriente migratoria los alemanes, húngaros, eslavos, árabes, judíos… El 70% eran hombres, lo que hizo que las visitas a los lupanares fueran frecuentes. Allí bailaban estos bailes con señoritas de baja reputación y las letras del tango en sus principios eran, asimismo, obscenas.

De su baja cuna a su encumbramiento como rey en los salones del mundo occidental, el tango recorrió un curioso camino de ida y vuelta entre el Nuevo y Viejo

Continente, con una parada decisiva y brillante en París. ¿Cómo llegó allí? Parece que hay una explicación. Los "niños bien" de Buenos Aires no tenían reparos en bajar a los arrabales a divertirse, bailar, y tener relaciones con esas mujeres de clase baja, algo que no podían hacer con mujeres de buena familia de su ambiente. Sin embargo, sus viajes a París fueron el desencadenante. París no sólo era la capital del glamour y la moda sino que además era la ciudad que daba cobijo a una sociedad plural, alegre y sin prejuicios. En ese contexto social no fue difícil que el osado baile creado en la capital de La Plata encontrara un terreno abonado para florecer y convertirse en curiosidad, al principio, en moda y furor después. Y una vez en París, el escaparate de Europa, la capital de la moda, la cuna del chic, su extensión al resto del continente, primero, y al resto del mundo, después, fue algo sencillo y rápido. Curiosamente, es entonces cuando el tango entra en París, en sus salones más nobles, avalado por París.

Desde entonces, el tango tiene una brillante historia de auges limitados y declives relativos y una continuada vida a lo largo de la cual se ha desarrollado tanto el baile como la música hasta llegar a un nivel de sofisticación y depuración que deja a las claras la madurez de esta manifestación que vive en las primeras décadas de su segundo siglo de vida.

A Explica las siguientes palabras del texto con tus propias palabras en español.

1 punto de partida	**6** sustentado
2 enlazarse	**7** lupanar
3 marcada	**8** reparo
4 entroncar con	**9** arrabal
5 trasiego	**10** avalado

B Escribe un resumen del texto en inglés (100–150 palabras), incluyendo los siguientes puntos.

- el origen del baile
- la mezcla de influencias en el desarrollo del baile
- cómo se popularizó en Europa

¡Información!

Carlos Gardel, "El Mudo"

No se tiene muy en claro el lugar de nacimiento de Carlos Gardel. Algunos dicen que nació en Toulouse, en el sur de Francia, y otros lo califican como oriundo del pueblo de Tacuarembó, en el centro geográfico del Uruguay. Lo cierto es que sea donde sea el lugar, su fecha de nacimiento es el 11 de diciembre de 1887, y no cabe ninguna duda de que su destino era él de ser una figura mundial de la mano de la música rioplatense.

Al principio de su carrera profesional Gardel se dedicó a cantar canciones criollas hasta que en 1917 grabó "Mi Noche Triste", el primer tango canción en la historia del tango. Desde ese entonces el cantante siguió por el camino del éxito y la gloria, llenando los escenarios más prestigiosos de Europa, principalmente de París en donde conoció a Alfredo Le Pera, con el cual compuso tangos inolvidables como "Volver", "El Día que me Quieras", "Por una Cabeza" y "Cuando Tú no Estás". Ya famoso en todo el mundo, su próximo paso fue el ser actor para la Paramount Pictures en EE.UU., rol en el que se destacó hasta su trágica muerte en Medellín, el 24 de junio de 1935, cuando su avión chocó con otro en el aeropuerto de esa ciudad columbiana. Desde entonces la figura de Carlos Gardel ha sido un símbolo del tango y de la ciudad de Buenos Aires, inmortalizándose en el corazón de los porteños como "el que cada día canta mejor".

CONSOLIDACIÓN

Estudia: Expressing doubt, p.204; sequences of tenses in the subjunctive

Convierte las siguientes frases afirmativas en frases que expresen duda, utilizando para las frases 1–6 expresiones en el tiempo presente como: puede ser que, es muy probable, no existe certeza de que, no es seguro que, es dudoso que.

Por ejemplo: El tango es originario de Buenos Aires. **No existe certeza de que** el tango **sea** originario de Buenos Aires.

1 El nombre "tango" es una deformación del nombre del instrumento "tambor".

2 El tango se comienza a bailar el año 1880.

3 Los "niños bien" de Buenos Aires llevaron el tango a París.

4 Carlos Gardel nació en el sur de Francia.

5 Gardel fue el mejor cantante de tangos.

6 Gardel siempre será un símbolo de la ciudad de Buenos Aires.

En las frases 7–10 tienes que cambiar el verbo en el infinitivo al subjuntivo. ¡Ojo a la sucesión de tiempos!

Por ejemplo: Era dudoso que el tango (recorrer) un curioso camino. Era dudoso que el tango **recorriera** un curioso camino

7 Era muy probable que la pareja no (enlazarse).

8 Puede ser que el tango (seguir) siendo tan popular en el siglo XXI como lo fue en el siglo XX.

9 Los expertos dudaban que Gardel (dedicarse) a cantar canciones sencillas.

10 No existe certeza de que Gardel (immortalizarse) en el corazón de los porteños.

C   Lee el texto de estas dos canciones de Gardel.

1 En la primera canción, rellena los espacios en blanco con la palabra que corresponde.

2 En la segunda canción, Gardel habla sobre el día que le quiera una cierta señorita. ¿Qué pasará en ese día, ségun él?

Mi Buenos Aires Querido
Carlos Gardel
Alfredo Le Pera

Mi Buenos Aires ....
cuando yo te .... a ver,
no habrá más .... ni olvido.

El farolito de la .... en que nací
fue el centinela de mi promesa de amor,
bajo su quieta lucecita yo vi
a mi piveta luminosa como el sol.

Hoy que la .... quiere que te vuelva a ver,
si una forteña de mi único querer
.... la queja de un bandoneón
dentro mi pecho pide rienda al corazón.

Mi Buenos Aires, tierra ....
donde mi .... terminaré.
Bajo tu amparo no hay desengaño
ruedan los ...., se olvida el dolor.

En caravana los recuerdos pasan
como una estela dulce de emoción.
.... que sepas, que al evocarte
se .... las penas del corazón.

La ventanita de mi calle de arrabal
.... sonrié una muchachita en flor,
quiero de .... yo volver a contemplar
aquellos ojos que acarician al mirar.

En la cortada masvarea una ....
dice su ruego de coraje y de pasión,
una promesa y un suspirar,
borró una .... de pena aquel cantar.

El Día que me Quieras
Carlos Gardel

Acaricia mi ensueño
el suave murmullo de tu suspirar
como ríe la vida
si tus ojos negros me quieren mirar
Y si es mío el amparo de tu risa leve
que es como un cantar
ella aquieta mi herida
todo, todo se olvida

El día que me quieras
la rosa que engalana
se vestirá de fiesta
con su mejor color
Y al viento las campanas
dirán que ya eres mía
y los que la contarán
te contarán tu amor

La noche que me quieras
desde el azul del cielo
las estrellas celosas
nos mirarán pasar
Y un rayo misterioso
hará nido en tu pelo
luciérnaga furiosa
que verá en mí que eres mi consuelo

D   Lee el texto sobre "Rock al Parque" y une los siguientes significados con las palabras del texto que corresponden.

1 nace
2 idea
3 promoviera
4 expresiones
5 de ciudad
6 sorprendente
7 conjuntos musicales
8 edición
9 final
10 agrupó a

E   Completa las siguientes oraciones con un final que tenga sentido de acuerdo con la información del texto.

1 Rock al Parque es el resultado de…
2 Consistía en…
3 Se descubrió que…
4 En la primera edición hubo ya un público de…
5 En 1997…
6 "Todos somos Rock al Parque"…

---

años	calle	canción	donde	florida	la	lágrima	nuevo	oigo
penas	querido	quiero	suerte	van	vida	vuelva		

Rock al Parque

Rock al Parque surge a partir de la iniciativa de un grupo de jóvenes que en 1995 decidió presentar una propuesta al Instituto Distrital de Cultura y Turismo, que consistía en realizar en Bogotá un gran concierto de Rock, el cual fomentara e impulsara las diferentes manifestaciones musicales urbanas de este género.

El resultado fue tan exitoso como inesperado. Por una parte, se detectó la existencia de más de 100 agrupaciones de rock aficionadas y un público entusiasta (alrededor de 50 mil jóvenes participaron en esta primera entrega). Un año después la sorpresa aumentó. Se presentó una inscripción de más de 180 bandas musicales y el concierto de clausura contó con la asistencia de 120 mil almas rockeras. En 1997, el III Festival reunió aproximadamente 180 mil jóvenes durante cuatro días, en dos localidades diferentes: además captó la atención de diversos medios informativos internacionales; demostrando una vez más que: "Todos Somos Rock al Parque".

El Festival cumple también con el objetivo de acercar a los jóvenes músicos de diferentes propuestas culturales-urbanas a públicos masivos, interesados en unirse en un evento de alto nivel de organización y calidad artística.

Para nosotros es importante anotar que el principal objetivo para esta última entrega de milenio es que este proyecto continúe con su labor de fomento musical, buscando una mayor calidad del espectáculo: ampliando la visión del proyecto para extenderlo a otras esferas que permitan crear instrumentos necesarios para consolidar un movimiento cultural sólido.

Con el objetivo de hacer transparente el proceso de preselección para bandas de Bogotá que participarán en el Festival, en esta edición se realizarán cinco audiciones públicas – como en la pasada entrega – en diferentes lugares de la ciudad.

Por tal motivo, y reconociendo la importante labor que hasta hoy ha venido desarrollando este medio, es para nosotros fundamental realizar un trabajo mancomunado en la tarea de difusión y promoción del festival; además de integrar a todos los actores involucrados y los intereses sociales que dicho proyecto abarca.

F Ahora escucha el informe y de acuerdo con lo que escuchas, empareja la pregunta con su correspondiente respuesta.

Preguntas

1 ¿Cuándo va a tener lugar el siguiente Festival de Rock al Parque y dónde?
2 ¿Cuál es una de las medidas que se ha tomado para conseguir mejorar la calidad del espectáculo?
3 ¿Cuándo sabrán las bandas de fuera de Bogotá quién va a participar?
4 ¿Hasta cúando tienen de plazo las bandas de Colombia?
5 ¿Cómo se seleccionan las bandas de Bogotá que van a participar?
6 ¿Cuáles son los requisitos para poder participar las bandas de fuera de Colombia?

Respuestas

a Hacer un proceso de preselección que se llevará a cabo en cinco audiciones públicas; o por un juicio de cinco jurados.
b Hasta el martes 6 de julio a las 4:30 de la tarde.
c Las bandas se seleccionarán entre todo el material recibido bajo el juicio de cinco jurados idóneos en el mundo del Rock colombiano. Éstos seleccionarán 47 agrupaciones que se presentarán en cinco diferentes audiciones públicas en la ciudad en donde evaluarán su desempeño en escenario. Finalmente se elegirán 30 bandas que participarán en el Festival.
d El 12 de agosto.
e El 16, 17 y 18 de octubre del presente año en Santa Fe de Bogotá, Colombia.
f Las bandas internacionales interesadas en participar en el Festival deben aportar tres copias del material de audio, carpeta de prensa con biografía de la banda, un raider técnico y plano de la banda en el escenario.

G *Trabajo escrito*

Ahora que tienes la información sobre el festival, escribe un folleto para promocionarlo y hacer que muchos grupos se interesen en participar en el mismo.

8.11 *Una cultura partida 2: Enrique Iglesias*

Se dice que el inglés es la lengua del pop, pero hay un cantante español que disfruta de un gran éxito en los Estados Unidos y muchos otros países.

A Busca sinónimos de las siguientes palabras que aparecen en el texto:

1 triunfar

2 exorbitantes

3 encumbrado

4 foráneos

5 enmarcado

6 sentencia

7 animándose

8 baladas

9 edulcoradas

10 vergonzoso

B Identifica si son verdaderas o falsas las siguientes frases y justifica tus respuestas.

1 Enrique Iglesias es un cantante de rock, flamenco y rap español.

2 Ha vendido dos millones de discos en el último mes.

3 Enrique es un artista muy joven y prácticamente desconocido.

4 A Enrique no le gusta la música de Bruce Springsteen.

5 Empezó escribiendo canciones para sí mismo cuando era muy pequeño.

6 Ha estudiado música, canto y baile.

7 Lleva una vida tranquila en Miami.

8 No le importa trabajar duro.

C Completa la siguiente tabla:

Sustantivo	Adjetivo	Verbo
1	vendido	**2**
popularidad	**3**	**4**
5	**6**	encumbrar
7	**8**	distinguir
9	**10**	sentenciar
11	identificado	**12**

D Con la información que tienes elabora una descripción de Enrique Iglesias a modo de resumen, hablando de su profesión, personalidad y estilo de música (250 palabras).

E Ahora con tu compañero/a improvisa una serie de preguntas para una entrevista e imagina que él/ella es Enrique Iglesias y tú eres el/la entrevistador(a).

"La única música que cuenta, si quieres triunfar, es el pop"

Se le notan en el rostro y en la actitud las 950 horas de vuelo que ha realizado durante el último año. "Es más de un mes en el aire", exclama con asombro Enrique Iglesias al hacer el cálculo. Un exceso que se une a las exorbitantes cifras que van unidas a su nombre en los últimos tres años. A los 13 millones de discos vendidos en ese tiempo, que lo han encumbrado a la cima de la popularidad en un mercado tan esquivo para los foráneos como el estadounidense, se unen los dos millones de discos de su nuevo álbum, *Enrique*, que ha aparecido hace un mes escaso. Sólo en España han sido 267.000.

Ha ganado un premio Grammy por su primer trabajo, fue elegido mejor artista novel en 1996, artista del año en 1997 y mejor artista pop en el 98 por la revista *Billboard*, y es ya un personaje habitual en las portadas de las revistas y los programas de televisión en todo el mundo. Tiene 24 años. En fin, demasiado en muy poco tiempo.

Enmarcado dentro del *boom* de la llamada "música latina" en Estados Unidos, pretende desmarcarse un poco de la etiqueta. "Yo me considero latino, pero quiero que sepan que hay que distinguir entre estilos. El que seas latino o español no significa que haces necesariamente mambo o salsa. Hay pop en español, hay rock, hay flamenco, hay rap en español", comenta.

"Me considero latino, pero los americanos deberían saber que hay que distinguir entre estilos"

"Lo que pasa es que en Estados Unidos casi no tienen música tradicional y por eso se les hace más difícil distinguir entre tal variedad de estilos de cada país. Quizá por eso ellos no lo entienden. No son capaces de diferenciar España de Argentina o México de Puerto Rico y Venezuela. Si intentas explicarlo, ¡uf! Paso de eso. Al final, lo único que cuenta, si quieres ser un *número uno*, es ser pop, *mainstream*", sentencia. "Pop significa popular, y no hay nada más popular que el pop. No hay nada más grande que el pop", insiste, animándose en la conversación y hablando cada vez más rápido. "Incluso si haces otra música distinta, cuando triunfa, se convierte en pop. El rap se ha convertido en pop, porque ahora entra en las listas generales."

"Y el pop es la música con la que he crecido. Es lo que yo hacía en español y lo que voy a hacer ahora en inglés", afirma. En su nuevo disco, Enrique Iglesias incluye 13 temas, varios compuestos por él, diez de ellos en inglés, incluido un duo con Whitney Houston y una versión del *Sad eyes* de Bruce Springsteen, que también canta en castellano en el álbum. "Springsteen es muy de mi estilo, grabamos la canción en una tarde", dice. Un músico con el que Enrique Iglesias se siente muy identificado, sobre todo por la forma que tiene de abordar las baladas románticas, sentimentales, sin ser demasiado edulcoradas.

Enrique Iglesias empezó escribiendo canciones para sí mismo, cantándolas a solas, sin el acompañamiento de ningún instrumento. Y tampoco le ha interesado estudiar música, ni canto, ni baile, como han hecho otros artistas con la obsesión del éxito grabada en los genes. "No sé si en el futuro creceré como compositor o si sólo seré cantante", dice, encogiendo los hombros.

"Yo empecé a escribir canciones muy pequeñito, pero no las enseñaba porque era muy vergonzoso. Era como tener un diario o escribir poesía", explica con voz algo infantil. "Es que la música no se aprende; si la tienes, la tienes. Pero me siento más libre cuando compongo sin instrumento. El instinto musical es sólo oído."

8.12 *Conclusión: un poema de Pablo Neruda*

El chileno Pablo Neruda es quizás una de las figuras más importantes de la literatura latinoamericana. En el año 1971 obtuvo el Premio Nobel de Literatura. Aunque es conocido por sus poemas del amor, más tarde en su vida su poesía adoptó una intención social, ética y política.

Oda a las Américas

Américas ....
tierras que los océanos
guardaron
intactas y purpúreas,
.... de colmenares silenciosos,
pirámides, vasijas,
ríos de .... mariposas,
volcanes amarillos
y razas de silencio, formadoras de cántaros,
labradoras de piedra.

Y hoy, Paraguay, turquesa
fluvial, rosa ....,
te convertiste en cárcel.
Perú, pecho del mundo,
....
de las águilas,
existes?
Venezuela, Colombia,
no se oyen
vuestras bocas ....
Dónde ha partido el coro
de .... matutina?
Sólo los pájaros
de antigua vestidura,
sólo las cataratas
mantienen su diadema.
La .... ha extendido
sus barrotes.
En el húmedo reino
del .... y la esmeralda,
entre
los ríos paternales,
cada día

sube un mandón y con su sable corta
hipoteca y remata tu ....
Se abre la cacería
del hermano.
Suenan tiros perdidos en los puertos.
Llegan de Pennsylvania
los expertos,
los nuevos
....
mientras tanto
nuestra ....
alimenta
las pútridas
.... o minas subterráneas,
los dólares resbalan
y
nuestras locas muchachas
se descaderan aprendiendo el baile
de los orangutanes.
Américas purísimas,
sagrados territorios,
qué tristeza! . . .

Que tu voz y tus hechos,
América,
se desprendan
de tu .... verde,
termine
tu amor encarcelado,
restaures el ....
que te dio nacimiento
y eleves tus espigas sosteniendo
con otros ....
la irresistible aurora.

A Escucha el poema y rellena cada espacio con la palabra que falta.
Si no entiendes la palabra, búscala en el diccionario.

¡Infórmate!

Pablo Neruda

Neftalí Ricardo Reyes Basoalto (quien escribiría posteriormente con el seudónimo de Pablo Neruda) nació en Parral, Chile, el año 1904, hijo de don José del Carmen Reyes Morales, obrero ferroviario y doña Rosa Basoalto Opazo, maestra de escuela, fallecida pocos años después del nacimiento del poeta.

En 1906 la familia se traslada a Temuco donde su padre se casa con Trinidad Candia Marverde, a quien el poeta menciona en diversos textos como *Confieso que he vivido* y *Memorial de Isla Negra* con el nombre de Mamadre. Realiza sus estudios en el Liceo de Hombres de esta ciudad, donde también publica sus primeros poemas en el periódico regional *La Mañana*. En 1919 obtiene el tercer premio en los Juegos Florales de Maule con su poema *Nocturno ideal*.

En 1921 se radica en Santiago y estudia pedagogía en francés en la Universidad de Chile, donde obtiene el primer premio de la fiesta de la primavera con el poema *La canción de fiesta*, publicado posteriormente en la revista *Juventud*. En 1923, publica *Crepusculario*, que es reconocido por escritores como Alone, Raúl Silva Castro y Pedro Prado. Al año siguiente aparece en Editorial Nascimento sus *Veinte poemas de amor* y *Una canción desesperada*, en el que todavía se nota una influencia del modernismo.

En 1927 comienza su larga carrera diplomática cuando es nombrado cónsul en Rangún, Birmania. En sus múltiples viajes conoce en Buenos Aires a Federico García Lorca y en Barcelona a Rafael Alberti. En 1935, Manuel Altolaguirre le entrega la dirección a Neruda de la revista *Caballo verde para la poesía* en la cual es compañero de los poetas de la generación del 27. Ese mismo año aparece la edición madrileña de *Residencia en la tierra*.

En 1936 al estallar la guerra civil española, muere García Lorca, Neruda es destituido de su cargo consular, y escribe *España en el corazón*.

En 1945 obtiene el premio Nacional de Literatura.

En 1950 publica *Canto General*, texto en que su poesía adopta una intención social, ética y política. En 1952 publica *Los versos del capitán* y en 1954 *Las uvas y el viento* y *Odas elementales*. En 1965 se le otorga el título de doctor honoris causa en la Universidad de Oxford, Gran Bretaña. En octubre de 1971 recibe el Premio Nobel de Literatura.

Muere en Santiago el 23 de septiembre de 1973. Póstumamente se publicaron sus memorias en 1974, con el título *Confieso que he vivido*.

Study Skills for Advanced Spanish

Effective listening

When you listen with understanding, you use the same basic skills as in reading. You **scan**, **select**, **discard**, **contextualise** and **match**, as described below for reading. So far, so good. These skills will take you far, but before you can employ them when you listen to Spanish, your ear has to make sense of the mass of sound entering it.

Tune in!

To attune yourself to Spanish, watch Spanish films, watch Spanish TV and listen to Spanish radio. Don't expect to understand much at first, but get used to the sound and try to pick out key words. You will gradually find that more of it is making sense. Your teacher may be able to lend you recordings of Spanish songs – ideally, with the lyrics.

Effective reading

Embarking on your advanced Spanish course, you will already be a good reader of your own mother tongue. You will probably not even realise that you may have excellent reading skills, far in advance of the average. You will apply these skills almost naturally without thinking about them. Yet they will have been learnt and developed, usually during your primary-school career, then further extended during your time at secondary school.

You will not be aware that you **scan**, **select**, **discard**, **contextualise** and **match** words, phrases and sentences as a matter of course.

When it comes to reading Spanish, you will help yourself to maximise your potential, just as you did in your native language, by being aware of the skills you can use and develop and by applying them consciously every time you have to read for understanding. Let's set you on your way by looking at a specific text in Unidad 1 *España, país europeo y moderno:* 'Queremos más hijos, pero no los tenemos' (see page 20).

Scanning

When you first look at a text, avoid the temptation to read right through, trying to look up and understand every word as you go. Instead, **scan** through the whole text, or perhaps the first section, to get a general idea of what it's all about. To help yourself scan, get used to watching out for *key words* or *phrases* as your mind flicks through the text.

The main key words which will help you get started with the example passage are:

población   habitantes   índice de natalidad obligaciones familiares   el trabajo   el paro

Notice how this series of words and short phrases give you an initial feel for the general sense of the article.

Selecting

Next, look through the article again and **select** what seem to be the key details. Try to identify one from each paragraph.

1   Cada vez tenemos menos hijos
2   Si las parejas de 30 años están insatisfechas, es un problema
3   la imposibilidad de compaginar las obligaciones familiares y el trabajo

These key details summarise neatly the drift of the first three paragraphs of the article. Try doing the same for the remaining paragraphs.

Discarding

The ability to discard unnecessary language from a statement is one of the easiest reading skills to develop. When we put together our thoughts, either in spoken or written form, we use a great number of what are called 'fillers', words or expressions which fill out the sentence, without affecting the basic, underlying meaning. If, when you come across a complex sentence, you do the opposite and **discard** non-basic items from the sentence, it will be very much easier to make sense of. Try it for yourself, by removing the following fillers from the beginning of the article and then re-reading it:

aunque todavía es decir absolutamente
sin embargo precisamente por ejemplo también
sino que

Once you have made sense of the basic material, put the fillers back in one by one and you will have a first-class understanding of what you have read.

> **Study skills tip**
> Start a list of fillers in your vocabulary book or wherever you keep your Spanish notes, and keep adding to it through the months ahead. Then, if you start thinking 'filler!' each time one of them pops up in a reading text, it will help your understanding greatly, because you will be consciously removing it from the clutter and revealing the base sentence.

Contextualising

When you *contextualise*, you simply put a word, phrase or sentence in its *context*. Another term for it might be *educated guesswork*. Take, for instance *índice de natalidad* in the first paragraph. The meaning of this may not be immediately obvious to you but you will know the meaning of the nearby words *niños* and *hijos*, and the related word *nacieron* will tell you it is someting to do with birth.

Matching

Matching is probably the most common skill you develop when you extend your reading powers in Spanish and it functions whenever you *match* a word or expression with something from your first language. Speakers of mother-tongue English have an advantage here over Dutch, German and Scandinavian people because a high percentage of our abstract vocabulary has the same basic origin as the words we read on the Spanish page: Latin.

To give yourself some practice in matching, try the following activity. Look again at the article 'Queremos más hijos...'. Find Spanish words which have similar equivalents in English, for example: *provisionales, Estadística, tendencia, demógrafos, descenso, fundamentales, obligaciones, Confederación.*

Read around!

- Read Spanish newspapers and magazines whenever you have the chance (many have their own website – see the list on page 187).
- Use the Internet to read online or download Spanish texts.
- Try some Spanish or Latin American cartoons such as 'Mafalda', 'Mortadelo y Filemón' or

'Goomer': words supported by pictures are more accessible than pure text.
- Subscribe – or find out whether your teacher could take out a class/library subscription – to a Spanish magazine or paper, such as *El País Semanal, Quo, Época* or *Diez Minutos.*

Effective speaking

To help you to improve your speaking skills right from the beginning of the course, here are some phrases for expressing your opinion – positive, negative or seeing both points of view. Some of these are also useful for written work, though others are more casual and really best suited to spoken Spanish. You will be reminded of these phrases at appropriate points in the course.

Presenting an argument

un problema/algo que se discute a menudo hoy en día es . . .
este tema es, en realidad, muy complejo
el tema/la cuestión principal que nos ocupa en esta ocasión es . . .
lo primero que hace falta decir es que . . .
es un tópico decir que . . .
se suele decir que . . .
en primer lugar, consideremos . . .
voy a considerar en primer lugar . . .
debemos examinar con atención . . .

Expressing negative/positive views on a theme

es vergonzoso que . . .
no estoy ni a favor ni en contra de . . .
me parece lógico que . . .
la sociedad no puede soportar . . .
es intolerable que . . .
a mi modo de ver . . .
ésta no es una opinión que yo comparta . . .
me preocupa que . . .
eso sería demasiado optimista . . .
parece mentira que . . .
es inútil . . .
mucha gente piensa que . . .
uno debe ponerse en contra de . . .
estoy a favor de . . .
estoy en contra de . . .
(no) me sorprende que . . .
a mi parecer . . .
a nadie le importa si . . .
es lamentable que . . .
es difícil de imaginar que . . .

Developing the argument/theme

por un lado ... por otro ...
esto nos lleva a considerar ...
pasemos ahora a ocuparnos de ...
consideremos el caso de ...
los hechos hablan por sí mismos
al llegar a este punto podemos afirmar que ...
un problema, relacionado con el anterior, es el de ...
debemos distinguir entre ... y ...
todo el mundo reconoce que ...
pocas personas negarán que ...
es innegable que ...
hay que reconocer que ...
sin lugar a dudas ...
sin duda/es cierto que ...
el problema que plantea este argumento es que ...
por otra parte, podemos decir/observar que ...
la otra cara de la moneda es/no obstante ...
la clave del problema está en ...
otra manera de enfocar este
  argumento/asunto/problema sería ...
lo cual nos lleva a otro aspecto del tema ...
si se sopesan los pros y los contras ...
lo que sirve para ilustrar/demostrar que

Concluding

para resumir/en resumen ...
en última instancia ...
en conjunto ...
¿qué conclusiones se pueden sacar (de ...)?
todo lo cual sirve para demostrar que ...
está claro que el problema/asunto/tema no tiene fácil
  solución ...

Presenting and discussing a topic

Many of you will have a topic to present and discuss during your oral exam. If you carry out the suggestions in the key points below, you will be in a good position to get the best possible results.

Preparation: five key points

1 Choose a topic which is of personal interest to you. You are much less likely to talk well about something which you find boring.
2 Choose a topic which is not too difficult or wide-ranging for you to prepare. If you feel that the themes suggested by your teacher are a little beyond you, do not be afraid to ask for an alternative topic, or make suggestions of your own. Your teacher will be pleased that you have enough interest to want to do the job properly. Large numbers of students could perform much better in the oral exam, simply by choosing a topic which is neither too difficult nor too vague.

However, be warned: avoid simple description, e.g. of a holiday, which would be more appropriate at GCSE. Check the topics indicated in your awarding body's specifications; these may prompt some ideas.

3 Whatever your topic, make sure you learn the 80–100 key words that underpin it. If necessary, ask your teacher or a friend to test you on that vocabulary, since, apart from Point 2 above, lack of the key language is the main reason for failing to do justice to yourself in the oral test.
4 Practise your presentation and general topic material in pairs, with one partner interviewing the other.
5 Whatever else you do, make absolutely certain that your presentation contains references to Spain or Latin America. Ask your teacher to check the specification carefully – up to 50% of marks for content may be lost if you do not relate your presentation to Spain and/or Latin America. It is easier to fall into this trap with some of the more general topics, e.g. the environment. Beware!

Presentation: four key points

1 Include in your draft presentation a short statement of the four to six main ideas you wish to get across.
2 Present them in the order in which they will occur later.
3 Explain your reason(s) for choosing the topic, but try to avoid trite statements like *Me parece muy interesante, Mi profesor sugirió este tema.*
4 Show enthusiasm and sound interested while you give your presentation. If the material is delivered in a bored or automatic manner, it is not going to impress the examiner. To be able to show enthusiasm, you need to know your material well, so the preparation points listed above are important!

The discussion: eight key points

1 Divide the material you have prepared into between four and six manageable themes or sub-themes. Avoid preparing long lists of themes.
2 You do not have to remember hundreds of figures and points off by heart. If your topic is accompanied by a lot of statistics, for example, your Examining Consortium may well allow you to take a sheet/sheets of statistical information into the exam room. Check with your specification or your teacher.
3 Depending on the specification you follow, you may be allowed to take in a sheet of notes as a memory-jogger, but don't fall into the trap of

relying so much on your notes that you begin to read them out – this will lose you marks and, if you keep reading from them, the examiner may have to take your notes away from you.

4　Try to listen to what is being asked in each question and to respond reasonably naturally. It's supposed to be a real conversation! Don't be tempted to learn your notes so completely by heart that when you are asked a question, you merely switch on the memory banks and regurgitate vast amounts of pre-learned material. Whichever your specification, there will be credit given for spontaneity of response in your presentation and development of ideas.

5　Try to continue the enthusiasm that you will have shown in your presentation. A sense of commitment to what you are saying will enhance the impression marks, and rightly so, since your topic conversation is a communication exercise.

6　Keep reasonable eye-contact with your examiner and smile occasionally. The impression that you are a confident, pleasant person also enhances communication.

7　If you don't understand something the examiner says or asks, don't make a wild guess or sit there silently panicking – do what you would do in a normal conversation and ask him/her to repeat or explain what he/she has said.

8　Try to sound as Spanish as you can. This will help the examiner to feel very positively about your abilities.

Effective writing

The following general pointers and checklists should help you to maximise your writing potential as you work through the course. Use the following tips to extend and improve your written Spanish:

1　Keep a vocabulary book in which you note all new words and phrases that you come across.

2　Use the new items when you speak and write, soon after noting them.

3　Re-use in future assignments key phraseology on which your teacher has already passed favourable comment.

4　If you try to express a complicated idea by translating it direct from English, guessing at how you are to put it across in Spanish, your work is liable to be full of errors. Instead, when you write in Spanish, use and adapt what you have seen and heard from Spanish speakers via text and tape.

5　Spend at least ten minutes checking any completed piece of work for errors, before you hand it in. Use the checklist on the next page to scan for individual categories of error.

Practical writing tips for the exam

- Write on alternate lines. The extra space between the lines will allow you to see your own errors more clearly and to make neater alterations.
- Get into the habit of crossing out errors with a single ruled line. This will help your work to look neat.
- For important tests, assignments and exams, use an ink (not a ballpoint) pen, to maximise your neatness.
- Unless you have a medical condition that affects your hands, do not use pencil for written assignments.

Writing essays

If your Spanish essay is to receive good marks, it needs to achieve five equally important things:

1　to be a **relevant** response to the question asked

2　to be argued in a structured, **well-organised** way

3　to be grammatically **accurate**

4　to draw logical conclusions from an analysis of evidence from different sources

5　to select the relevant and discard the irrelevant from possible sources of evidence.

It's quite a challenge to keep focused on all five points, but if you use the following list of guidelines you will soon develop good essay habits and raise your level of writing.

Make a plan and keep it relevant

- Think about different possible points of view in response to the question and jot down key points for each.
- Decide whether you favour one particular opinion: jot down reasons why and evidence to support your view.

Write in a structured way

1　Start with an **introductory paragraph** – not too long – setting out the possible responses to the question.

2　Write the **main part** of the essay which should be around two-thirds of the total piece:
   - Deal first with the points of view which you find less convincing, saying why, backed up with evidence/examples.
   - Put forward your views on the question, backing them up with evidence/examples.

3　Write your concluding paragraph – again, not too long:
   - Refer back to the title to show you are still sticking to the question.

- Make it clear whether you are strongly in favour of one particular response or whether you feel there is equal merit on both sides and are leaving it to the readers to decide for themselves. It is sometimes appropriate to end with a question which takes the debate one stage further.

Check your grammatical accuracy

Spend at least ten minutes (in an exam) or an hour (if it is coursework) checking the accuracy of your work before you hand it in. Here's a checklist:

Nouns and pronouns
– check the gender
Adjectives
– feminine and/or plural where necessary? (see page 188)
Verbs
– right tense?
– have you used the right ending to go with the subject?
– watch out for irregular forms – check them in the back of your dictionary or in the back of this book (see page 214)
– do you need the subjunctive? (see page 201)
– spelling changes such as u/ue, e/ie, etc? (see page 210)
Pronouns
– correct place (before the main verb or on the end of the infinitive)? (see page 191)
– accent if you've added them onto an infinitive? (see page 192)
Accents
– check they are all in place!
Negatives
– chosen the right one? Are the words in the right order and combination? (see page 196)
haber/tener
– chosen the right one?
Prepositions
– chosen the right one? (see page 206)
Personal *a*
– included where necessary? (see page 206)
Spelling
– remember that double letters, apart from *ll* and *rr*, are rare

Coursework

In addition to the above points, make sure that:

- you acknowledge all source material (e.g. if using material from the Internet, you should cite the web address)
- your assignment refers *specifically* to Spain or a Spanish-speaking country (if it doesn't, your mark may well be significantly reduced)
- you do not simply copy down sections of text from other sources – plagiarism, such as using texts downloaded from the Internet, can lead to disqualification.

Writing formal letters

You are probably already reasonably confident about writing informal letters to Spanish friends. However, for writing more formal letters to a person you don't know or in a business context, there are certain conventions you need to follow.

1 Put your own address top right.
2 Next, on the right below your name and address, put the date. Remember that the months do not have capital letters, and the date needs *el*, e.g. *el 23 de mayo 2001*.
3 Next, on the left, put the name of the person you are writing to, if you know it. Remember to include *Señor* or *Señora*.
4 Next, on the left below their name, put the address of the person you are writing to.
5 Next, on the left, you open your letter by writing one of the following:
   - If you know you are writing to a man, put *Estimado Señor* or *Estimado Sr.*
   - If you know you are writing to a woman, put *Estimada Señora* or *Estimada Sra.*
   - If you are writing to an organisation and not to an individual, put *Estimados Señores* or *Estimados Sres.*
   Two important points:
   - Do not include the person's name here.
   - Do not write *Querido* or *Querida.*
6 State in a brief heading what your letter is about.
7 Next, the main text of the letter, divided into paragraphs to make your message clear.
8 Finally, sign off with one of the standard Spanish phrases for ending a letter.
   - A useful equivalent of 'Yours faithfully' (to finish a letter to an organisation when you are not addressing an individual) is: *Atentamente le saluda*
   - A useful equivalent of 'Yours sincerely' (to finish a formal letter to someone you know) is: *Reciba un cordial saludo de*

[Nombre y dirección de la empresa remitente. Nos tel. y fax]

[Nombre y dirección, no. de tel. y/o fax.]

Lugar y fecha [o sólo fecha, si no es formal]

Nombre y dirección del destinatario.

–Estimado Sr./Sra./Sres.:/–Apreciado Sr./Sra./Sres.:

–Muy Sr./Sra./Sres. mío/mía/míos/mías:/–Distinguido . . . [muy formal o para VIP]

–Por la presente, me complace comunicarle . . ./Tengo el placer de . . ./ Damos respuesta a . . ./Nos es grato comunicarle . . .
–Lamento informarle que . . .
–Les ruego que me informen sobre . . .
–Me dirijo a Uds. para pedirles . . .
–Recibimos oportunamente su atenta carta de fecha 20 de junio (o carta del 20–6–01), referente a . . .
–Le agradecemos su atenta carta . . .

–Sin otro particular, quedamos a la espera de sus gratas noticias y les saludamos muy atentamente.
–Reciba un atento saludo de . . . [o "respetuoso saludo" para VIP]
–Atentamente (le saluda), . . .
–Reciba un cordial saludo de . . . [más formal]

Firma

Using dictionaries

You will maximise your progress during your advanced course if you develop really effective dictionary skills. This section gives some practical guidelines on how to take your dictionary skills to advanced level.

Which kind of dictionary?

Our suggestion is that if you are moving on from GCSE to advanced level, you should initially work with a bilingual (Spanish–English and English–Spanish) dictionary, but you should work towards using a monolingual (Spanish–Spanish) dictionary. If you have access to both, the best strategy as you start your course is to use both kinds. At first, you will rely predominantly on your bilingual dictionary but if you train yourself to look at the explanation of the item in a monolingual one after you have found out from the English what the word means, you will soon become more at ease with the Spanish–Spanish resource. Set yourself a target of using a monolingual dictionary at least half the time by the half-way point of your course.

Six key points

Attention to the following basic pointers will make it much easier for you to find your way around the dictionary.

1 The most important thing is to know what kind of word (part of speech) you are dealing with. The abbreviations accompanying the target word in the dictionary will normally tell you. The most frequently encountered abbreviations are listed below.

abbr.	English	Spanish
adj	adjective	adjetivo
adv	adverb	adverbio
fpl	feminine plural	femenino plural
f	feminine noun	sustantivo femenino
inf	infinitive	infinitivo
m	masculine noun	sustantivo masculino
mpl	masculine plural	masculino plural
v	verb	verbo
vi	intransitive verb	verbo intransitivo
vt[r]	transitive verb	verbo transitivo

2   The most important word, around which a sentence is built, is the verb. If you identify the verb first, it will help you to make sense of the whole statement. Verbs are normally listed in the dictionary in their infinitive form, whereas in the passage you are reading or listening to they will occur in a variety of different person and tense forms.

3   A capital letter used for a word in the middle of a sentence – *La Alhambra, los Ruiz* – tells you that the word is a proper noun, i.e. the name of a particular place, person, group, title, etc. So, the word may not be in your dictionary. However, you will at least know that you are dealing with the name of a place, person, animal, thing, etc. With a listening passage, of course, you cannot see the capitals, but if you hear a mysterious word, it could be the name of someone or somewhere. You will probably be right at least half of the time.

4   Note the following useful relationships between English and Spanish words.
   - Spanish nouns ending in *-ción* or *-sión* often have similar English equivalents.
   - Spanish nouns ending in *-dad* often end in '-ity' in English.
   - Spanish nouns ending in *-mente* often have similar English equivalents (NB this applies to nouns – *-mente* is of course also the usual ending for Spanish adverbs).
   - Spanish nouns ending in *-aje*, *-ancia* or *-encia* often have similar English equivalents ending in '-age', '-ance' or '-ence'.
   - Spanish nouns ending in *-ería* or *-aría* often have '-ery'/'-ary' equivalents in English.
   - Spanish nouns ending in *-or* are likely to have similar English equivalents ending in '-or' or '-er'.
   - Spanish adjectives ending in *-al* often have similar English equivalents.

5   Be careful in making assumptions. It's worth checking the precise meaning of words which seem obvious because they look so similar to English ones – they may have different meanings in English. For example:
   comprensivo/a – understanding
   actual – present-day, current
   asistir a – to attend
   particular – private

6   Many words have several meanings. You will often need to look beyond the first meaning given in your dictionary to find the appropriate one for the context of your text. It's crucial to take the context into consideration every time!

Using ICT and the Internet

ICT opportunities

The following general guidelines indicate how ICT can open up various kinds of task.

Word-processing software can be used to . . .	Desktop publishing software can be used to . . .	Database software can be used to . . .
• store grid formats which can be re-used in different contexts • provide templates for, e.g. formal letter writing or faxes • create sequencing tasks • download and edit information from the Internet	• create and store templates for displayed text such as a CV or a map • create a site for promotional or journalistic writing tasks • work with graphics and statistics • create coursework which requires visual or graphic input as well as text	• store and edit data on related aspects of a topic • generate the field names needed to create a database from a set of information • collect and present statistical information for coursework purposes

Internet opportunities

There are references, at numerous points in the course, to relevant websites. The following list is a selection of websites which are recommended as sources of interesting details on aspects of the topics covered in the units of the course; they will also, of course, act as 'gateways' to further sites once students start surfing. The details below are correct at the time of going to press, but it is in the nature of this kind of information that site names change or disappear.

- A good starting point is a Spanish-language search engine – several are listed in the table below.
- Most Spanish regions have their own website.
- Many past and present Spanish celebrities, e.g. footballers and singers, have their own websites plus several other fan sites.

site (all prefixed http://www. except those marked*)	topic/area
terra.es	Spanish search engine
yahoo.es	Spanish search engine
elcano.com	Spanish search engine
*http://trovator.combios.es	Spanish search engine
*http://cvc.cervantes.es/oteador	Instituto Cervantes' search engine
yupi.com	Latin American search engine
brujula.cl	Chilean search engine
abc.es	*ABC* newspaper (Spain)
elpais.es	*El País* newspaper (Spain)
hachette.iberonline.es/quo	Extracts from *Quo* magazine; links to other magazines published by Hachette e.g. *Diez Minutos, Elle*
clarin.com.ar	newspaper (Argentina)
lostiempos.com	newspaper (Bolivia)
eltiempo.com	newspaper (Colombia)
granma.cu	newspaper (Cuba)
elsalvador.com	newspaper (El Salvador)
lahora.com.gt	newspaper (Guatemala)
tiempo.hn	newspaper (Honduras)
*http://elnorte.infosel.com	newspaper (Mexico)
yucatan.com.mx	newspaper (Mexico)
elcomercioperu.com	newspaper (Peru)
una.py/sitios/abc	newspaper (Paraguay)
noticias.co.uk	newspaper (Latin American, based in London)
docuWeb.ca/SiSpain	a range of topics about Spain
*http://red2000.com/spain/region	information on regions of Spain
*http://cis.sociol.es	survey data about Spanish society

Grammar Reference

1 *Nouns*

1.1 *Gender*

1.1.1 Nouns naming people and animals

All nouns in Spanish are either feminine or masculine. With nouns naming people or animals, it is usually easy to get the gender right, because it matches the gender of the animal or person to which the noun refers.

el gato   la gata
el rey   la reina

A basic rule is that Spanish nouns ending in *-o* or in *-e* are masculine and nouns ending in *-a*, feminine. However, there are some exceptions to this rule: a few feminine nouns end in *-e* or *-o*, and a few masculine ones end in *-a*.

la madre, el futbolista, el poeta

Many nouns referring to animals often have just one gender, whatever the sex of the animal in question.

la abeja, la serpiente, el pez

Nouns related to professions do not always change according to the gender of the person. Sometimes there is one form which is used for both sexes.

el/la cantante, el/la periodista, el/la artista, el/la juez

Note that all nouns ending in *-ista* (equivalent to English '-ist') can be either masculine or feminine, depending on the gender of the person referred to.

Also, some professions (most of those ending in *-or*) form the feminine by adding *-iz*.

el actor/la actriz, el emperador/la emperatriz

1.1.2 Endings and gender

For most nouns, however, the gender is less obvious than when referring to people or animals. Fortunately, there are certain rules which help to determine the gender of any kind of noun. It is the ending of the noun which usually gives the clue.

Feminine noun endings

-a
la pereza, la belleza, la puerta

There are quite a number of exceptions: *día* is a very common one, and many words ending in *-ma* are masculine: *el pijama, el tema, el clima, el*
problema. (See also Section 1.1.1 about nouns ending in *-ista.*)

-ión
Exceptions: *el avión, el camión*
-dad, -idad
-tud
-z
Exceptions: *el pez, el arroz*
-sis
Exceptions: *el análisis, el énfasis*
-itis (all nouns referring to diseases, such as *bronquitis*)
-umbre

Masculine noun endings

-o
Exceptions: *la mano, la radio* and abbreviations such as *la foto* (short for *la fotografía*)
-i -u -e
Exceptions: many, e.g. *la madre, la calle*
-j -l
-n – except most ending in *-ión*
-r -s
Exceptions: *la flor* (and see *-sis, -itis,* above)
-t -x

1.1.3 Further guidelines on gender

Some nouns have two genders with different meanings:

el cólera – cholera	la cólera – anger
el corte – cut	la corte – (royal) court
la capital – city	el capital – money or assets
el cometa – comet	la cometa – kite (toy)
el frente – front	la frente – forehead
la policía – the police	el policía – policeman
el pendiente – earring	la pendiente – slope

Names of countries, cities and towns are usually, but not always, feminine (*el Japón; el Canadá*).

Rivers, lakes, mountains, volcanoes and seas are usually masculine. Islands, however, are feminine.

Letters of the alphabet are always feminine. Days of the week and months are masculine.

Names of associations, international bodies, companies, etc. take their gender from that of the institution whether it is part of the name or just understood. So those referring to a company (*la empresa*) or an organisation (*la organización*) are feminine:

la OTAN = la Organización . . . (= NATO)
la IBM = la empresa IBM (empresa is understood)

while those referring to a team (*el equipo*) or a commercial store (*el almacén*) are masculine:

el Real Madrid   el Corte Inglés

1.2   *The plural of nouns*

Most nouns form their plural by adding either -s or -es according to their ending. There may be other changes, as detailed below.

Add -s to nouns ending in . . .	Add -es to nouns ending in . . .
any unstressed vowel, stressed -*é* (*café*), -*á* (*mamá*) and -*ó* (*dominó*)	stressed -*í* (*rubí, magrebí*), any consonant except -*s*, where the stress is on the last syllable

Nouns ending in a stressed -*ú* can have their plural in either -s or -es (*tabú – tabúes/tabús*).

Nouns ending in -*s* which are not stressed on the last syllable do not change in the plural (e.g. *el jueves – los jueves, la crisis – las crisis*). This rule therefore affects all the days of the week except *sábado* and *domingo* which simply add an *s*.

Words ending in -*z* change to -*ces* in the plural.
la voz – las voces

Words ending in -*ión* lose their accent in the plural, because a syllable has been added:
la asociación – las asociaciones

In contrast, some words gain an accent in the plural:
el examen – los exámenes

See also 6.5 on stress and accents.

Some nouns are used only in the plural:

los modales	manners
los bienes	assets, property
los deberes	homework
las gafas	glasses
las vacaciones	holidays

Surnames do not change in the plural (*los Sánchez* = the Sánchez family).

1.3   *Articles*

These are the equivalent of 'the' (the definite article), 'a' and 'some' (indefinite articles) in English. In Spanish, their gender changes to match that of the noun to which they refer.

Feminine nouns beginning with a stressed *a*- or *ha*- use the masculine article in the singular because it makes them easier to pronounce, but they remain feminine.

el habla, el agua, un arma

This does not apply when there is an adjective in front of the noun:
la limpia agua

1.3.1 Use of the definite article

When *el* is preceded by *de* or *a*, it becomes *del* or *al*:
Voy al cine.   El reloj del campanario

The definite article is used when the noun refers to a general group:

Los melocotones y los higos son frutas de verano.	Peaches and figs are summer fruits.

but not when it refers to part of a group:

En verano comemos melocotones e higos.	In summer we eat peaches and figs.

We do not eat all the peaches and figs that there are, only some of them.

As in English, the definite article is also used when a noun refers to a specific object, or to something that has already been defined.

Mañana comeremos los melocotones y los higos.	Tomorrow we'll eat the peaches and the figs.

The reference is to particular peaches and figs, not peaches and figs in general.

The definite article is used with the names of languages:
El español es una lengua muy antigua.

except when using *saber, hablar, aprender*:
Estoy aprendiendo español en mi tiempo libre.

La gente (people) is singular in Spanish:

La gente no quiere eso.	People don't want that.

The definite article appears before titles (*señor, doctor, profesor*), but not when addressing the person directly:
El señor López está en la sala.

but:
¡Buenos días, Señor López!

The definite article is needed with people's official titles:
el rey, el rey don Juan Carlos I, el papa Juan Pablo II

1.3.2 The article *lo*

In addition to the masculine and feminine definite articles studied already, there is a neuter definite article *lo*. It is used with an adjective which is acting as an abstract noun, and is often translated into English by 'that', 'what', 'the thing(s)', etc.

Lo bueno dura poco.	Good things do not last long.
Estás aquí y eso es lo importante.	You are here and that's what matters.
No entiendo lo que dices.	I don't understand what you are saying.

1.3.3 Use of the indefinite article

Basic usage is the same as for 'a' and 'some' in English. However, there are some important differences.

The indefinite article is not used to express someone's profession, nationality, position or religion.

Ella es maestra de escuela.	She is a primary school teacher.
Mi amigo es irlandés.	My friend is an Irishman.
Su padre es diputado.	Her father is an MP.
Ella es católica.	She is a Catholic.

But it is used when an adjective accompanies the profession, nationality, position or religion:

Ella es una maestra muy buena.	She is a very good teacher.
Mi dentista es un italiano muy alto.	My dentist is a very tall Italian.

When certain words are used, the indefinite article is usually omitted. These include *sin, otro, tal, medio, cierto* and *qué* (*¡qué . . . ! –* what a . . . !).

Subió al tren sin billete.	He got on the train without a ticket
Pregunta a otra mujer.	Ask another woman.

2 *Adjectives*

Adjectives are words which describe nouns.

2.1 *Agreement of adjectives*

In Spanish, adjectives have to agree in gender and number with the noun they describe. An adjective accompanying a feminine plural noun, for example, must have a feminine plural ending:

las adicciones peligrosas

Adjectives form their plural in the same way as nouns:

sincero – sinceros
leal – leales

The formation of feminine adjectives is as follows:

Adjectives ending in . . .	Masculine form	Feminine form
-o	*flaco*	*flaca*
-ón	*mirón*	*mirona*
-án	*holgazán*	*holgazana*
-or*	*trabajador*	*trabajadora*
-ete	*tragoncete*	*tragonceta*
-ote	*grandote*	*grandota*
-ín	*pequeñín*	*pequeñina*
consonants (only applies to adjectives of nationality and geographical origin)	*inglés* *andaluz*	*inglesa* *andaluza*

* Exceptions are: *interior, exterior, superior, inferior, anterior, posterior, ulterior*, which do not change in the feminine.

All other endings follow the rules for nouns:

masc. sing.	fem. sing.	masc. pl.	fem. pl.
feliz	*feliz*	*felices*	*felices*
elegante	*elegante*	*elegantes*	*elegantes*
belga	*belga*	*belgas*	*belgas*

Remember that adjectives ending in *-z* will change to *-ces* in forming the plural.

Some adjectives of colour, like *naranja* or *rosa*, never change:

el papel rosa, la carpeta rosa, los pantalones rosa, las cortinas rosa

If an adjective is used to describe two or more masculine nouns (or a combination of masculine and feminine nouns), the masculine plural form is used:

un perro y un gato muy gordos
Colecciona libros y revistas antiguos.

However, an adjective placed before the nouns tends to agree with the nearest one:

Su encantadora prima y tío   Her charming cousin and uncle

2.2 *Shortened adjectives*

In certain cases, a shortened form of the adjective is used when it precedes the noun. Some adjectives shorten before masculine singular nouns by dropping their final *-o*:

Es un mal perdedor. (= *malo*)	He's a bad loser.
Algún hombre nos lo dirá. (= *alguno*)	Someone will tell us.

These are the adjectives which behave in this way:

Standing alone	Before a masculine singular noun
uno	un
alguno	algún
ninguno	ningún
bueno	buen
malo	mal
primero	primer
tercero	tercer

Compounds of -un shorten too:

Hay veintiún premios a ganar.	There are twenty-one prizes to be won.

Other adjectives which shorten before nouns:

Santo becomes *San*, except before names beginning with *Do-* or *To-*:
San Antonio, San Cristóbal, San Pedro

but:
Santo Domingo, Santo Tomás

The feminine form, *Santa*, never changes.

Two adjectives, *grande* and *cualquiera*, shorten before a masculine **or** a feminine singular noun:
una gran manera de viajar
cualquier muchacho del pueblo

Ciento shortens to *cien* before **all** nouns:

Hay cien empleados en la empresa.	There are one hundred employees in the company.

See 6.3.1 for the use of *ciento* with other numbers.

2.3 *Position of adjectives*

Most adjectives follow the noun they describe:
una comida típica, un chico travieso

Some adjectives are usually found before the noun. These include ordinary (cardinal) numbers, ordinal numbers (1st, 2nd, etc.) and a few others such as *último, otro, cada, poco, tanto, mucho*:

Dame cuatro caramelos.	Give me four sweets.
la primera vez que visité Valencia	the first time I visited Valencia
el último examen del curso	the final exam of the course
Hay muchos tipos de pájaros en este bosque.	There are many kinds of birds in this forest.

Some adjectives have different meanings depending on whether they are placed before or after the noun they describe. Here is a list of the most common ones:

Adjective	Before the noun	After the noun
gran/grande	great Suiza es un gran país.	big/large Suiza no es un país grande.
antiguo	former el antiguo director	old/ancient una colección de arte antiguo
diferente	various diferentes libros	differing/different personas diferentes
medio	half Dame media botella de vino.	average Mi novia es de estatura media.
mismo	same/very Lo confirmó el mismo día.	-self Yo mismo te lo daré.
nuevo	fresh/another un nuevo coche	newly made/brand new zapatos nuevos
pobre	poor (pitiful, miserable) ¡El pobre chico!	poor (impoverished) Mi familia era muy pobre.
puro	pure Lo hallé por pura coincidencia.	fresh el aire puro del campo
varios	several varios caminos	different, various artículos varios

Some adjectives vary in meaning according to the context. For example:

extraño	unusual, rare/strange, weird
falso	untrue/counterfeit
original	primary/creative or eccentric
simple	only/of low intelligence
verdadero	true/real

2.4 *Comparatives and superlatives*
2.4.1 Comparatives

To form a comparison between two or more things or people, i.e. to say that something or someone is 'more . . . than' or 'less . . . than', Spanish uses *más . . . que* and *menos . . . que.*

Raquel es más guapa que Ana pero menos simpática que Jaime.	Raquel is prettier than Ana but not as nice as Jaime.

To form a comparison using figures or quantities, use *más . . . del* or *más . . . de la*:

Más de la mitad de la población española se concentra en las grandes ciudades.	More than half of the Spanish population live in the big cities.
Menos de la mitad vive en el campo.	Less than half live in the countryside.

To compare two similar things ('as . . . as'), use *tan . . . como*:

Antonio es tan alto como Arturo.	Antonio is as tall as Arturo.

To compare two similar things ('as much . . . as'), use *tanto/a(s) . . . como*:

No tienen tanto dinero como piensas.	They don't have as much money as you think.

To say 'the more/less . . . the more/less . . .', use *cuanto más/menos . . ., (tanto) más/menos*:

Cuanto más pienso en ello, menos me convenzo.	The more I think about it, the less convinced I am.

2.4.2 Superlatives

The superlative is formed just like the comparative, but you usually add a definite article (*el/la/los/las*).

Vive en la casa más antigua de la aldea.	He lives in the oldest house in the village.

Note that *de* is always used after the superlative.

The absolute superlative is formed by removing the final vowel from the adjective and adding *-ísimo*. The ending then changes to agree in gender and number as you would expect:

mucho – muchísimo (muchísima, muchísimos, muchísimas)
elegante – elegantísimo (etc.)
azul – azulísimo (etc.)
feliz – felicísimo (etc.)

This superlative form always has an accent. The absolute superlative is used to indicate an extreme example of a quality, and not to make a comparison with anything else.

El chino es un idioma dificilísimo.	Chinese is an extremely difficult language.

2.4.3 Irregular comparatives and superlatives of adjectives

Some adjectives have irregular forms of the comparative and superlative:

Adjective	Comparative	Superlative
bueno/a	*mejor* (masc. & fem.)	*el mejor/la mejor*
malo/a	*peor* (masc. & fem.)	*el peor/la peor*

José es un buen futbolista.	José is a good footballer.
José es el mejor futbolista del equipo.	José is the best footballer in the team.

Other adjectives have both regular and irregular forms with slightly different meanings:

Adjective	Comparative	Superlative
grande	*mayor* (masc. & fem.) *más grande*	*el mayor/la mayor* *el/la más grande*
pequeño	*menor* (masc. & fem.) *más pequeño/a*	*el menor/la menor* *el/la más pequeño/a*

The regular forms tend to be used for physical size:

una casa más pequeña	a smaller house
un árbol más grande	a bigger tree

while the irregular ones are used for age and seniority (after the noun):

Mi hermana mayor es más pequeña que yo.	My older sister is smaller than me.

for abstract size (before the noun):

el menor ruido	the slightest sound

and in some set expressions (after the noun):

la plaza mayor	the main square

The irregular comparative adjectives do not have a different masculine and feminine form.

3 *Adverbs*

An adverb is used to describe a verb, an adjective or another adverb. Study these examples:

*Ven **de prisa** a la cocina.*	Come **quickly** to the kitchen. (adverb describes verb)
*Es **muy** urgente.*	It's **very** urgent. (adverb describes adjective)
***Demasiado** tarde. Me he quemado.*	**Too** late. I've burnt myself. (adverb describes another adverb)

The adverb usually follows the word it modifies although if this word is a verb, the adverb may precede it instead for extra emphasis.

3.1 Types of adverbs

There are several groups of adverbs.

Of place – where?
aquí, ahí, allí, allá, cerca, lejos, debajo, encima, arriba, dentro, fuera, delante, enfrente, detrás, donde, adonde, junto

El libro está allí, encima de la mesa junto al televisor.	The book is there, on the table beside the television.

Of time – when?
hoy, ayer, mañana, pasado mañana, antes (de), ahora, antaño, después (de), luego, ya, mientras, nunca, jamás, todavía, aún

Mañana, después del trabajo, hablaremos del asunto.	We'll talk about the matter tomorrow after work.

Modal – how?
bien, mal, mejor, peor, como, tal, cual, así, despacio, de prisa, sólo, solamente

Also, most adverbs ending in *-mente* (formed by adding *-mente* to the feminine singular form of the adjective: *tranquilamente, lentamente, alegremente*).

Me siento mal, peor que ayer – desgraciadamente.	I'm feeling bad, worse than yesterday – unfortunately.

An adjective, such as *duro* ('hard'), is often used as an adverb rather than its grammatically correct form (*duramente*).

Trabaja duro para mantener a su familia.	He works hard to support his family.

A preposition and noun are sometimes used instead of an adverb, especially if the adverb is long. For example, *con cuidado* (= *cuidadosamente*), *con frecuencia* (= *frecuentemente*).

Of order – in which position?
primeramente, finalmente, sucesivamente, últimamente

Of quantity – how much?
mucho, muy, poco, nada, algo, todo, más, menos, demasiado, bastante, casi, tan, tanto, cuanto

¿Han dejado algo de vino para nosotros? – Muy poco, casi nada.	Have they left any wine for us? – A little, hardly any.

Of affirmation, negation or doubt – yes, no, perhaps . . . ?
sí, no, ni, también, tampoco, ciertamente, claro, seguro, seguramente, posiblemente, quizá, tal vez

3.2 Notes on the use of adverbs

It is better not to start a Spanish sentence with an adverb. Exceptions are *sólo, solamente* and *seguramente.*

   Adverbs of time must be placed next to the verb:

El ministro se ha dirigido hoy a la nación.	The minister has addressed the nation today.

When two or more adverbs normally ending in *-mente* are used together, all but the last lose this adverbial ending:

Te amo tierna, apasionada y locamente.	I love you tenderly, passionately and madly.

3.3 Comparatives and superlatives of adverbs

Comparatives and superlatives of adverbs follow the same rules as those for adjectives.

Él corre más de prisa que yo.	He runs faster than I do.

If a superlative adverb is used and there is extra information (as fast as he could, as fast as possible) then you must add *lo*:

Quiero ir a casa lo más rápidamente posible.	I want to go home as fast as possible.

4 Pronouns

4.1 Personal pronouns

The purpose of the personal pronoun is to replace a noun. Personal pronouns have different forms depending on the role of the noun they replace.

	Subject	Direct object	Indirect object	Prepositional object
I	*yo*	*me*	*me*	*mí*
you (familiar singular)	*tú*	*te*	*te*	*ti*
he	*él*	*le, lo*	*le*	*él*
she	*ella*	*la*	*le*	*ella*
it (neuter)	*ello*	*lo*	*le*	*ello*
you (polite singular)	*usted*	*le, lo, la*	*le*	*usted*
we (masc.)	*nosotros*	*nos*	*nos*	*nosotros*
we (fem.)	*nosotras*	*nos*	*nos*	*nosotras*
you (familiar plural masc.)	*vosotros*	*os*	*os*	*vosotros*
you (familiar plural fem.)	*vosotras*	*os*	*os*	*vosotras*
they (masc.)	*ellos*	*los*	*les*	*ellos*
they (fem.)	*ellas*	*las*	*les*	*ellas*
you (polite plural)	*ustedes*	*los, las*	*les*	*ustedes*

Reflexive pronouns – direct and indirect
These are the same as the indirect object forms given above except that *le* and *les* are replaced by *se*.

Reflexive pronouns – prepositional
These are the same as the ordinary prepositional pronouns given above except that all the third-person forms (*él, ella, usted, ellos, ellas, ustedes*) are replaced by *sí* (note the accent).

4.1.1 Subject pronouns

These pronouns replace a noun which is the subject of the sentence. However, they are often omitted in Spanish because the ending of the verb is usually enough to indicate the subject.

Pensamos mucho en ella.　　We think about her a lot.

They are used, however, in the following cases:

To avoid ambiguity

Comía una manzana.

could mean 'I was eating an apple'. But it could also mean he or she was eating it, or you (*usted*) were. So if the context does not make this clear, the personal pronoun should be used:

Yo comía una manzana.

To add emphasis

Yo estoy trabajando duro y vosotros no hacéis nada.
I am working hard and you are doing nothing at all.

To be polite – with *usted*

¿Qué desea usted?　　What would you like?

4.1.2 Object pronouns

These replace nouns which are the direct or indirect object in a sentence. They usually precede the verb.

Te odio.　　I hate you.

An indirect object always precedes a direct one.

Me dio el regalo.　　He gave the present to me.
(me = indirect object, *el regalo* = direct object)
Me lo dio.　　He gave it to me.
(me = indirect object, *lo* = direct object)

In three cases, they are joined to the end of the verb.

1　Always with a positive imperative (a command):
¡Dámelo!　　Give it to me!

though never with a negative command:
¡No lo hagas!　　Don't do it!

2　With the infinitive:
Quieren comprármelo.　　They want to buy it for me.

3　With the gerund ('-ing form') in continuous tenses:
Estoy leyéndolo.　　I am reading it.

In the last two cases, it is also possible to place the pronoun(s) before the first verb:

Me lo quieren comprar.　　*Lo estoy leyendo.*

Notice that the addition of a pronoun or pronouns may make a written accent necessary (see 6.5).

Use of *se* instead of *le* or *les*

When two object pronouns beginning with *l* are used together in Spanish, the indirect one always changes to *se*. Study the following sentence:

Quieren comprar un　　They want to buy a dog
perro a Pepe.　　for Pepe.

If both objects are replaced by pronouns, this sentence becomes:

Se lo quieren comprar.　　They want to buy it for him.

Redundant *le*

The pronoun *le* is often added purely for emphasis, when it is not grammatically necessary:

Le dí el recado a Marisa.　　I gave the message to Marisa.

le and *lo*

You may sometimes see *le* used instead of *lo* as a direct object pronoun, but only when it refers to a person, not a thing:

Pepe llegó. Lo/Le vi llegar.

but:

El tren llegó. Lo vi llegar.

4.1.3 Prepositional (disjunctive) pronouns

These are used after a preposition (e.g. *por, para, de, en*). The forms are the same as the subject pronouns except for the first and second person singular, which are *mí* (note the accent to distinguish it from the possessive adjective *mi* = my) and *ti*.

De ti depende que me　　It's up to you whether
quede o me vaya.　　I stay or go.
Puso su confianza en mí.　　He put his trust in me.

A few prepositions are followed by the subject pronoun instead. These include *entre* (between, among) and *según* (according to):

según tú　　according to you
entre tú y yo　　between you and me

With the preposition *con*, the first and second person singular are joined on to give the forms *conmigo* and *contigo*.

Iré contigo al cine.　　I'll go to the cinema with you.

Often, a prepositional pronoun is added for emphasis:

Nos escogieron a nosotros　　It was us they chose for the
para el papel de los dos　　role of the two brothers.
hermanos.

4.1.4 Reflexive pronouns

These are used with reflexive verbs such as *lavarse*, or with ordinary verbs when they are used reflexively. Their forms are the same as the object pronouns (see the table in 4.1), except throughout the third person where the forms are as follows: *se, sí* or *consigo*.

| La niña se lava en el río. | The little girl washes herself in the river. |
| Se fue de la fiesta sin despedirse. | He left the party without saying goodbye. |

For reflexive verbs, see Section 5.6.

4.1.5 *Ello* – the neuter pronoun

This pronoun is so called not because it refers to a noun without gender (as you already know, all nouns are either feminine or masculine) but because it refers to something unspecific, such as a fact or an idea.

| ¡Olvídalo! No pienses en ello. | Forget it! Don't think about it. |

4.2 *Possessive adjectives and pronouns*

Possessive pronouns and adjectives are used to indicate that something belongs to someone. The adjectives ('my', 'your', etc.) are used with a noun while the pronouns ('mine', 'yours', etc.) stand alone.

Possessive adjectives

	Single thing		Plural things	
	masculine	feminine	masculine	feminine
yo	mi	mi	mis	mis
tú	tu	tu	tus	tus
él/ella/usted	su	su	sus	sus
nosotros/as	nuestro	nuestra	nuestros	nuestras
vosotros/as	vuestro	vuestra	vuestros	vuestras
ellos/ellas/ustedes	su	su	sus	sus

Possessive pronouns

	Single thing		Plural things	
	masculine	feminine	masculine	feminine
yo	mío	mía	míos	mías
tú	tuyo	tuya	tuyos	tuyas
él/ella/usted	suyo	suya	suyos	suyas
nosotros/as	nuestro	nuestra	nuestros	nuestras
vosotros/as	vuestro	vuestra	vuestros	vuestras
ellos/ellas/ustedes	suyo	suya	suyos	suyas

4.2.1 Agreement of possessive adjectives

Possessive adjectives tell us who or what something belongs to or is connected with. Like all adjectives, they agree in *gender* and *number* with the noun, but they also agree in person with the possessor. Thus, *tus* refers to several objects possessed by a single person (you) while *su* may refer to one object possessed either by one person (he or she) or by several people (they).

Spanish possessive adjectives are translated by 'my', 'your', 'her', etc.

| Tus padres son muy amables. | Your parents are very kind. |
| Su amiga es muy parlanchina. | Their friend is very talkative. |

Note that in Spanish, the definite article, not the possessive adjective, is used to refer to parts of the body, clothes, etc. Often, a reflexive verb is used to express the idea of possession or self where English uses 'my', 'your', etc.

| Se lavó las manos. | (S)he washed her/his hands. |

4.2.2 Use of possessive pronouns

Like other pronouns, possessive pronouns are used instead of a noun when the meaning is clear or has already been defined. They are preceded by the definite article. Their English equivalents are 'mine', 'yours', 'ours', etc.

| Mi perro tiene ocho años. | My dog is eight years old. |
| Y el tuyo? | What about yours? |

(*mi* = possessive adjective, *el tuyo* = possessive pronoun)

The masculine singular form is used, preceded by the neuter pronoun *lo*, to refer to a fact or idea rather than a specific noun:

| Lo mío son los deportes al aire libre. | Outdoor sports are my thing. |

The possessive pronouns are also used occasionally as adjectives. In this case, they are placed after the noun and the definite article is not used:

| Un tío mío ganó la lotería. | An uncle of mine won the lottery. |

4.3 *Demonstrative adjectives and pronouns*

These are the equivalents of 'this/these', 'that/those'.

Demonstrative adjectives

	near	far	further
masculine singular	este	ese	aquel
feminine singular	esta	esa	aquella
masculine plural	estos	esos	aquellos
feminine plural	estas	esas	aquellas

Demonstrative pronouns

	near	far	further
masculine singular	éste	ése	aquél
feminine singular	ésta	ésa	aquélla
masculine plural	éstos	ésos	aquéllos
feminine plural	éstas	ésas	aquéllas
neuter	esto	eso	aquello

Note that the pronoun forms (except neuter) have an accent to distinguish them from the adjectives.

Both *ese* and *aquel* can translate 'that', although *ese* is more common, being used to contrast with *este*. *Ese* can also be used to indicate an object which is relatively distant from the speaker but near to the listener whereas *aquel* would indicate an object which is distant from both the speaker and the listener.

Demonstrative adjectives always precede the noun.
Esta alumna es muy — This pupil is very intelligent.
inteligente.
Aquel coche parece nuevo. — That car (over there) looks new.

Demonstrative pronouns refer to something or someone already defined or understood. They are never followed by a noun and they are never preceded by a definite or indefinite article:
Me gusta ésa. — I like that one.
Aquella medicina no me — That medicine didn't make me
hacía ningún efecto, pero — feel any better, but this one
ésta es maravillosa. — is wonderful.
(*aquella* = demonstrative adjective, *ésta* = demonstrative pronoun)

The neuter demonstrative pronouns *eso, esto* and *aquello* are used to refer to a general idea, statement or fact rather than a specific noun.
Esto de tu hermano me — This business about your
preocupa. — brother worries me.

4.4 *Relative pronouns and adjectives*

Relative pronouns are words like 'who' and 'which'. They replace nouns, just like other types of pronoun, but they also serve as a link between two clauses, or parts, of a sentence.

Relative adjectives (meaning 'whose') agree with the noun which follows them. They are not used very much in spoken Spanish.

	Pronouns	Adjectives
masc. sing.	(el) que (el) cual quien	cuyo
fem. sing.	(la) que (la) cual quien	cuya
neuter	(lo) que (lo) cual	
masc. plural	(los) que (los) cuales quienes	cuyos
fem. plural	(las) que (las) cuales quienes	cuyas

4.4.1 Relative pronouns

Que

Que is the most widely used and flexible relative pronoun. It can be preceded either by an article (*uno, los*, etc.) or a noun, but it never changes to agree in gender or number. It can be used as the subject or the direct object of a sentence.
los profesionales que — the professionals who did
hicieron los diseños — the designs
(*que* = subject)
las flores que compramos — the flowers (which) we bought in
en el mercado — the market
(*que* = direct object)

The definite article is often used with *que*.
El hombre del que te hablé — The man (whom) I told you about
ha comprado la finca. — has bought the estate.
la casa en la que vivía — the house in which I lived as a
de pequeño — child

Notice that the relative pronoun can often be omitted in English. In Spanish, however, it must **never** be omitted.

Quien

Quien and the plural *quienes* are used after a preposition when referring to people, not things.

la chica con quien me casé	the girl I married
los chicos a quienes	the boys to whom you wrote
escribiste la carta	the letter

They are used less than the corresponding English 'who(m)', often being replaced by *el que*, *al que*, etc.

El cual/la cual/los cuales

These can be used as an alternative to the relative pronoun *que*. They are useful for avoiding ambiguity:

Los padres de mis amigos,	My friends' parents, who were
los cuales esperaban en el	waiting in the car, didn't
coche, no sospechaban nada.	suspect anything.

If *que* were used here, it would mean that my friends were waiting in the car.

Lo que/lo cual

These neuter pronouns refer to a general concept or a whole phrase, rather than a specific noun:

Me fui de la oficina a las	I left the office at four, which
cuatro, lo que me permitió	allowed me to arrive on time.
llegar a tiempo.	

Lo refers to the fact that 'I left the office at four'.

4.4.2 Relative adjectives

Cuyo

Cuyo translates 'whose'. It agrees with the noun which follows it, not with the one preceding it.

Luis, cuya madre estaba	Luis, whose mother was ill,
enferma, no vino a la fiesta.	didn't come to the party.

Cuyo cannot be used as a question word. 'Whose?' is *¿De quién?*

4.5 *Indefinite pronouns and adjectives: some(one), something, any*

Indefinite pronouns

These are words used to express 'someone' (*alguien*) or 'something' (*algo*).

¿Te gustaría algo de beber?	Would you like something to drink?
Alguien llamó por teléfono.	Someone phoned.
¿Había alguien en la cocina?	Was there anyone in the kitchen?

Algo and *alguien* can be used with another adjective, in which case the adjective is always masculine singular:

algo diferente	something different
alguien especial	someone special

Indefinite adjectives

These are used to express 'some' (*alguno*), 'any' (*cualquier*) or 'another' (*otro*).

Alguno has a shortened form *algún* in front of a masculine noun (see 2.2), and it can be plural.

Cualquier does not change before a noun. The form *cualquiera* is used **after** a noun of either gender.

4.6 *Interrogatives and exclamations*
4.6.1 Interrogatives

Interrogatives are words like 'what?', 'who?' and 'when?' used for forming questions. They always have an accent in Spanish, even if the question is indirect.

¿Qué? ¿Cuál?

¿Qué? can be used as an adjective, translating as either 'which?' or 'what?'

¿Qué flor es tu favorita?	Which is your favourite flower?

¿Qué? and *¿cuál?* can both be used as pronouns (standing alone, in place of a noun). *¿Cuál?* is used to request specific information or for a choice:

¿Cuál prefieres, el rosa	Which one do you prefer,
o el verde?	the pink one or the green one?

¿Qué? requests general information or a definition.

¿Qué es la felicidad?	What is happiness?

¿Quién?

The interrogative *¿qué?* can only refer to people when it is used as an adjective:

¿Qué chica?	What girl?

Otherwise *¿quién?* is the only choice for people:

¿Quién me puede decir	Who can tell me what
lo que pasó?	happened?

¿Cuánto?

The singular forms *¿cuánto?* and *¿cuánta?* translate 'how much?' (for uncountable nouns, e.g. butter) while the plural forms *¿cuántos?* and *¿cuántas?* translate 'how many?' (for countable nouns, e.g. apples).

¿Cuánta agua has	How much water have you spilt?
derramado?	
¿Cuántos hombres	How many men were injured?
resultaron heridos?	

¿Cuándo? ¿Cómo? ¿Por qué? ¿(A)Dónde?

The English equivalents of these adverbs are 'when?', 'how?', 'why?' and 'where?'; *¿adónde?* (never split; always has an accent) means 'where to?' and is used with verbs of movement.

¿Dónde estamos?	Where are we?

but:

¿Adónde nos llevas?	Where are you taking us to?

Note that *¿por qué?* is used in questions – whether direct or indirect. *Porque* means 'because' and is used in the answer to such questions. *El porqué* means 'the reason'.

Dime por qué no quieres	Tell me why you don't want
hablar conmigo.	to talk to me.

Quiero saber el porqué de tu silencio.	I want to know the reason for your silence.

Notice that the interrogative is always accented even if the question itself is indirect or just implied:

Dime qué quieres.	Tell me what you want.
Nunca se supo quién tuvo la culpa.	It was never discovered who was to blame.

4.6.2 Exclamations

Common exclamative words are *¡qué . . . !, ¡quién . . . !, ¡cómo . . . !* and *¡cuánto/a/os/as . . . !* Like interrogatives, they always have an accent.

¡Qué guapo es!	How good looking he is!
¡Cómo corre!	How fast he runs!
¡Cuánta comida!	What a lot of food!

If the adjective follows the noun, *más* or *tan* are added:

¡Qué chico más guapo!	What a good-looking boy!

4.7 *Negatives*

The simplest way of forming the negative in Spanish is to place the word *no* before the verb:

¿No te gusta la tortilla de patatas?	Don't you like Spanish omelette?

The following negatives can be used together with *no*:

no . . . nunca or *no . . . jamás*	never/not . . . ever
no . . . nada	nothing/not . . . anything
no . . . nadie	nobody/not . . . anybody

No usually stands before the verb and the other negative word follows the verb (i.e. there is a double negative):

No me dijo nada.	He told me nothing/He didn't tell me anything.
No ha venido nadie.	Nobody has come.

The negative is sometimes put before the verb instead (especially if it is the subject), in which case *no* is omitted.

Nadie ha venido.

Two or more negatives can be used in the same Spanish sentence:

Nunca dijo nada a nadie de su enfermedad.	He never told anybody anything about his illness.

Ni . . . ni (neither . . . nor)

Ni sales de paseo ni ves la televisión: hoy haces los deberes.	You will neither go out nor watch TV: today you'll do your homework.

Tampoco (neither)

This is the negative equivalent of *también.* It is an economical way of expressing what is sometimes a whole phrase in English.

A mí no me dijo nada, ¿y a vosotros? A nosotros, tampoco.	He said nothing to me. Did he say anything to you? No, he didn't say anything to us either. (lit. 'No, neither.')

5 *Verbs*

5.1 *The infinitive*

Verbs in Spanish are categorised according to the ending of the infinitive. There are three categories or 'conjugations': the first conjugation consists of all verbs ending in *-ar*, the second of all those ending in *-er* and the third of those ending in *-ir*.

5.1.1 Use of the infinitive

The infinitive in Spanish is used after another verb to translate 'to (do something)':

Quiero viajar por todo el mundo.	I want to travel all over the world.

It is used in impersonal commands:

Empujar	Push
No fumar	Do not smoke

It is also used after another verb where English uses the gerund (the '-ing' form):

Me encanta bailar.	I love dancing.

5.1.2 Verbs used with the infinitive

Certain verbs combine with the infinitive to produce commonly used structures such as 'have to', 'be able to', etc. The following are examples of the most useful of these.

- *Poder* + infinitive = be able to do something
No pudimos ir.	We couldn't go.
- *Deber* + infinitive = must/should do something
Debe visitarla.	He/she/you should visit her.
- *Deber (de)* + infinitive = must (deduction)
Debe de estar enamorado.	He must be in love.
- *Tener que* + infinitive = have to do something
Tuvimos que pagar.	We had to pay.
- *Hay que* + infinitive = have to do something
  This last is also used to mean 'must' or 'have to' but in an impersonal sense:
¿Hay que pagar?	Do we/does one/do you have to pay?

See 4.1.2 for the position of object pronouns with the infinitive.

5.2 *Participles and the gerund*

The Spanish past participle, present participle ('-ing' form used as an adjective) and gerund ('-ing' form used as a noun) are as follows:

	Past participle		Present participle		Gerund	
-ar verbs	-ado	cantado	-ante	cantante	-ando	cantando
-er verbs	-ido	corrido	-iente	corriente	-iendo	corriendo
					-yendo	cayendo
-ir verbs	-ido	vivido	-iente	viviente	-iendo	viviendo

5.2.1 Use of participles and the gerund

The past participle of many verbs can also be used as an adjective. In this case, it agrees with the noun:

Es una idea muy extendida hoy en día.	It's a very commonly held idea nowadays.

Present participles are far less common. They agree with the noun like other adjectives:

Hay agua corriente.	There is running water.
los párrafos siguientes	the following paragraphs

The gerund is used only as a verb, never as an adjective, so its ending never changes. Remember that pronouns are joined to the end of the gerund (see 4.1.2):

Su madre estaba diciéndole que hiciera los deberes.	His mother was telling him to do his homework.

5.3 *Tenses of the indicative*
5.3.1 The simple present *(presente)*
Regular verbs

The present indicative of regular verbs is formed by adding the following endings to the stem of the verb:

-ar verbs		-er verbs		-ir verbs	
	mirar		*comer*		*vivir*
-o	miro	-o	como	-o	vivo
-as	miras	-es	comes	-es	vives
-a	mira	-e	come	-e	vive
-amos	miramos	-emos	comemos	-imos	vivimos
-áis	miráis	-éis	coméis	-ís	vivís
-an	miran	-en	comen	-en	viven

Verbs which change their spelling

In order to keep the same sound as the infinitive throughout their various forms, some verbs have to change their spelling in accordance with the rules for spelling in Spanish. Here are some of the changes which occur in the present indicative:

from *g* to *j* (before *a* or *o*)
coger – to get, to catch
(yo) cojo but *(tú) coges*

from *gu* to *g* (before *a* or *o*)
extinguir – to extinguish
(yo) extingo but *(tú) extingues*

from *i* to *y* (when unaccented and between vowels)
construir – to build
(yo) construyo but *(nosotros) construimos*

See page 214 for tables of spelling-change verbs.

Radical-changing verbs

In radical-changing verbs (or 'stem-change verbs'), the last vowel in the stem changes. This change affects all the forms of the present indicative except the first and second person plural:

from *e* to *ie*
empezar – to begin
empiezo, empiezas, etc. but *empezamos, empezáis*

from *o* to *ue*
encontrar – to find/to meet
encuentro, encuentras, etc. but *encontramos, encontráis*

from *e* to *i*
pedir – to ask for
pido, pides, etc. but *pedimos, pedís*

See page 212 for tables of radical-changing verbs.

Irregular verbs

These vary in their degree of irregularity, some having only one irregular form and others being almost entirely irregular. The most common irregular verbs are:

ser – to be
soy	somos
eres	sois
es	son

ir – to go
voy	vamos
vas	vais
va	van

haber – to have (used to form the perfect tense)
he	hemos
has	habéis
ha	han

Some verbs are irregular in the first person singular of the present indicative:

g added
salir – to go out
(yo) salgo, but *(tú) sales,* etc.

c changes to *g*
hacer – to do, to make
(yo) hago, but *(tú) haces,* etc.

ig added
caer – to fall
(yo) caigo but *(tú) caes,* etc.

z added (verbs ending in *-ecer, -ocer, -ucir*)
traducir – to translate
(yo) traduzco but *(tú) traduces,* etc.

See page 216 for tables of irregular verbs.

Use of the simple present
a To denote an action currently in progress:
Leo un libro.   I am reading a book.

b To denote a regular or repeated action or a habit:
Los miércoles visito a   On Wednesdays I visit my aunt.
mi tía.

c To express an action or state which began in the past and is still in progress (for which the perfect tense is used in English):
Vivo en Madrid desde   I have lived in Madrid
hace diez años.   for ten years.
No disfruto de la vida   I haven't enjoyed myself since she
desde que ella me   left me.
abandonó.

d For dramatic effect or to give immediacy to a past event (this usage is called the historic present):
Abro la puerta y entro en   I opened the door and went into
la habitación. ¡De repente   the room. Suddenly, I realised
me doy cuenta de que no   that I was not alone!
estoy solo!
En 1942, el gran actor   In 1942, the great actor played
encarna a Hamlet por   Hamlet for the first time.
primera vez.

e To denote actions in the immediate future:
Esta tarde voy al cine.   This afternoon I am going to the cinema.

f As a milder alternative to the imperative:
Mañana vas a la tienda   Tomorrow you're going to the
y te compras un regalo.   shop and buying yourself a present.

5.3.2 The present continuous
This tense is formed from the present indicative of the verb *estar* + gerund. It is used in a similar way to its English equivalent ('to be' + -ing) but is less common.

The ordinary present can be used when there is no special emphasis on the continuity of the action:
Leo una revista.   I am reading a magazine.

The present continuous should be used when such emphasis is required:
Estoy leyendo el informe   I'm (busy) reading the report
y no puedo atender a nadie.   (right now) and can't see anyone.

5.3.3 The preterite *(pretérito indefinido)*
Regular verbs
The preterite, or simple past, of regular verbs is formed by adding the following endings to the stem:

-ar verbs		-er verbs		-ir verbs	
	mirar		*comer*		*vivir*
-é	miré	-í	comí	-í	viví
-aste	miraste	-iste	comiste	-iste	viviste
-ó	miró	-ió	comió	-ió	vivió
-amos	miramos	-imos	comimos	-imos	vivimos
-asteis	mirasteis	-isteis	comisteis	-isteis	vivisteis
-aron	miraron	-ieron	comieron	-ieron	vivieron

Examples of verbs which change their spelling
from *c* to *qu* (before *e*)
sacar – to take out
(yo) saqué but *(tú) sacaste,* etc.

from *u* to *ü* (before *e*)
averiguar – to find out
(yo) averigüé but *(tú) averiguaste,* etc.

from *g* to *gu* (before *e*)
pagar – to pay
(yo) pagué but *(tú) pagaste,* etc.

from *i* to *y* (*caer, creer, leer, oír, -uir* verbs)
creer – to believe
(yo) creí, etc. but *(él) creyó, (ellos) creyeron*

from *z* to *c* (before *e*)
comenzar – to start
(yo) comencé but *(tú) comenzaste,* etc.

from *gü* to *gu* (before *y*)
argüir – to argue
(yo) argüí, etc. but *(él) arguyó, (ellos) arguyeron*

Radical-changing verbs
Verbs affected are those ending in *-ir,* in the third person singular and plural, e.g.

from *o* to *u*
morir – to die   *murió, murieron*

from *e* to *i*
mentir – to lie   *mintió, mintieron*

Irregular verbs

The verbs *ser* (to be) and *ir* (to go) have the same irregular forms in the preterite tense:

fui	fuimos
fuiste	fuisteis
fue	fueron

Verbs with patterns similar to *ser* and *ir*:

dar	di	dimos
	diste	disteis
	dio	dieron
ver	vi	vimos
	viste	visteis
	vio	vieron

There are a few verbs which end in *-uv-* plus an unstressed ending in the first and third person plural:

	andar	estar	tener
-uve	anduve	estuve	tuve
-uviste	anduviste	estuviste	tuviste
-uvo	anduvo	estuvo	tuvo
-uvimos	anduvimos	estuvimos	tuvimos
-uvisteis	anduvisteis	estuvisteis	tuvisteis
-uvieron	anduvieron	estuvieron	tuvieron

There is a larger group of verbs with irregular stems and unstressed endings in the first and third person plural:

haber – hube	hacer – hice
poder – pude	querer – quise
saber – supe	venir – vine

See page 216 for tables of irregular verbs.

Use of the preterite

The preterite is used:

a To denote actions or states started and completed in the past:

La semana pasada fui a Sevilla. — Last week I went to Seville.

b To denote actions or states with a finite duration in the past:

Pasamos tres años en África. — We spent three years in Africa.

5.3.4 The imperfect *(pretérito imperfecto)*

The imperfect tense is one of the simplest in Spanish. There are no radical-changing verbs or verbs with spelling changes, and there are only three irregular verbs.

Regular verbs

The imperfect is formed by adding the following endings to the stem:

-ar verbs		-er verbs		-ir verbs	
	mirar		*comer*		*vivir*
-aba	miraba	-ía	comía	-ía	vivía
-abas	mirabas	-ías	comías	-ías	vivías
-aba	miraba	-ía	comía	-ía	vivía
-ábamos	mirábamos	-íamos	comíamos	-íamos	vivíamos
-abais	mirabais	-íais	comíais	-íais	vivíais
-aban	miraban	-ían	comían	-ían	vivían

Irregular verbs

These verbs are irregular in the imperfect tense:

ser	*ir*	*ver*
era	iba	veía
eras	ibas	veías
era	iba	veía
éramos	íbamos	veíamos
erais	ibais	veíais
eran	iban	veían

Use of the imperfect

a To set the scene or mood in a narrative:

Era primavera. — It was springtime.

b To express duration over a long or indefinite period:

Esperaba una llamada. — He was waiting for a call.

c To describe a continuous action or state in the past:

Juan leía el periódico. — Juan was reading the newspaper.

d To denote a regular or repeated state or action in the past:

Cada semana, visitábamos a nuestra abuela y muchas veces íbamos al cine con ella. — Every week we used to visit our grandmother and often we would go to the cinema with her.

e To describe an incomplete or interrupted action in the past:

Mientras me duchaba, sonó el teléfono. — While I was having a shower, the phone rang.

f In polite requests:

Quería pedirte un favor. — I'd like to ask you a favour.

5.3.5 The imperfect continuous

This tense is formed from the imperfect of *estar* + gerund.

Estabas buscando en el lugar equivocado. — You were looking in the wrong place.

It is used to establish an action which was taking place when another action occurred:

Estaba haciendo la cena cuando empezó la tormenta. — I was preparing dinner when the storm started.

5.3.6 The perfect *(pretérito perfecto)*

This is a compound tense, formed with the present tense of *haber* (called the auxiliary verb) and the past participle. These two components must never be separated. Pronouns are always placed before the verb, not the past participle:

Te lo han dicho muchas veces.	They have told you about it many times.

Regular verbs

-ar verbs	-er verbs	-ir verbs
mirar	*comer*	*vivir*
he mirado	*he comido*	*he vivido*
has mirado	*has comido*	*has vivido*
ha mirado	*ha comido*	*ha vivido*
hemos mirado	*hemos comido*	*hemos vivido*
habéis mirado	*habéis comido*	*habéis vivido*
han mirado	*han comido*	*han vivido*

Irregular past participles of irregular verbs

caer – caído	*dar – dado*
decir – dicho	*hacer – hecho*
leer – leído	*poner – puesto*
satisfacer – satisfecho	*traer – traído*
ver – visto	

Irregular past participles of otherwise regular verbs

abrir – abierto	*cubrir – cubierto*
escribir – escrito	*morir – muerto*
romper – roto	*volver – vuelto*

Use of the perfect

It usually corresponds to the English perfect tense:

¿Qué has hecho hoy?	What have you done today?
He ido de compras.	I have been shopping.

There are two important exceptions.

a With expressions of time ('how long...'), Spanish uses the present tense instead:

¿Cuánto tiempo hace que esperas?	How long have you been waiting?

b To translate 'have just...', the present tense of *acabar de...* is used:

El autobús acaba de llegar.	The bus has just arrived.

5.3.7 The perfect infinitive

This is formed with the infinitive *haber* plus the appropriate past participle.

Tengo que haberlo hecho para las dos.	I have to have done it by two o'clock.
Es un gran alivio haberlo terminado.	It's a great relief to have finished it.

5.3.8 The pluperfect *(pretérito pluscuamperfecto)*

This is formed with the imperfect of the auxiliary *haber* and the past participle of the verb. It translates 'had' + past participle.

había mirado	*habíamos mirado*
habías mirado	*habíais mirado*
había mirado	*habían mirado*

Just like the pluperfect in English, it describes an action or state which occurred before another past action:

Ellos ya habían comido cuando ella llegó.	They had already eaten when she arrived.

The same two exceptions apply as for the Spanish perfect tense:

a With expressions of time ('how long...'), the imperfect tense is used instead:

¿Cuánto tiempo hacía que esperabas?	How long had you been waiting?

b To translate 'had just...', the imperfect tense of *acabar de...* is used:

El autobús acababa de llegar.	The bus had just arrived.

5.3.9 The past anterior *(pretérito anterior)*

This is formed with the preterite of *haber* and the appropriate past participle:

hube llegado	*hubimos llegado*
hubiste llegado	*hubisteis llegado*
hubo llegado	*hubieron llegado*

It is only used:

- in a time clause (after *cuando, en cuanto, tan pronto como, después de que*, etc.)
- when the main verb is in the preterite (see below)
- when the action of the main verb follows immediately after that of the past anterior verb.

Le avisamos en cuanto hubimos llegado.	We informed him as soon as we had arrived.
Cuando lo hubo terminado, fue a casa.	When he had finished it, he went home.

The past anterior is often avoided, especially in conversation, by use of the preterite.

5.3.10 The future *(futuro)*

There is only one set of endings to form the future tense. They are added to the infinitive as follows.

Regular verbs

	-ar verbs	-er verbs	-ir verbs
-é	*miraré*	*comeré*	*viviré*
-ás	*mirarás*	*comerás*	*vivirás*
-á	*mirará*	*comerá*	*vivirá*
-emos	*miraremos*	*comeremos*	*viviremos*
-éis	*miraréis*	*comeréis*	*viviréis*
-án	*mirarán*	*comerán*	*vivirán*

Irregular verbs

Some verbs have irregular future forms but the irregularities are always in the stem, never in the endings:

hacer – to do, to make   *haré, harás*, etc.
querer – to want   *querré, querrás*, etc.
decir – to say   *diré, dirás*, etc.
saber – to know   *sabré, sabrás*, etc.
tener – to have   *tendré, tendrás*, etc.

See page 216 for tables of irregular Spanish verbs.

Use of the future

To talk about future actions or states:
Vendré a visitarte el lunes.   I'll come to see you on Monday.

To express an obligation:
No matarás.   You shall not kill.

To express assumption, probability or surprise:
Será que no le gusta el color rosa.   I suppose he doesn't like pink.
¿Qué querrá decir eso?   What on earth can that mean?
¡Será tonto!   He must be stupid!

Do not use the future tense to translate 'will' or 'shall' if the meaning is willingness or a request. Use the present tense of *querer* instead:
Will you open the door?   *¿Quieres abrir la puerta?*
She won't do anything.   *No quiere hacer nada.*

5.3.11 The future perfect *(futuro perfecto)*

This tense is formed with the future form of the auxiliary *haber* and the past participle of the verb.

habré visto   *habremos visto*
habrás visto   *habréis visto*
habrá visto   *habrán visto*

Its usage is similar to the future perfect in English:
A las cuatro ya habré terminado los deberes.   I will have finished my homework by four o'clock.

5.3.12 The conditional *(condicional)*

The conditional is formed by adding one set of endings to the future stem. All verbs with irregular future stems keep the same irregularities in the conditional tense.

	comer
-ía	comería
-ías	comerías
-ía	comería
-íamos	comeríamos
-íais	comeríais
-ían	comerían

Use of the conditional

To indicate a condition, whether stated or implied:
Si me lo pidiera, me iría con ella.   If she asked me, I would go with her.
¿Sería buena idea marcharnos de aquí?   Would it be a good idea to leave this place?

To refer to a future action expressed in the past:
Dijeron que volverían.   They said they would return.

To indicate assumption or probability in the past:
Serían las cuatro cuando llamó.   It must have been four o'clock when he phoned.

Translation of 'would'

Do not use the conditional tense to translate 'would' if the meaning is willingness or a request. Use the imperfect tense of *querer* instead:
He wouldn't open the door.   *No quería abrir la puerta.*

Do not use the conditional tense to translate 'would' if the meaning is a habitual action in the past ('used to ...'). Use the imperfect tense of the verb or the imperfect tense of the verb *soler* and the infinitive of the verb:
We would visit our grandmother every week.   *Solíamos visitar/Visitábamos a nuestra abuela cada semana.*

5.3.13 The conditional perfect *(condicional perfecto)*

The conditional perfect tense is formed with the conditional of *haber* and the past participle of the verb.

habría mirado   *habríamos mirado*
habrías mirado   *habríais mirado*
habría mirado   *habrían mirado*

It translates the English 'would have (done)'. In Spanish, it often occurs in the same sentence as the pluperfect subjunctive:
No lo habría tirado si hubiera conocido su valor sentimental.   I wouldn't have thrown it away had I known its sentimental value.

5.4 *The subjunctive (subjuntivo)*

All the tenses studied so far belong to the indicative 'mood'. The subjunctive is not a tense, but another verbal mood. Although rare in English (e.g. 'If I were you ...'), the subjunctive is used extensively in Spanish.

5.4.1 The present subjunctive *(presente de subjuntivo)*

To form this tense, take the first person singular of the present indicative, remove the final *o* and add the following endings:

-ar verbs		-er verbs		-ir verbs	
	mirar		*comer*		*vivir*
-e	mire	-a	coma	-a	viva
-es	mires	-as	comas	-as	vivas
-e	mire	-a	coma	-a	viva
-emos	miremos	-amos	comamos	-amos	vivamos
-éis	miréis	-áis	comáis	-áis	viváis
-en	miren	-an	coman	-an	vivan

Examples of verbs which change their spelling

from *g* to *j* (before *a* or *o*)
coger – to get, to catch   *coja, cojas,* etc.

from *gu* to *g* (before *a* or *o*)
extinguir – to extinguish   *extinga, extingas,* etc.

from *i* to *y* (when unaccented and between vowels)
construir – to build   *construya, construyas,* etc.

from *z* to *c* (before *e*)
cruzar – to cross   *cruce, cruces,* etc.

from *g* to *gu* (before *e*)
pagar – to pay   *pague, pagues,* etc.

Radical-changing verbs

These are the same as in the present indicative:
e becomes *ie*
empezar   *empiece, empieces,* etc.

o becomes *ue*
encontrar   *encuentre, encuentres,* etc.

e becomes *i*
pedir   *pida, pidas,* etc.

Irregular verbs

Many verbs which are apparently irregular in the present subjunctive can be considered regular if you remember that their stem is the first person singular of the present indicative:
hacer (hago): *haga, hagas,* etc.
tener (tengo): *tenga, tengas,* etc.
caer (caigo): *caiga, caigas,* etc.
nacer (nazco): *nazca, nazcas,* etc.

Others have an irregular stem:
haber: *haya, hayas,* etc.   ir: *vaya, vayas,* etc.

For a full list of irregular verbs, see page 216.

5.4.2 The imperfect subjunctive (*pretérito imperfecto de subjuntivo*)

There are two forms of the imperfect subjunctive. They are almost entirely interchangeable, but the -ra form is more common and is sometimes also used as an alternative to the conditional tense.

To form either one, take the third person plural of the preterite, remove -ron and add the following endings.

Regular verbs (–*ra* endings)

	-ar verbs	-er verbs	-ir verbs
	mirar	*comer*	*vivir*
-ra	mirara	comiera	viviera
-ras	miraras	comieras	vivieras
-ra	mirara	comiera	viviera
-ramos (note accent)	miráramos	comiéramos	viviéramos
-rais	mirarais	comierais	vivierais
-ran	miraran	comieran	vivieran

Regular verbs (–*se* endings)

	-ar verbs	-er verbs	-ir verbs
	mirar	*comer*	*vivir*
-se	mirase	comiese	viviese
-ses	mirases	comieses	vivieses
-se	mirase	comiese	viviese
-semos (note accent)	mirásemos	comiésemos	viviésemos
-seis	miraseis	comieseis	vivieseis
-sen	mirasen	comiesen	viviesen

Spelling-change, radical-changing and irregular verbs

All irregularities in the imperfect subjunctive follow those in the third person plural of the preterite. For more details of irregular verbs, see page 212.

5.4.3 The perfect and pluperfect subjunctives (*pretérito perfecto y pluscuamperfecto de subjuntivo*)

The formation of these two tenses is straightforward. The perfect is formed with the present subjunctive of the auxiliary *haber* plus the past participle. The pluperfect is formed with the imperfect subjunctive of *haber* plus the past participle.

Perfect	Pluperfect
haya mirado	hubiera/hubiese mirado
hayas mirado	hubieras/hubieses mirado
haya mirado	hubiera/hubiese mirado
hayamos mirado	hubiéramos/hubiésemos mirado
hayáis mirado	hubierais/hubieseis mirado
hayan mirado	hubieran/hubiesen mirado

5.4.4 Use of the subjunctive

The subjunctive is used very widely in Spanish. It is required after verbs of emotion, verbs expressing desires or doubts – or possibility/impossibility – and verbs giving commands or advice. It is also used in a range of impersonal expressions and when talking about the future.

To influence others (*querer, permitir, mandar, ordenar, prohibir, impedir*):

Quiero que vengas a mi casa.	I want you to come to my house.
No permitas que lo sepan.	Don't allow them to find out.

To express personal preferences, likes, dislikes (*gustar, odiar, disgustar, alegrarse, parecer*):

No me gusta que te comas las uñas.	I don't like you biting your nails.

To convey feelings of hesitation, fear or regret (*dudar, temer, sentir, esperar*):

Siento que hayas tenido que esperar tanto.	I'm sorry you've had to wait for so long.

To express doubts and tentative possibilities:

Puede que lo hayan cambiado de lugar.	It's possible that they've put it somewhere else.

In various impersonal expressions after adjectives (*importante, posible, necesario, imprescindible, preferible*):

Es importante que los niños coman verduras.	It's important that children eat vegetables.

After expressions indicating purpose – 'so that ...', 'in order to ...' (*para que, con tal que, a fin de que, con el propósito de que*):

Ayer fue a la costurera para que le tomaran las medidas.	Yesterday she went to the dressmaker's to be measured.

After expressions introducing a future action (*cuando, antes de que, en cuanto, mientras, tan pronto como, hasta que, después de que, una vez que, así que*):

Cuando te hayas terminado la cena...	When you've finished your supper...

After expressions implying concessions or conditions – 'provided that ...', 'unless ...' (*siempre que, en vez de que, con tal de que, a condición de que, de modo que, de manera que, en [el] caso de que, a menos que, a no ser que, sin que*):

Vendrás conmigo siempre que me prometas que te comportarás.	You can come with me as long as you promise me that you'll behave.

After *ojalá*:

Ojalá que haga sol el día de la boda.	I do hope it will be sunny on the day of the wedding.

After *aunque* when it means 'even if ...' (but not when it means 'although ...'):

Nos divertiremos aunque llueva.	We'll have a good time, even if it rains.

After *como si*:

Hizo como si no hubiera pasado nada.	She acted as if nothing had happened.

In certain set phrases:

pase lo que pase	come what may
digan lo que digan	whatever they may say
sea como sea	one way or another

After words ending in *-quiera* (= '-ever'):

Cualquiera que haya estudiado matemáticas sabe cómo calcularlo.	Anyone who (Whoever) has studied maths knows how to work it out.

In clauses describing a non-existent or indefinite noun:

Necesitan alguien que pueda enseñar español.	They need someone who can teach Spanish.

Negative sentences
Verbs of thinking, believing and saying which are followed by the indicative when positive take the subjunctive instead when the meaning is negative. This is because of the greater element of doubt or uncertainty:

Creo que lo conseguirá.	I think he'll make it.
No creo que lo consiga.	I don't think he'll make it.

Sequence of tenses in the subjunctive
This table shows which tense to use when a negative sentence requires the subjunctive.

Main verb	Subjunctive verb
present future future perfect imperative	present or perfect subjunctive
any other tense (including conditional)	imperfect or pluperfect subjunctive

There are two major exceptions to this: 'would like to' (conditional) often has to be treated as though it were a future, and a main verb in the present may be followed by an imperfect subjunctive when a comment is being made in the present about an action in the past.

'If I were ...', 'If I had ...' + past participle
These English structures can be translated using the corresponding tense in Spanish.

a 'If I were ...' is translated by the imperfect subjunctive:

If I were to win the lottery, I would go to the Bahamas.	*Si ganara la lotería, me iría a las Bahamas.*

b 'If I had ...' + past participle is translated by the pluperfect subjunctive:

If I had known, I wouldn't have gone to the meeting.	*Si lo hubiera sabido, no habría ido a la reunión.*

5.5 *The imperative*

This is the form of the verb used to give orders and commands (you), to express 'let's . . .' (we) and 'may he/she/they . . .' or 'let him/her/them . . .' (third person forms). It is relatively easy to form because it is almost identical to the present subjunctive.

Positive imperative

To make the *tú* form, remove the final *s* from the present indicative *tú* form. To make the *vosotros* form, remove the final *r* from the infinitive and add *d*. All the other forms are the same as the present subjunctive:

(tú)	*¡Corre!*	Run!
(él, ella)	*¡Corra!*	Let him/her run!
(usted)	*¡Corra!*	Run!
(nosotros)	*¡Corramos!*	Let's run!
(vosotros)	*¡Corred!*	Run!
(ellos, ellas)	*¡Corran!*	Let them run!
(ustedes)	*¡Corran!*	Run!

Irregular verbs – *tú* form

decir – di	*hacer – haz*
ir – ve	*poner – pon*
salir – sal	*ser – sé*
tener – ten	*venir – ven*

Negative imperative

The negative forms are all the same as the present subjunctive:

(tú)	*¡No corras!*	Don't run!
(él, ella)	*¡No corra!*	Don't let him/her run!
(usted)	*¡No corra!*	Don't run!
(nosotros)	*¡No corramos!*	Let's not run!
(vosotros)	*¡No corráis!*	Don't run!
(ellos, ellas)	*¡No corran!*	Don't let them run!
(ustedes)	*¡No corran!*	Don't run!

Imperatives with object pronouns

Remember that object pronouns must be attached to the end of the positive imperative but must precede the negative imperative. See 4.1.2 for details.
Two points to note are:

a The *nosotros* form drops the final *s* when the reflexive pronoun *nos* is added:
levantemos + nos = levantémonos

2 The *vosotros* form drops the final *d* when the reflexive pronoun *os* is added:
levantad + os = levantaos

The only exception to this is *idos* from the verb *irse* (to go away).

Use of the infinitive for commands

Remember that the infinitive is used instead to express impersonal negative commands:
No fumar.   Do not smoke.

5.6 *Reflexive verbs*

To form a reflexive verb, the reflexive pronoun is used. It is attached to the end of the infinitive, gerund and positive imperative and is placed before other forms. See 4.1 for reflexive pronouns.

Some verbs are only used reflexively when they express a true reflexive meaning (action to oneself):
Me vestí.   I dressed myself. (reflexive)
but:
Vistió a la niña.   She dressed the little girl. (non-reflexive)

Nos hicimos mucho daño.   We hurt ourselves badly. (reflexive)
but:
Hicimos daño a María.   We hurt Maria. (non-reflexive)

Some verbs modify their meaning when they are made reflexive:
dormir to sleep   *dormirse* to fall asleep
llevar to carry, to wear   *llevarse* to take away

A few verbs are always reflexive in form, although they have no true reflexive meaning:
atreverse to dare   *quejarse* to complain
quedarse to stay

Reciprocal meaning

You can also use the reflexive form to translate 'each other':
Nos escribimos.   We wrote to each other.

Passive meaning

The reflexive pronoun *se* is often used in Spanish as an alternative to the passive (see 5.7 below).

5.7 *The passive*

The sentences so far have all been 'active': the subject of the verb performs the action and the direct object receives this action (e.g. 'that boy broke the window'). In a passive sentence it is the grammatical subject which receives the action of the verb (e.g. 'the window was broken by that boy'). Forming the passive in Spanish is simple because the structure is the same as in English: use the appropriate form of *ser* (to be) plus the past participle and put the doer or 'agent' if any (here: 'the boy') after *por* (by).

Some passive sentences have an agent:
La ley fue abolida   The law was abolished
por el Parlamento.   by Parliament.

Others do not:
La carretera fue asfaltada   The road was asphalted
la semana pasada.   last week.

There are alternatives to express a passive meaning in Spanish:

a Make the verb active but rearrange the words in order to keep the same emphasis.

La puerta la abrió mi madre.

(Notice that a direct object pronoun is required.)

b Use the reflexive pronoun *se* – this is a frequently used construction, especially in announcements and notices:

Se habla español.	Spanish is spoken.

c Use an unspecified third person plural, just like the English equivalent:

Dicen que tiene mucho dinero.	They say he has a lot of money.

5.8 Ser *and* estar

Both these verbs mean 'to be' so it is important to use them correctly. Although there are some grey areas, in general there are clear distinctions in their usage.

5.8.1 *Ser*

Ser is used:

With adjectives and adjectival phrases to indicate inherent or permanent characteristics:

Pedro es alto.	Pedro is tall.
La nieve es blanca.	Snow is white.
Estos zapatos son de cuero.	These shoes are made of leather.

To indicate ownership, nationality, religion and occupation:

Este libro es mío.	This book is mine.
Iván es colombiano:	Iván is Colombian:
es de Bogotá.	he's from Bogotá.
Ella es musulmana.	She's a Muslim.
Mi padre es profesor.	My father is a teacher.

With the past participle to form the passive (see 5.7).

In expressions of time:

Son las ocho de la tarde.	It's eight o'clock in the evening.
Era invierno.	It was wintertime.

In impersonal expressions:

Es necesario que . . .	It is necessary that . . .
Es posible que . . .	It is possible that . . .

5.8.2 *Estar*

Estar is used:

With adjectives to express temporary states and conditions, marital status and whether something is alive or dead:

Esta falda está sucia.	This skirt is dirty.
Inés estaba triste.	Inés was sad.

but

Cuando era pequeño . . .	When I was little . . .

¿Está casada?	Are you married?
No, estoy soltera.	No, I'm single.
Esas flores ya están muertas.	Those flowers are already dead.

To indicate position and geographical location:

Está en la cocina.	He's in the kitchen.
Madrid está en España.	Madrid is in Spain.

With the gerund to form continuous tenses:

Estaba tocando la guitarra.	He was playing the guitar.
Estaré esperándote.	I will be waiting for you.

With participles to indicate a state:

Está rodeado de gente que no conoce.	He is surrounded by people he doesn't know.

Some adjectives can be used with either *ser* or *estar* with different nuances:

Ramón es elegante.	Ramón is an elegant man.
Ramón está elegante.	Ramón looks elegant (tonight).

Some adjectives have clearly different meanings when used with *ser* or *estar*:

	with **ser**	with **estar**
aburrido	boring	bored
bueno	good, tasty (food)	well, healthy
cansado	tiring, tiresome	tired
listo	clever	ready
malo	bad	ill, gone off (food)
nuevo	newly made/acquired	unused
vivo	lively	alive

5.9 *Impersonal verbs*

Some Spanish verbs are used in phrases which have no subject (in English, the equivalent phrases sometimes use 'it'), e.g. weather expressions:

llover to rain	*Llovía.*	It was raining.
nevar to snow	*Nieva en la Sierra Nevada.*	It's snowing in the Sierra Nevada.

Several phrases use *hacer*:

hacer buen tiempo	to be good weather
Hace buen tiempo.	It's nice weather/It's a nice day.
hacer frío/calor	to be cold/hot (weather, not person)
Hará frío.	It will be cold.

5.10 *Using* hace *to express time*

Hace and *desde hace* are used to express actions which have been going on for a certain length of time.

¡Hace dos meses que no me llamas!	You haven't rung me for two months!
Pienso en ti desde hace dos horas.	I've been thinking about you for two hours.

Note the use of the present tense to indicate the action is still happening.

For past situations, the imperfect (*hacía*) is used:

Hacía dos años que vivía allí.   I had been living there for two years
or *Vivía allí desde hace dos años.*

The verb *llevar* can be used instead:

Llevaba dos años viviendo allí.

6 *Miscellaneous*

6.1 *Prepositions*

Prepositions are placed before nouns or pronouns and link them to other parts of the sentence.

Spanish prepositions include:

a, ante, bajo, con, contra, de, desde, en, entre, hacia, hasta, para, por, según, sin, sobre.

Although some prepositions are straightforward to translate into English, others can cause difficulty. Here are some of the commonest ones and their uses.

a

direction or movement
Voy a Sevilla.   I am going to Seville.

a specific point in time
A las nueve de la noche   At nine o'clock in the evening

en

movement into
Entraba en la sala.   She was coming into the room.

a place in which ...
Estoy en la oficina.   I am in the office.

a period of time
en verano   in summer

Remember that the days of the week and dates do not need prepositions:
Te veré el lunes.   See you on Monday.
Iremos el catorce de julio.   We'll go on the 14th of July.

sobre

position – on
El libro está sobre la mesa.   The book is on the table.

position – over
Hay pájaros volando   There are birds flying over
sobre el tejado.   the roof.

about (concerning)
Escribe sobre problemas   She writes about social problems.
sociales.

about (approximately)
Llegaremos sobre las diez.   We'll arrive at about ten.

En can also mean 'on' (e.g. *en la mesa*) but *sobre* is often preferable because it is more precise. Another meaning of *sobre* is 'on top of' but then *encima* is a common alternative.

de

possession
el amigo de Rosa   Rosa's friend

material or content
la mesa de madera   the wooden table
una clase de matemáticas   a maths lesson

profession
Trabaja de enfermera.   She works as a nurse.

part of a group
muchos de ellos   many of them

origin
Es de Barcelona.   He's from Barcelona.

time (in certain expressions)
la ciudad de noche   the city by night
de buena mañana   early on in the day

with superlatives
el mejor bar de la ciudad   the best bar in the city

ante, delante de

These can both mean 'before' but not in the sense of time, for which *antes* is used:
su defensa ante el jurado   his defence before the jury
No fuma delante de sus   He doesn't smoke in front of
padres.   his parents.

bajo, debajo de

Debajo de and *bajo* can both be used to mean 'under' or 'below' literally. Only *bajo* can be used to mean 'under' in a figurative sense:
Entiendo tu posición bajo   I understand your position under
tales circunstancias.   such circumstances.

desde

point in time from which ...
desde hoy hasta el   from today till next Wednesday
miércoles

point in space from which ...
Desde mi casa a la tuya   It's five kilometres from my
hay cinco kilómetros.   house to yours.

6.1.1 Personal *a*

When a definite person or domestic animal is the direct object in a Spanish sentence, the so-called personal *a* must be placed immediately before it:
¿Has visto a mi hermano?   Have you seen my brother?
Busco a mi perra, Negrita.   I am looking for my dog, Negrita.

but:
Busco una niñera para   I am looking for a nanny for
mis hijos.   my children.
(She is as yet unspecified.)

Exception: personal *a* is not used after *tener*:

Tenemos tres hijos.   We have three children.

6.1.2 *Por* and *para*

Although these two prepositions can both translate 'for' in different contexts, they each have a range of usage, and care must be taken to distinguish between them.

por

'For' after certain verbs, 'through', 'on behalf of', 'about', 'by', 'because of'.

place along/through which

Pasea por la calle.   He walks along the street.
Fue por el túnel principal.   It went through the main tunnel.

time during which

Pasamos por unos   We went through some very
momentos muy difíciles.   difficult times.
por la noche   during the night

approximate place

Su casa está por la parte   Her house is somewhere in the
norte de la ciudad.   northern part of the city.

approximate time

por junio   around June

by/how

por correo aéreo   by airmail
¡Cógelo por los pies!   Grab him by his feet!

with the passive

roto por unos gamberros   broken by some vandals

in certain expressions

por lo general   by and large
por fin   finally

para

'For' in most cases, 'in order to', 'by the time . . .'.

purpose, destination

Esto es para usted.   This is for you.
Sirve para cortar papel.   It's for cutting paper.

in order to

Limpió el parabrisas para   He cleaned the windscreen so
ver mejor.   that he could see better.

future time

Estará listo para la hora   It will be ready by the time
de marcharnos.   we leave.

6.2 *Pero* and *sino*

Both words translate 'but' and *pero* is by far the more common. *Sino* or *sino que* are only used as follows.
After a negative, when the following statement clearly contradicts the negative one:

No fui yo quien rompió el   It wasn't me who broke the glass
cristal sino ella.   but her.
No es tímido, sino aburrido.   He isn't shy, he's boring.
En realidad no me gusta   Actually, it's not swimming that I
nadar, sino tomar el sol   like, but sunbathing on the beach.
en la playa.

When two sentences, each with a finite verb, are linked in this way, *sino que* is used instead:

No sólo le insultó sino que   He not only insulted him but also
además intentó pegarle.   tried to hit him.

6.3 *Numerals*

6.3.1 Cardinal numbers (1, 2, 3 . . .)

For shortened forms of cardinals and numerals, see 2.2. Remember that in Spanish, you use a comma instead of a dot with decimals and a dot instead of a comma to separate thousands.

cero	0	cien(to)	100
diez	10	ciento uno/a	101
quince	15	ciento dieciséis	116
dieciséis	16	ciento treinta y dos	132
veinte	20	doscientos/as	200
veintidós	22	trescientos/as	300
veintitrés	23	cuatrocientos/as	400
veintiséis	26	quinientos/as	500
treinta	30	seiscientos/as	600
treinta y uno	31	setecientos/as	700
cuarenta	40	ochocientos/as	800
cincuenta	50	novecientos/as	900
sesenta	60	mil	1000
setenta	70	diez mil	10.000
ochenta	80	cien mil	100.000
noventa	90	un millón	1.000.000

Notes on cardinal numbers

Note the accents on *dieciséis*, *veintidós*, *veintitrés* and *veintiséis*.

1

Uno becomes *un* before all masculine nouns, even in compound numbers:
cuarenta y un billetes

una is used before all feminine nouns, even in compound numbers:
veintiuna personas

100

Cien is the form used before any noun or before another larger number:
cien hombres   cien mil hombres

Ciento is the form used before another smaller number:
ciento tres
There is no feminine form of *ciento*.

Multiples of *ciento* agree in gender with the noun they refer to:

doscientos kilos   *doscientas personas*

The same applies to compounds:

novecientas mil personas

1000

Mil is invariable. The plural (*miles*) is only used to mean 'thousands of' and must be followed by *de*.

1.000.000

Millón is a noun so must be preceded by *un* in the singular:

un millón de euros, de personas, de árboles, etc.

6.3.2 Ordinal numbers (1st, 2nd, 3rd . . .)

primero	first	*séptimo*	seventh
segundo	second	*octavo*	eighth
tercero	third	*noveno*	ninth
cuarto	fourth	*décimo*	tenth
quinto	fifth	*undécimo*	eleventh
sexto	sixth	*duodécimo*	twelfth
		vigésimo	twentieth

Ordinals are adjectives and so must agree in number and gender with the noun they accompany, e.g. *la quinta vez* ('the fifth time'). They are often written in abbreviated form, by adding *o* (masculine) or *a* (feminine) after the digit: *1o.* or *1º*, *2a.* or *2ª*.

Remember that *primero* and *tercero* lose the final *o* before a masculine singular noun.

Ordinals beyond 12th are rarely used, the cardinal numbers being preferred (*el siglo veinte* instead of *el vigésimo siglo*). Ordinals are not used with days of the month, with the exception of the first day (*el primero de febrero* but *el dos de julio, el treinta de abril*, etc.).

6.4 *Suffixes – diminutives, augmentatives and pejoratives*

Adding suffixes to alter the meaning of words (usually nouns) is an important feature of Spanish, especially the spoken language. As well as simply indicating size, the augmentatives and diminutives often convey particular nuances and so should be used with care by non-native speakers.

Some words which appear to be diminutives or augmentatives of other words are actually words in their own right. For example, *bolsillo*, although literally a small *bolso* (bag), is the ordinary Spanish word for 'pocket'.

These suffixes are added to the end of nouns, adjectives and some adverbs, after removing any final vowel. Some require spelling changes, such as *z* to *c* before *e*.

Diminutives

-ito/a, -cito/a, -cecito/a – suggest affection on the part of the speaker:

¡Qué piececitos tiene el bebé!	What (perfect) little feet the baby has!
(*pies* = feet)	

-(c)illo/a:

¿No tendrán un papelillo para mí en la obra?	Wouldn't they have just a little part for me in the play?
(*papel* = role)	

Augmentatives

-azo/aza, -ón/ona, -ote/ota

hombrazo	great big man
(*hombre* = man)	
novelón	big novel
(*novela* = novel)	
grandote	huge
(*grande* = big)	

Pejoratives

-uco/a, -ucho/a, -uzo/a

gentuza	riff-raff, scum
(*gente* = people)	

6.5 *Stress and accents*

A written accent is used in Spanish for two main reasons: either to mark the spoken stress on a word which does not conform to the normal rules for stress in Spanish, or to differentiate between two identical forms of the same word with different meanings or functions.

The normal rules for spoken stress are:
Words ending in a vowel, *-n* or *-s* are stressed on the last syllable but one.

All other words (i.e. ending in a consonant except for *-n* or *-s* and including *-y*) are stressed on the last syllable.

Any words not conforming to these rules must have the stress marked by a written accent. This includes words which end in a stressed vowel, *-n* or *-s*:
mamá, camión, melón, café, cafés

It also includes words ending in a consonant other than *-n* or *-s* which are stressed on the last syllable but one:
árbol, lápiz, mártir, débil

Words in which the stress falls more than two syllables from the end must also be accented:
espárrago, pájaro, relámpago, sábado

Vowels in syllables

Some syllables in Spanish contain two vowels. The normal position for the spoken stress in these syllables is on the 'strong' vowel (*a, e* or *o*) or on the second vowel if both are 'weak' (*i* or *u*). (Two strong vowels together are considered to be separate syllables.) If a word does not conform to these rules, a written accent is required:

tenía, país, oído

The normal rules mean that some words which require an accent in the singular do not require one in the plural because a syllable is added. This applies to all words ending in *-ión*:

elección – elecciones   *avión – aviones*

Other words need to add a written accent in the plural although they do not require one in the singular:

examen – exámenes

Accent used to differentiate meaning

This is the other usage of the written accent in Spanish. Here is a list of accented and unaccented words:

el	the (definite article)	*él*	he (pronoun)
tu	your	*tú*	you (subject pronoun)
mi	my	*mí*	me (prepositional pronoun)
si	if	*sí*	yes/himself, etc. (prepositional pronoun)
se	himself etc. (reflexive pronoun)	*sé*	I know
de	of	*dé*	give (present subjunctive of *dar*)
te	you (pronoun)	*té*	tea
aun	even (= *incluso*)	*aún*	still, yet (= *todavía*)
solo	alone	*sólo*	only (= *solamente*)

Interrogatives, exclamatives and demonstrative pronouns are also accented, as described in the relevant sections.

Radical-changing verbs and spelling-change verbs

Radical-changing verbs

Group 1 -*AR* and -*ER* verbs

e changes to *ie*
o changes to *ue* } when the stress is on the stem
u changes to *ue*

Forms affected: present indicative and subjunctive, except first and second person plural.

pensar to think   *encontrar* to find   *jugar** to play

present indicative	present subjunctive	present indicative	present subjunctive	present indicative	present subjunctive
pienso	piense	encuentro	encuentre	juego	juegue
piensas	pienses	encuentras	encuentres	juegas	juegues
piensa	piense	encuentra	encuentre	juega	juegue
pensamos	pensemos	encontramos	encontremos	jugamos	juguemos
pensáis	penséis	encontráis	encontréis	jugáis	juguéis
piensan	piensen	encuentran	encuentren	juegan	jueguen

* ***Jugar*** is the only verb where *u* changes to *ue*.

Group 2 -*IR* verbs

e changes to *ie* } as in Group 1 above
o changes to *ue*

e changes to *i* } before *ie*, *ió* or stressed *a*
o changes to *u*

Forms affected: present participle; third person singular and plural preterite; first and second person plural present subjunctive; imperfect and conditional subjunctive throughout.

preferir to prefer   *dormir* to sleep
present participle: *prefiriendo*   present participle: *durmiendo*

present indicative	present subjunctive	preterite	present indicative	present subjunctive	preterite
prefiero	prefiera	preferí	duermo	duerma	dormí
prefieres	prefieras	preferiste	duermes	duermas	dormiste
prefiere	prefiera	prefirió	duerme	duerma	durmió
preferimos	prefiramos	preferimos	dormimos	durmamos	dormimos
preferís	prefiráis	preferisteis	dormís	durmáis	dormisteis
prefieren	prefieran	prefirieron	duermen	duerman	durmieron

imperfect subjunctive: imperfect subjunctive:
prefiriera/prefiriese, etc.   *durmiera/durmiese*, etc.

Group 3 -*IR* verbs

e changes to *i* when the stress is on the stem and before *ie*, *ió* or stressed *a*

Forms affected: present participle; present indicative, except first and second person plural; third person singular and plural preterite; present, imperfect and conditional subjunctive throughout.

pedir to ask for

present participle: *pidiendo*

present indicative	present subjunctive	preterite	imperfect subjunctive
pido	*pida*	*pedí*	*pidiera/pidiese*, etc.
pides	*pidas*	*pediste*	
pide	*pida*	*pidió*	
pedimos	*pidamos*	*pedimos*	
pedís	*pidáis*	*pedisteis*	
piden	*pidan*	*pidieron*	

Other common radical-changing verbs

Some of these have spelling changes too – these are explained under spelling-change verbs, in the paragraphs indicated in brackets below.

Group 1

acordarse	to remember	*negarse* (d)	to refuse
acostarse	to go to bed	*nevar*	to snow
almorzar (b)	to have lunch	*oler*	(*o* changes to *hue*) to smell
aprobar	to approve, pass (exam)	*perder*	to lose
atravesar	to cross	*probar*	to try, prove
cerrar	to shut	*recordar*	to remember
colgar (d)	to hang	*resolver*	to solve
comenzar (b)	to begin	*sentarse*	to sit down
contar	to tell a story	*soler*	to be accustomed to
costar	to cost	*sonar*	to sound, ring (bells)
defender	to defend	*soñar*	to dream
despertar(se)	to wake up	*temblar*	to tremble, shake
devolver	to give back	*tentar*	to attempt
empezar (b)	to begin	*torcer* (c)	to twist
encender	to light up	*verter*	to pour, spill
entender	to understand	*volar*	to fly
envolver	to wrap up	*volver*	to return
extender	to extend		
gobernar	to govern		
jugar (d)	to play		
llover	to rain		
morder	to bite		
mostrar	to show		
mover	to move		
negar (d)	to deny		

Group 2

advertir	to warn
consentir	to agree
divertirse	to enjoy oneself
hervir	to boil
mentir	to lie
morir	to die
preferir	to prefer
referir(se)	to refer
sentir(se)	to feel

Group 3

conseguir (g)	to obtain
corregir (f)	to correct
despedirse	to say goodbye
elegir (f)	to choose, elect
freír	to fry
impedir	to prevent
perseguir (g)	to pursue, chase
reñir (k)	to scold
repetir	to repeat
seguir (g)	to follow
vestir(se)	to dress

Spelling-change verbs

a **-car**
c changes to **qu** before **e**
Forms affected: first person singular preterite; all of present subjunctive.

buscar to look for
preterite: bus**qu**é
present subjunctive: bus**qu**e, etc.

b **-zar**
z changes to **c** before **e**
Forms affected: first person singular preterite; all of present subjunctive.

cruzar to cross
preterite: cru**c**é
present subjunctive: cru**c**e, etc.

c consonant + **-cer, -cir**
c changes to **z** before **a** or **o**
Forms affected: first person singular present indicative; all of present subjunctive.

vencer to defeat
present indicative: ven**z**o
present subjunctive: ven**z**a, etc.

d **-gar**
g changes to **gu** before **e**
Forms affected: first person singular preterite, all of present subjunctive.

pagar to pay
preterite: pa**gu**é
present subjunctive: pa**gu**e, etc.

e **-guar**
gu changes to **gü** before **e**
Forms affected: first person singular preterite; all of present subjunctive.

averiguar to find out
preterite: averi**gü**é
present subjunctive: averi**gü**e, etc.

f **-ger, -gir**
g changes to **j** before **a** or **o**
Forms affected: first person singular present indicative; all of present subjunctive.

proteger to protect
present indicative: prote**j**o
present subjunctive: prote**j**a, etc.

g **-guir**
gu changes to **g** before **a** or **o**
Forms affected: first person singular present indicative; all of present subjunctive.

distinguir to distinguish
present indicative: distin**g**o
present subjunctive: distin**g**a, etc.

h **-uir** (other than **-guir** above)
i changes to **y** when unaccented and between two or more vowels

construir to build
present participle: constru**y**endo
past participle: construido
present indicative: constru**y**o, constru**y**es, constru**y**e, construimos, construís, constru**y**en
imperfect: construía, etc.
future: construiré, etc.
conditional: construiría, etc.
preterite: construí, contruiste, constru**y**ó, construimos, construisteis, constru**y**eron
present subjunctive: constru**y**a, etc.
imperfect
subjunctive: constru**y**era/constru**y**ese, etc.
imperative: constru**y**e (tú), construid

i **-güir**
i changes to **y** as above (h)
gü changes to **gu** before **y**

argüir to argue
present participle: ar**gu**yendo
past participle: argüido
present indicative: ar**gu**yo, ar**gu**yes, ar**gu**ye, argüimos, argüís, ar**gu**yen
imperfect: argüía, etc.
future: argüiré, etc.
conditional: argüiría, etc.
preterite: argüí, argüiste, ar**gu**yó, argüimos, argüisteis, ar**gu**yeron
present subjunctive: ar**gu**ya, etc.
imperfect
subjunctive: ar**gu**yera/ar**gu**yese, etc.
imperative: ar**gu**ye (tú), argüid

j **-eer**
i becomes accented whenever stressed; unaccented i changes to **y**
Forms affected: participles; imperfect; preterite; imperfect and conditional subjunctive.

creer to believe
present participle: cre**y**endo
past participle: creído
imperfect: creía, etc.
preterite: creí, creíste, cre**y**ó, creímos, creísteis, cre**y**eron
imperfect
subjunctive: cre**y**era/cre**y**ese, etc.

k *-llir, -ñer, -ñir*

Unstressed *i* is dropped when it follows *ll* or *ñ*

Forms affected: present participle; third person singular and plural preterite; all of imperfect and conditional subjunctive.

bullir to boil, *gruñir* to groan

present participle:	*bullendo, gruñendo*
preterite:	*bulló, gruñó, bulleron, gruñeron*
imperfect	*bullera, bullese,* etc. *gruñera/*
subjunctive:	*gruñese,* etc.

l *-iar, -uar* (*but not -cuar, -guar*)

Some of these verbs are stressed on the *i* or *u* when the stress is on the stem.

Forms affected: present indicative and subjunctive except first and second persons plural.

enviar to send

present indicative:	*envío, envías, envía, enviamos, enviáis, envían*
present subjunctive:	*envíe, envíes, envíe, enviemos, enviéis, envíen*

continuar to continue

present indicative:	*continúo, continúas, continúa, continuamos, continuáis, continúan*
present subjunctive:	*continúe, continúes, continúe, continuemos, continuéis, continúen*

Other common verbs in this category:

guiar	to guide
enfriar	to cool down
liar	to tie
espiar	to spy on
situar	to situate
vaciar	to empty
esquiar	to ski
variar	to vary
fiar	to trust
actuar	to act
efectuar	to carry out

Common verbs *not* in this category:

anunciar	to announce
estudiar	to study
apreciar	to appreciate
financiar	to finance
cambiar	to change
limpiar	to clean
despreciar	to despise
negociar	to negotiate
divorciar	to divorce
odiar	to hate
envidiar	to envy
pronunciar	to pronounce

m The *i* or *u* of the stem of the following verbs is accented as above (see 6.5 on Stress and accents).

aislar	to isolate
reunir	to reunite
prohibir	to prohibit

present indicative:	*aíslo, aíslas, aísla, aislamos, aisláis, aíslan*
present subjunctive:	*aísle, aísles, aísle, aislemos, aisléis, aíslen*
present indicative:	*reúno, reúnes, reúne, reunimos, reunís, reúnen*
present subjunctive:	*reúna, reúnas, reúna, reunamos, reunáis, reúnan*
present indicative:	*prohíbo, prohíbes, prohíbe, prohibimos, prohibís, prohíben*
present subjunctive:	*prohíba, prohíbas, prohíba, prohibamos, prohibáis, prohíban*

Irregular verbs

Verb forms in bold are irregular. Where only the first person singular form of a tense is shown, it provides the pattern for all the other forms and the endings are regular. See 5.3.4 for the formation of the imperfect, 5.3.10 for the formation of the future and 5.3.12 for the formation of the conditional.

infinitive present participle past participle	present indicative	imperfect	future	conditional	preterite	present subjunctive	imperfect subjunctive	imperative
andar to walk andando andado	ando	andaba	andaré	andaría	**anduve** **anduviste** **anduvo** **anduvimos** **anduvisteis** **anduvieron**	ande	**anduviera/anduviese**	anda andad
caber to fit cabiendo cabido	**quepo** cabes cabe cabemos cabéis caben	cabía	**cabré**	**cabría**	**cupe** **cupiste** **cupo** **cupimos** **cupisteis** **cupieron**	**quepa** **quepas** **quepa** **quepamos** **quepáis** **quepan**	**cupiera/cupiese**	cabe cabed
caer to fall **cayendo** caído	**caigo** caes cae caemos caéis caen	caía	caeré	caería	caí caíste **cayó** caímos caísteis **cayeron**	**caiga** **caigas** **caiga** **caigamos** **caigáis** **caigan**	**cayera/cayese**	cae caed
dar to give dando dado	**doy** das da damos dais dan	daba	daré	daría	**di** **diste** **dio** **dimos** **disteis** **dieron**	**dé** **des** **dé** **demos** **deis** **den**	**diera/diese**	da dad
decir to say diciendo **dicho**	**digo** dices dice decimos decís dicen	decía	**diré**	**diría**	**dije** **dijiste** **dijo** **dijimos** **dijisteis** **dijeron**	**diga** **digas** **diga** **digamos** **digáis** **digan**	**dijera/dijese**	**di** decid
estar to be estando estado	**estoy** **estás** **está** estamos estáis **están**	estaba	estaré	estaría	**estuve** **estuviste** **estuvo** **estuvimos** **estuvisteis** **estuvieron**	**esté** **estés** **esté** estemos estéis **estén**	**estuviera/estuviese**	**está** estad

infinitive present participle past participle	present indicative	imperfect	future	conditional	preterite	present subjunctive	imperfect subjunctive	imperative
haber to have habiendo habido	he has ha hemos habéis han	había	habré	habría	hube hubiste hubo hubimos hubisteis hubieron	haya hayas haya hayamos hayáis hayan	hubiera/hubiese	he habed
hacer to do, make haciendo hecho	hago haces hace hacemos hacéis hacen	hacía	haré	haría	hice hiciste hizo hicimos hicisteis hicieron	haga hagas haga hagamos hagáis hagan	hiciera/hiciese	haz haced
ir to go yendo ido	voy vas va vamos vais van	iba ibas iba íbamos ibais iban	iré	iría	fui fuiste fue fuimos fuisteis fueron	vaya vayas vaya vayamos vayáis vayan	fuera/fuese	ve id
oír to hear oyendo oído	oigo oyes oye oímos oís oyen	oía	oiré	oiría	oí oíste oyó oímos oísteis oyeron	oiga oigas oiga oigamos oigáis oigan	oyera/oyese	oye oíd
poder to be able pudiendo podido	puedo puedes puede podemos podéis pueden	podía	podré	podría	pude pudiste pudo pudimos pudisteis pudieron	pueda puedas pueda podamos podáis puedan	pudiera/pudiese	puede poded
poner to put poniendo puesto	pongo pones pone ponemos ponéis ponen	ponía	pondré	pondría	puse pusiste puso pusimos pusisteis pusieron	ponga pongas ponga pongamos pongáis pongan	pusiera/pusiese	pon poned
querer to want queriendo querido	quiero quieres quiere queremos queréis quieren	quería	querré	querría	quise quisiste quiso quisimos quisisteis quisieron	quiera quieras quiera queramos queráis quieran	quisiera/quisiese	quiere quered
reír to laugh riendo reído	río ríes ríe reímos reís ríen	reía	reiré	reiría	reí reíste rio reímos reísteis rieron	ría rías ría riamos riáis rían	riera/riese	ríe reíd

infinitive present participle past participle	present indicative	imperfect	future	conditional	preterite	present subjunctive	imperfect subjunctive	imperative
saber to know sabiendo sabido	sé sabes sabe sabemos sabéis saben	sabía	sabré	sabría	supe supiste supo supimos supisteis supieron	sepa sepas sepa sepamos sepáis sepan	supiera/supiese	sabe sabed
salir to go out saliendo salido	salgo sales sale salimos salís salen	salía	saldré	saldría	salí saliste salió salimos salisteis salieron	salga salgas salga salgamos salgáis salgan	saliera/saliese	sal salid
ser to be siendo sido	soy eres es somos sois son	era eras era éramos erais eran	seré	sería	fui fuiste fue fuimos fuisteis fueron	sea seas sea seamos seáis sean	fuera/fuese	sé sed
tener to have teniendo tenido	tengo tienes tiene tenemos tenéis tienen	tenía	tendré	tendría	tuve tuviste tuvo tuvimos tuvisteis tuvieron	tenga tengas tenga tengamos tengáis tengan	tuviera/tuviese	ten tened
traer to bring trayendo traído	traigo traes trae traemos traéis traen	traía	traeré	traería	traje trajiste trajo trajimos trajisteis trajeron	traiga traigas traiga traigamos traigáis traigan	trajera/trajese	trae traed
valer to be worth valiendo valido	valgo vales vale valemos valéis valen	valía	valdré	valdría	valí valiste valió valimos valisteis valieron	valga valgas valga valgamos valgáis valgan	valiera/valiese	vale/val valed
venir to come viniendo venido	vengo vienes viene venimos venís vienen	venía	vendré	vendría	vine viniste vino vinimos vinisteis vinieron	venga vengas venga vengamos vengáis vengan	viniera/viniese	ven venid
ver to see viendo visto	veo ves ve vemos veis ven	veía	veré	vería	vi viste vio vimos visteis vieron	vea veas vea veamos veáis vean	viera/viese	ve ved

Vocabulary

This list contains only the vocabulary in *¡Sigue! 2* and does **not** replace your dictionary (see page 185).

A

a la zaga   *in the rear, behind*
a rajatabla   *strictly*
abanderado (m)   *champion, standard-bearer*
abanico (m)   *fan, range*
abeto (m)   *fir tree*
abordar   *to tackle, deal with*
aborrecer   *to loathe, detest*
ábside (m)   *apse (of church)*
acoso (m)   *harassment*
acuciante (adj)   *urgent, pressing*
acudir(se)   *to happen (turn up, arrive)*
afán (m)   *eagerness*
afianzamiento (m)   *consolidation*
agua dulce (f)   *fresh water*
águila real (m)   *golden eagle*
airoso   *graceful*
albacora (f)   *swordfish*
albor (m)   *dawn*
alcantarilla (f)   *drain*
alcantarillado (m)   *sewer system, drains*
aledaños (mpl)   *surroundings*
alentar   *to encourage*
álgido   *decisive, culminating*
aliviar   *to alleviate, soothe*
alpargata (m/f)   *espadrille maker*
alquitrán (m)   *tar*
alumbramiento (m)   *birth*
ametralladora (f)   *machine gun*
amoldar   *to adapt*
anhelo (m)   *wish, desire*
añejo   *mature*
apabullar   *to overwhelm, crush*
apechugar   *to grin and bear it, put up with it*
apeticible   *desirable, appetising*
apogeo (m)   *peak, high point*
apremiante   *pressing*
aquejar   *to afflict*
arbusto (m)   *shrub, bush*
arcén (m)   *hard shoulder (of motorway)*
arduo   *difficult, laborious*
armar un escándalo   *to cause a scene*
armazón (m)   *framework, outline*
arrabal (m)   *poor quarter/area*
arraigar   *to become rooted, entrenched*
arrobo (m)   *rapture, bliss*
artificiero (m)   *bomb disposal expert*
asentado   *based, rooted*
aspa (f)   *sail, blade*
áspero   *harsh, rough, tough*
atestar   *to pack, fill*
atisbar   *to sight, detect*
autoabastecimiento (m)   *self-sufficiency*
autóctono   *native, original*
autogestionar   *to manage oneself*
azotea (f)   *terrace roof, flat roof*

B

bakalao (m)   *type of pop music from northern Spain*
barriada (f)   *poor district*
barrote (m)   *bar (of prison)*
bata (f)   *dressing gown, overall*
batida (f)   *raid, beating*
biberón (m)   *baby's bottle*
biomasa (f)   *biomass (vegetable material used for energy)*
boj (m)   *boxwood*
bombilla (f)   *lightbulb*
boscoso   *wooded, forested*
botín (m)   *plunder, booty*
bóveda (f)   *vault*
broma pesada (f)   *practical joke*
brote (m)   *shoot (of plant)*
bullicio (m)   *racket, noise*

C

cabalgar   *to ride*
caballo (m)   *(slang) heroin*
cacería (f)   *hunting*
cacheo (m)   *frisking, searching*
cala (f)   *cove*
calcinar   *to burn, char*
callos (mpl)   *tripe*
calzada (f)   *road, carriageway*
camada (f)   *litter (of animals)*
cámara (f)   *(political) chamber, house*

camello (m)   *drug dealer, pusher*
camilla (f)   *stretcher*
camposanto (m)   *graveyard, cemetery*
canela (f)   *cinnamon*
canguro (m/f)   *babysitter*
cantera (f)   *pool (of players to choose from)*
canuto (m)   *joint (drugs)*
capataz (m)   *foreman*
capricho (m)   *treat*
carabela (f)   *caravel (sailing ship)*
carestía (f)   *lack, shortage*
castro (m)   *fort*
cayo (m)   *cay (small island composed of sand and coral fragments, especially in the Caribbean)*
centelleante   *sparkling, twinkling*
cepa (f)   *stock (of vine)*
chabola (f)   *shanty town, slum*
Chaco (m)   *region of scrub and swamp plains covering parts of Bolivia, Paraguay and Argentina*
chancho (m)   *pig*
chantajear   *to blackmail*
chatarra (f)   *scrap metal*
chicha (f)   *corn beer (Lat. Am.)*
chilote (m)   *native of Chiloé, island off the coast of Chile*
chiringuito (m)   *open-air drinks stall*
chispa (f)   *spark*
choclo (m)   *corn, maize (Lat. Am.)*
chucho (m)   *mutt, mongrel*
chupe (m)   *type of soup, often containing seafood*
cloratita (f)   *chemical used for making explosives*
CNT (f) (Confederación Nacional del Trabajo)   *national workers' confederation*
cocotero (m)   *coconut palm*
colarse   *to jump the queue*
colindante   *adjoining*
comarca (f)   *region*
compaginar   *to combine*
conflagración (f)   *war, conflict*
congrio (m)   *conger eel*
contrincante (m/f)   *opponent*
contundente (adj)   *strong, determined*
convocatoria (f)   *examinations*
copete (m)   *crest*
corral (m)   *pen, yard for animals*
cortafuego (m)   *fire break, fire guard*
corvina (f)   *sea bass*
coto (m)   *reserve, preserve*
cotorra (f)   *parrot*
cuenca (f)   *basin*
cuenca (f) minera   *mining area*

D

darle a alguien mala espina   *to make someone feel uneasy*
debilitar   *to weaken*
declive (m)   *decline*
defraudarse   *to be disappointed*
del turno   *on duty*
delatar   *to give away, betray*
derretirse   *to melt, thaw*
derrumbarse   *to collapse, go to pieces*
desafío (m)   *challenge*
desbordar   *to exceed, go beyond*
descartar   *to discard*
desdichado   *unhappy, unlucky*
desgravar   *to claim exemption*
deslumbrar   *to dazzle*
desperdicios (mpl)   *rubbish, waste*
desterrar   *to exile, banish*
diestro   *skilful*
diezmar   *to decimate*
diluirse   *to dissolve*
divisa (f)   *(foreign) currency*
divulgar   *to spread, circulate*
durazno (m)   *peach (Lat. Am.)*

E

embellecer   *to make beautiful*
empalagoso   *sickly*
empaparse   *to be steeped, immersed in*
empedrado   *paved*
en libertad bajo fianza   *out on bail*
encaramarse   *to climb up (tree, etc.)*
enfrentamiento (m)   *confrontation, clash*
engalanar   *to decorate*
enganchado   *addicted*
engancharse   *to get caught*
enlazar   *to associate, connect, link*
enraizar   *to take root*
envidioso   *envious*
envoltorio (m)   *packaging*
eólico   *to do with wind*
equiparar   *to put on a level with*
erizo (m)   *sea urchin*
escabroso   *rugged, rough*
escalada (f)   *rock climbing*
escama (f)   *scale, flake*
escasear   *to be scant, few and far between*
escasez (f)   *lack, shortage*
esmerado   *careful, painstaking*
esmero (m)   *care*
espalda mojada (m)   *wetback: illegal immigrant (entering by sea/river)*

espeso *thick, dense*
espiga (f) *spike, ear (of grain, etc.)*
espinilla (f) *blackhead, head*
estallar *to explode*
estaño (m) *tin*
estentóreo *booming*
Estrecho (m) *Straits (of Gibraltar)*
estridencia (f) *shrillness*

F

facha (m) *Fascist*
faja (f) *belt, strip*
fango (m) *mud*
fecundo *fertile, prosperous*
finiquito (m) *settlement of employee's pay*
fogonero (m) *stoker; someone who makes a fire to cook something*
fogota (f) *bonfire*
forcejeo (m) *struggle*
fraguar *to conceive, bring into being*
frutilla (f) *strawberry (Lat. Am.)*

G

gamberro (m/f) *hooligan*
garabatear *to scribble*
gestión (f) *administration*
greda (f) *clay*
grosería (f) *rude remark*
guardería (f) *nursery*

H

hacer alarde de *to show off sth*
hacer una lumbre *to light a fire*
hacerle la pelota a *to suck up to*
helecho (m) *fern*
herramienta (f) *tool*
hormigón (m) *concrete*

I

impreso (m) *form (document)*
inagotable *untiring, endless*
inconfundible *unmistakable*
invernadero (m) *greenhouse*

J

jaiba (f) *crab*
judío (m) *Jew*

L

ladera (f) *hillside*
lapa (f) *limpet*
lavadero (m) *gold-panning site*
levantamiento (m) *uprising*
ligado a *connected to*
lince (m) *lynx*
lirio (m) *iris*
lubina (f) *sea bass*
lupanar (m) *brothel*

M

magrebí (m) *citizen of Algeria, Morocco or Tunisia (the Maghreb)*
máquina dispensadora de dinero (f) *ATM (cash machine)*
marquesina (f) *shelter, roof*
masía (f) *farm/country house in Catalonia*
matorral (m) *thicket, scrubland*
matrícula (f) *(car) registration number*
me importa un pimiento *I couldn't care less*
médula (f) *marrow, core*
menudear *to become more frequent*
merecer *to deserve*
merodear *to prowl*
mezquita (f) *mosque*
moai (m) *Easter Island statue*
moña de órdago (f) *serious hangover*
morisco (m) *Morisco: Moorish convert to Christianity who remained in Spain after the Reconquest*
moro (m) *Arab (mildly pejorative)*
mosquear *to annoy*
muela (f) *tooth*
multa (f) *fine, penalty*
muñón (m) *stump*
murciélago (m) *bat (animal)*
musulmán (m) *Muslim*

N

noche de juerga (f) *night out partying*
noche en vela (f) *sleepless night*

O

obturar *to block, seal*
ondulado *wavy*
ONG (f) (organización no gubernamental) *non-governmental organization (NGO)*
oposiciones (fpl) *public examinations*
óseo *of bone*
otorgar *to grant, bestow*

P

pabellón (m)   *block, e.g. of prison building*
paludismo (m)   *malaria*
panfleto (m)   *leaflet*
pantano (m)   *reservoir*
parador (m)   *historic building converted into state-owned hotel*
parapente (m)   *paragliding*
parcela (f)   *lot/plot (of land)*
pareja de hecho (f)   *unmarried couple living together*
paro (m)   *unemployment*
parpadeante   *blinking, twinkling*
parvulario (m)   *kindergarten, nursery school*
pata (f)   *paw*
patera (f)   *small boat*
pavoroso   *terrifying, horrific*
pelusilla (f)   *down (fine hair)*
perro mastín   *mastiff dog*
pertenencia (f)   *belonging to, being a member of*
picoteo (m)   *nibbling, snacking*
píldora (f)   *contraceptive pill*
pillar   *to catch*
pinar (m)   *pine forest*
PIB (m) (producto interior bruto)   *gross national product (GNP)*
pipa (f)   *sunflower seed*
piragüismo (m)   *canoeing*
pirómano (m)   *arsonist, fire-raiser*
piropear   *to make flirtatious remarks to*
pisco (m)   *spirit made from grapes, drunk in Peru and Chile*
pisotear   *to trample on*
platicar   *to chat*
plomo (m)   *lead*
polifacético   *multifaceted*
por los pelos   *by the skin of your teeth*
porquería (f)   *dirt, mess*
porro (m)   *joint (drugs)*
porteño (m)   *inhabitant of Buenos Aires*
promedio (m)   *average*
promulgación (f)   *enactment, announcement*
prorrogarse   *to be extended*
provechoso   *profitable*
pujante   *booming*
pujanza (f)   *vigour, strength*

Q

quemadura (f)   *burn*

R

rabia (f)   *anger*
raído   *worn-out, threadbare*
raigambre (f)   *roots, origins*
rape (m)   *monkfish*
rapero (m)   *rap artist*
rastrojos (mpl)   *weeds, garden rubbish*
rebosante de   *brimming with*
receloso   *distrustful, suspicious*
regentar   *to run (hotel, business, etc.)*
rehén (m)   *hostage*
reja (f)   *grille, railing, bars*
rematar   *to crown, round off*
remontarse a   *to date back to*
rendirse   *to give oneself up*
resaca (f)   *hangover*
retahíla (f)   *string, line*
reto (m)   *challenge*
ría (f)   *long, narrow tidal inlet*
roedor (m)   *rodent*
roquedal (m)   *rocky place*
rostro (m)   *face*
rotativo (m)   *newspaper*
rótulo (m)   *sign*
rozar   *to brush*
rúbrica (f)   *signature*

S

salmo (m)   *psalm*
sardana (f)   *typical dance of Catalonia*
secuestrar   *to kidnap*
seta (f)   *mushroom*
silletazo (m)   *blow with a chair*
sin fines de lucro   *non profit-making*
siniestro (m)   *disaster, catastrophe*
soborno (m)   *bribe/bribery*
sobrado   *ample, plenty (of)*
socavón (m)   *hole*
sorna (f)   *sarcasm*

T

tajante   *categorical, unequivocal*
tamarugo (m)   *carob tree*
taponar   *to block*
tasa (f)   *rate*
temporero (m)   *casual labourer*
tener la sartén por el mango   *to call the shots*
tener un miedo cerval   *to be terrified*
terrateniente (m)   *landowner*

tienda de comestibles (f) *grocer's shop*
tienda de ultramarinos (f) *grocery shop*
tique (m) *ticket*
tira (f) *strap (of bag)*
tomillo (m) *thyme*
tópico (m) *cliché, stereotype*
torpe *clumsy*
tosco *crude, rough*
trenza (f) *plait*
trigal (m) *wheat field*
tropezar *to trip over, run into*
trullo (m) *prison (slang; literally wine press)*

U

ungulado (m) *hooved (animal, e.g. deer)*

V

varicela (f) *chickenpox*
varonil *male, manly*
vaticinio (m) *prediction*
venganza (f) *revenge*
verbena (f) *festival/open-air dance*
veta (f) *vein (mining)*
viga (f) *joist, beam*
viña (f) *vine*
violar *to rape*
virrey (m) *viceroy*
volante (m) *steering wheel*

Y

yunga (m) *warm valley in Bolivia and Peru*

Z

zaga (f): a la zaga *in the rear*
zarza (f) *bramble, blackberry bush*